Im Land der Scheinriesen?

Ursula Münch ist Direktorin der Akademie für Politische Bildung in Tutzing und Professorin an der Universität der Bundeswehr München.

Heinrich Oberreuter ist emeritierter Professor für Politikwissenschaft an der Universität Passau.

Jörg Siegmund ist wissenschaftlicher Assistent an der Akademie für Politische Bildung in Tutzing.

Ursula Münch, Heinrich Oberreuter,
Jörg Siegmund (Hg.)

Im Land der Scheinriesen?

Die Bundestagswahl 2021 in der Analyse

Campus Verlag
Frankfurt/New York

Eine Veröffentlichung der Akademie für Politische Bildung, Buchensee 1, 82327 Tutzing,
www.apb-tutzing.de

AKADEMIE FÜR
POLITISCHE BILDUNG
TUTZING

MIX
Papier | Fördert gute Waldnutzung
FSC® C089473
FSC www.fsc.org

ISBN 978-3-593-51653-0 Print
ISBN 978-3-593-45220-3 E-Book (PDF)

Umschlaggestaltung: Campus Verlag GmbH, Frankfurt am Main
Umschlagmotiv: Olaf Scholz, Annalena Baerbock und Armin Laschet unmittelbar vor dem zweiten TV-Triell am 12. September 2021 in Berlin © Dominik Butzmann/laif
Redaktionelle Verantwortung und Satz: Dr. Thomas Schölderle
Gesetzt aus der Garamond
Druck und Bindung: Beltz Grafische Betriebe GmbH, Bad Langensalza
Beltz Grafische Betriebe ist ein klimaneutrales Unternehmen (ID 15985-2104-1001).
Printed in Germany

www.campus.de

Inhalt

III. Auswirkungen und Perspektiven

Vorwort

Beim analytischen Blick auf die Bundestagwahl 2021 schwingt wie auch im Nachgang zu anderen Urnengängen oft die Frage mit, ob diese Wahl denn nun eine Zäsur darstelle – für den Parlamentarismus in Deutschland, das Parteiensystem, zumindest aber das Wahlverhalten oder doch gleich die gesamte repräsentative Demokratie. Zäsur oder nicht, diese Frage lässt sich im Falle der letzten Bundestagswahl wohl am ehesten mit einem entschiedenen »Beides!« beantworten, denn unter den zahlreichen Befunden findet sich vieles, das sich in längerfristige Trends einreiht, aber auch manches, das auf neuere Entwicklungen hindeutet. Und überraschend können ohnehin sowohl die Kontinuität als auch der Richtungswechsel sein, je nach Blickwinkel und Erwartungshaltung.

Unter den Ergebnissen der Bundestagswahl 2021 sticht die Wahlbeteiligung positiv hervor, die zum dritten Mal in Folge gestiegen ist, allen voreiligen Abgesängen auf das politische Interesse und die Partizipationsbereitschaft zum Trotz. In die Kategorie des Überraschenden fällt gewiss das Abschneiden der SPD, die noch zwei Monate vor der Wahl in den Umfragen vermeintlich hoffnungslos hinter den Unionsparteien und den Grünen nur auf Platz drei rangierte und am Ende doch als stärkste politische Kraft in den Bundestag einziehen konnte. Dass damit gleichwohl keine Zäsur im Parteiengefüge verbunden war, zeigt der seither wieder rapide gesunkene Rückhalt für die SPD. Ihr Wahlerfolg gegenüber der Union relativiert sich ohnehin, wenn man den gemeinsamen Zweitstimmenanteil dieser ehedem großen Volkparteien in den Blick nimmt, der erstmals unter die Fünfzigprozentmarke gerutscht ist. Aus dieser Perspektive werden auch Wahlsieger zu Scheinriesen, deren Verwurzelung in der Wählerschaft zunehmend erodiert. Weil der Südschleswigsche Wählerverband erstmals seit 1953 wieder im Bundestag vertreten ist, hat sich die Anzahl der Parlamentsparteien auf acht erhöht – ein deutlicher Beleg nicht nur für die fortschreitende Fragmentierung des Parteiensystems, sondern auch für die dahinterstehende Ausdifferenzierung unserer Gesellschaft. Eher als längerfristiger Trend eingeordnet werden muss die abermalige Vergrößerung des Bundestages, der zu Beginn der Legislaturperiode 736 Abgeordnete zählte, fast ein Viertel mehr als gesetzlich vorgesehen und ein neuer Höchststand in der Geschichte dieses Parlaments. Dieser Befund lenkt den Blick auf das Wahlsystem, das nach der Bundestagswahl weiterhin unter Reformdruck stand. Und schließlich verweisen die Unzulänglichkeiten bei der Durchführung der Wahl im Land Berlin, die dort eine Wiederholung der Abstimmung im Februar 2024 erforderlich machten, auf die Bedeutung eines sorgsamen Umgangs mit den wahlrechtlichen Regelungen, damit unsere Demokratie keinen Schaden nimmt.

Die Beiträge des vorliegenden Sammelbandes greifen zahlreiche dieser Aspekte der Bundestagswahl 2021 auf und analysieren sie aus unterschiedlichen Perspektiven. Mehrheitlich gehen sie auf Vorträge zurück, die im Rahmen einer gemeinsamen Tagung der Akademie für Politische Bildung in Tutzing und der Deutschen Vereinigung für Parlamentsfragen gehalten wurden. Wir danken allen Autorinnen und Autoren, ohne deren Mitwirkung dieser Band nicht entstanden wäre.* Ein besonderer Dank gilt dem Publikationsreferenten der Akademie, Dr. Thomas Schölderle, für die wie immer souveräne redaktionelle Betreuung des Manuskripts und die Beharrlichkeit, dieses Publikationsprojekt mit dem nötigen Nachdruck voranzubringen. Zu Dank verpflichtet sind wir außerdem dem Campus Verlag und namentlich Jürgen Hotz, der diese Wahlanalyse verlegerisch betreut und gefördert hat.

Tutzing / Passau, im Frühjahr 2024

Prof. Dr. Ursula Münch
Prof. Dr. Dr. h.c. Heinrich Oberreuter
Jörg Siegmund, M.A.

* Aus Gründen der besseren Lesbarkeit wird in vielen Beiträgen überwiegend auf das generische Maskulinum zurückgegriffen. Sämtliche Personenbezeichnungen gelten jedoch gleichermaßen für alle Geschlechter.

I. Einführung

Die Zeit der Riesen ist vorbei

Die Bundestagswahl 2021 und ihr Umfeld – eine Einordnung

Heinrich Oberreuter

Geht die Bundestagswahl 2021 als »Wendepunkt in die Wahlgeschichte« ein,[1] wie die einen meinen? Oder hat sich, vom Einbruch der Union abgesehen, eigentlich nichts Epochales ereignet und sie ist nur eine »eigentümliche, schwerlich wiederholbare Momentaufnahme«?[2]

Tatsächlich beobachten wir seit zwei Jahrzehnten die abschmelzende Bindekraft parteipolitischer Loyalitäten und Institutionen, die steigende, sich beschleunigende Volatilität der Wähler, den Niedergang der »Volksparteien« (über die seit je nicht einmal begriffliche Klarheit herrscht) und die Fragmentierung des Parteiensystems. Letztere ist eine Konsequenz der genannten drei Faktoren – einerseits; anderseits ist sie die Ursache für Erschwernisse der Regierungsbildung, abschreckend dramatisch erlebt 2017, weniger dramatisch 2021. Man kann sie natürlich auch als Anschluss an internationale Realitäten sehen. Ausdruck gesellschaftlicher Entwicklungen ist sie ohnehin.

1. Zum Ergebnis und wesentlichen Bestimmungsfaktoren

Das Wahlergebnis (Abbildung 1) zeigt uns drei Gewinner (Grüne, FDP, SPD) und drei Verlierer (CDU/CSU, AfD, Die Linke); zusätzlich die kleinen Anderen mit speziellen Konsequenzen in Bayern: nämlich CSU −7,1 Prozentpunkte, Freie Wähler +4,8 Prozentpunkte. Dieses Ergebnis weist aber keinen solchen

---

1 Rüdiger Schmitt-Beck, Wahlpolitische Achterbahnfahrt. Wer wählte wen bei der Bundestagswahl 2021?, in: Aus Politik und Zeitgeschichte, 71. Jg. (47–49/2021), S. 10–16, hier S. 10.

2 Elmar Wiesendahl, *Strategische Lehren aus dem Bundestagswahlkampf 2021* (Progressives Zentrum: Discussion Paper, Dezember 2021), Berlin (online unter: www.progressives-zentrum.org/wp-content/uploads/2022/03/DPZ_Wiesendahl_Bundestagswahlkampf2021_Strategie_Analyse.pdf – letzter Zugriff: 06.05.2024), S. 25.

Abbildung 1: Ergebnis der Bundestagswahl 2021 im Vergleich zur Bundestagswahl 2017 (Zweitstimmanteile in Prozent)

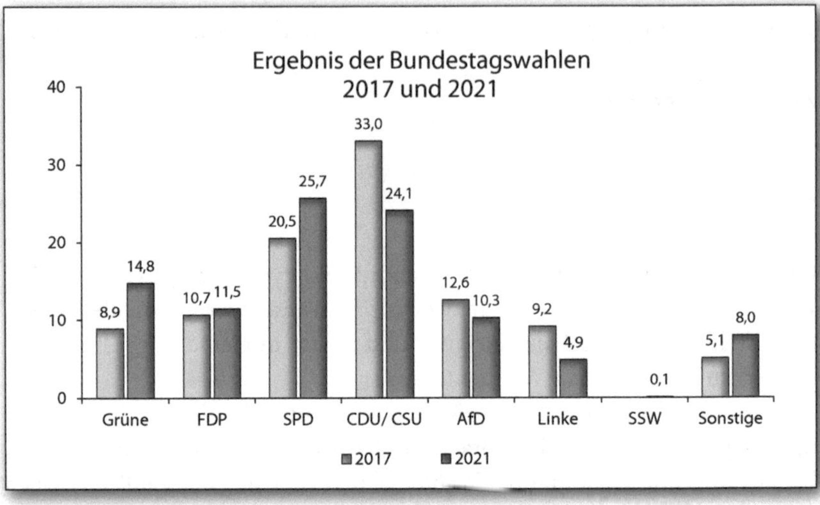

Quelle: eigene Darstellung, Daten: Die Bundeswahlleiterin, Wahl zum 20. Deutschen Bundestag am 26. September 2021, Wiesbaden 2023 (online unter: www.bundeswahlleiterin.de/bundestagswahlen/2021/archiv/ergebnisse.html – letzter Zugriff: 06.05.2024).

»Sieger« aus, der, wie weithin diskutiert, einen irgendwie politisch oder moralisch gerechtfertigten Anspruch auf die Kanzlerschaft hätte, falls Derartiges überhaupt sinnvoll behauptet oder beansprucht werden sollte. 1969, 1976 und 1980 landeten viel deutlicher Erstplatzierte – stets CDU/CSU – in der Opposition: Mit Kiesingers 46,1 Prozent und Kohls 48,6 Prozent lag die Union 3,8 beziehungsweise 6,0 Prozentpunkte vor Willy Brandt und Helmut Schmidt. Diesen übertraf zuletzt auch Franz Josef Strauß mit 44,5 Prozent um fast 2 Prozentpunkte. Den »Sieger« rufen Koalitionsverhandlungen aus – nicht die »Moral«. »Jamaika« wäre nicht weniger legitim gewesen als die »Ampel«, war aber 24 Stunden danach, aus dem Süden torpediert, keine realistische Option mehr.

Beide sind übrigens Dreierkonstellationen, in denen jeweils die stärkste Partei nicht unbedingt Dominanz über ihre beiden Partner gewinnen kann (Abbildung 2). In der Ampel haben Grüne und FDP zusammen einen kleinen Vorsprung vor der SPD: 0,6 Prozentpunkte. In Jamaika hätten sie sogar einen größeren vor der Union gehabt: 2,2 Prozentpunkte. Eine Folge ist wohl, dass die Durchsetzungskraft der Hauptpartei begrenzt ist, gerade wenn die

Abbildung 2: Stimmverteilungen in der Ampelkoalition und einer potenziellen Jamaika-Koalition (Zweitstimmenanteile in Prozent)

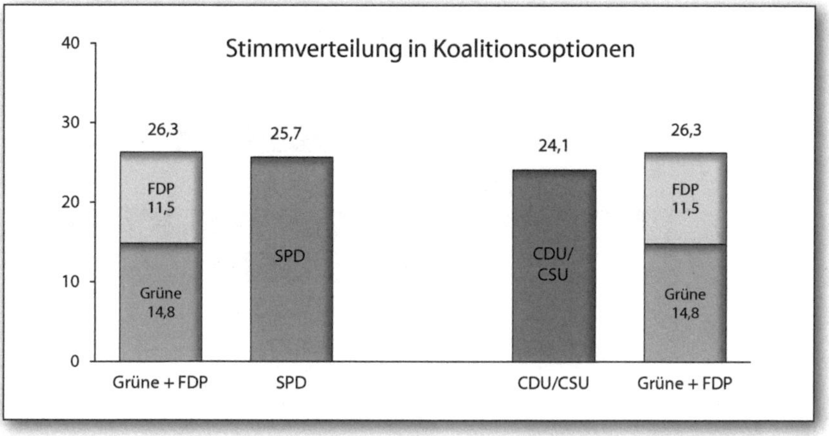

Quelle: eigene Darstellung, Daten: Bundeswahlleiterin (wie Abb. 1).

programmatischen Positionen ihrer beiden Partner divergieren. Zweierkoalitionen einigen sich unter Umständen leichter als Dreierkoalitionen – unter Umständen, sei betont.

Hier liegt übrigens der historische Unterschied zu einer früheren langen Regierungsphase. Die verbreitete These, wir hätten jetzt erstmals eine Dreierkoalition, ist historischer Nonsens. Die Geschichte der BRD beginnt 1949 bis 1957 mit zwei Legislaturperioden unter Dreierkoalitionen, 1953/1954 sogar mit einer Viererkoalition.

Tabelle 1: Koalitionen zwischen 1949 und 1957 (Zweitstimmenanteile in Prozent)

		CDU/CSU	FDP	DP	BHE
1. Legislaturperiode	1949–1953	31,0	11,9	4,0	
2. Legislaturperiode	1953–1955	45,2	9,5	3,3	5,9
	1955–1956	45,2	9,5	3,3	ausgeschieden
	1956–1957	45,2	(FVP)	3,3	ausgeschieden

Quelle: eigene Darstellung (DP = Deutsche Partei; BHE = Bund der Heimatvertriebenen und Entrechteten; FVP = Freie Volkspartei, Abspaltung von der FDP).

Die numerische und politische Dominanz der Union war im Grunde klar. Gleichwohl ist in dieser gewiss schwierigen, vielleicht sogar schwierigeren

Abbildung 3: Wahlverhalten in West- und Ostdeutschland (Zweitstimmenanteil der Parteien bei der Bundestagswahl 2021 in Prozent)

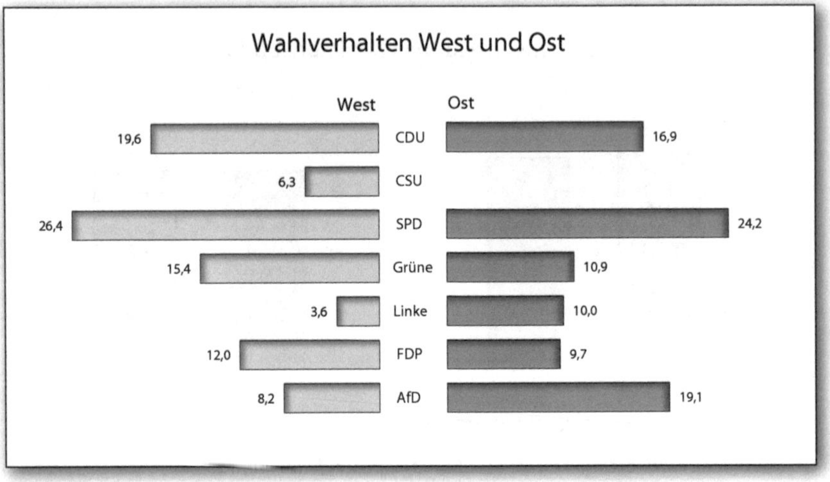

Quelle: eigene Darstellung, Daten: Bundeswahlleiterin (wie Abb. 1).

(Gründer-)Zeit eine derartige Konstellation mit deutlichen inneren Herausforderungen, Spaltungen und Brüchen konfrontiert gewesen. Allerdings gibt es einen nicht zu unterschätzenden Unterschied zu heute: Damals vereinigte die Koalition das bürgerliche »rechte« Lager mehrheitsfähig. Heute hätte weder das rechte noch das linke Lager oder Spektrum die Chance zur Regierungsbildung, weil es für keine Zweierkonstellation – SPD/Grüne nicht und Union/FDP auch nicht – reicht, und weil der Linken wie der AfD die Regierungswürdigkeit abgesprochen wird. Das heißt jede Zweierkonstellation muss sich aus dem anderen Milieu ergänzen, wie soeben in der Ampel geschehen, und ist für die nahe Zukunft schwer oder überhaupt unumgänglich. Das fördert grundsätzlich Kompromissbildung und dämpft Polarisierungstendenzen im Parteiensystem, zumindest solange systemkritische Parteien dadurch limitiert bleiben. In Erinnerung an Sartori ist dies allerdings eine offene Frage.[3]

Generell scheint zumindest nach diesem Ergebnis der Trend zu den Rändern im Vergleich zu 2017 zunächst gebrochen. AfD und Linke gemeinsam sanken von 22 auf 15 Prozent, die sogenannte demokratische Mitte wuchs

3 Vgl. Giovanni Sartori, *Parties and Party Systems. A Framework for Analysis*, Colchester 2005 (zuerst 1976), S. 131–200.

Abbildung 4: Wählergeografie. Abgebildet sind die Wahlkreise nach Parteien mit dem höchsten Zweitstimmenergebnis bei der Bundestagswahl 2021

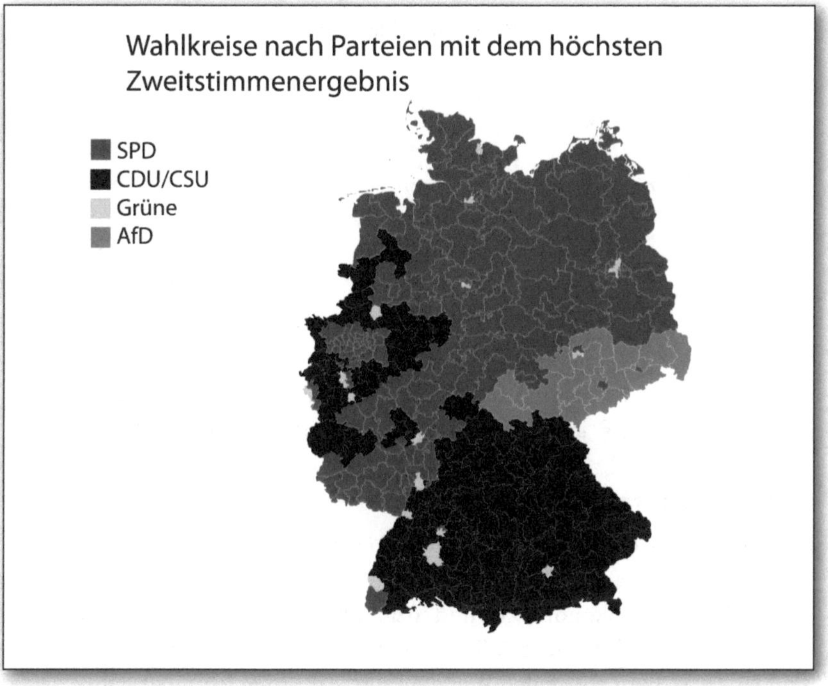

Quelle: eigene Darstellung, Daten: Bundeszentrale für politische Bildung, Bundeswahlleiterin.

von 64 auf 76 Prozent. Im Osten allerdings sammeln die Randparteien in den Ländern zwischen 26,6 und 35,4 Prozent ein (Abbildung 3). Das ist und bleibt offensichtlich ein ernster Hinweis auf eine politisch-kulturelle Differenz zwischen Ost und West. Ergo gibt es in Deutschland eine Region, die Giovanni Sartoris Parteientheorie dem polarisierten Pluralismus zuordnen würde: eine Region, die sich wie ein Riegel in die Mitte des Staatsgebiets hineinschiebt (Abbildung 4).

Grundsätzlich schneiden die klassischen (West-)Parteien im Osten seit je schwächer ab; mit nur einer Ausnahme 2002, als das konkrete Elbehochwasser und das imaginäre Irakthema in den Wahlkampf intervenierten, zugunsten Schröders. Von Beginn an konnte auf dem dort anderen historischen Hintergrund Parteiidentifikation nicht erwartet werden. Während sie im Westen schwand, hätte sie im Osten eigentlich erst wachsen müssen. Für den Unter-

Abbildung 5: Zweitstimmanteile von Volksparteien und kleinen Parteien (1949 bis 2021)

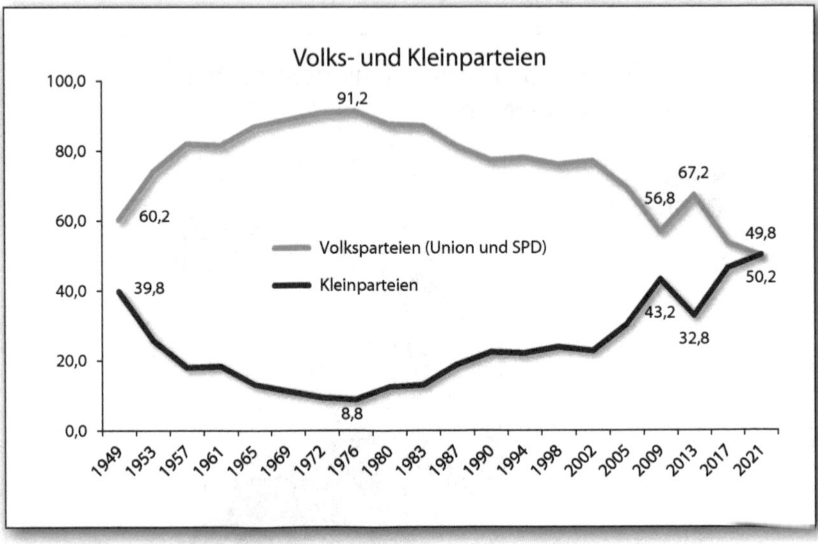

Quelle: eigene Darstellung, Daten: Bundeswahlleiterin (wie Abb. 1).

schied gibt es sozioökonomische und soziokulturelle Gründe. Ein »Bürgertum« existierte in der DDR nicht. Wie hätte es nach 1990 wachsen sollen?[4]

Der These vom epochalen Wendepunkt 2021 trete ich nicht näher. Diese Wahl bestätigte eine lang anhaltende Entwicklung, die ihre Wurzeln längst in der alten Republik hat. In dieser Entwicklung spiegeln sich die eingangs genannten Faktoren – und in denen spiegelt sich wiederum der gesellschaftliche Wandel: eine Pluralisierung der Interessen, Positionen und Orientierungen. Der Soziologe Reckwitz fand dafür spät (2017) den Begriff von der Gesellschaft der Singularitäten.[5] Jedenfalls schafft sich die Gesellschaft ein Parteiensystem – und nicht umgekehrt, auch wenn die Etablierten es nicht sehen und darauf reagieren wollen (Abbildung 5). Die beiden »Großen« sanken gemeinsam unter die Fünfzigprozentlinie – in einem kontinuierlichen Prozess. Es gibt nicht einmal mehr Scheinriesen.

Diese Wahl hat nun auch CDU und CSU in diesen Prozess gänzlich eingegliedert, ein Stück weit auch selbstverschuldet. Ein europäischer Nor-

4 Siehe auch Eckhard Jesse, Die Bundestagswahl 2021 mit vielen Neuheiten, in: Zeitschrift für Politik, 68. Jg. (4/2021), S. 353–377, hier S. 364ff.

5 Vgl. Andreas Reckwitz, *Die Gesellschaft der Singularitäten*, Berlin 2017.

Abbildung 6: Wählerwanderung. Saldo aus Zu- und Abwanderung bei der Bundestagswahl 2021 im Vergleich zu 2017 (in Tausend)

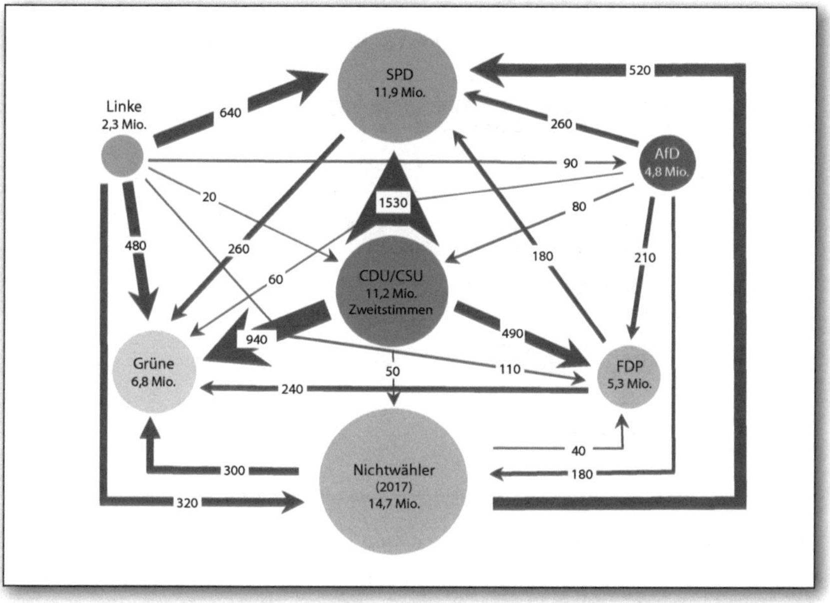

Quelle: eigene Darstellung, Daten: Infratest dimap (online unter: www.tagesschau.de/wahl/archiv/2021-09-26-BT-DE/analyse-wanderung.shtml – letzter Zugriff: 06.05.2024), Frankfurter Allgemeine Zeitung, 23. September 2021, S. 7.

malisierungsprozess. Ich halte ihn für dynamisch. Doch für die Union wie ihre Mitbewerber muss er keine Einbahnstraße sein, weil die Gesellschaft sich weiter wandeln wird. Aber wenn nicht Populisten und Charismatiker das Ruder übernehmen, scheint die Fragmentierung aufgrund gesellschaftlicher Differenzierung zunächst einmal unumkehrbar. Warum? Weil die Volatilität wächst. Die Wechselbereitschaft war noch nie so ausgeprägt wie 2021, und sie ist äußerst differenziert (Abbildung 6). Es ging:

- von der Union zu SPD, Grünen und FDP,
- von der SPD zu den Grünen,
- von der Linken zu SPD, Grünen, FDP und AfD(!),
- von der FDP zu Grünen und SPD,
- von der AfD zu SPD und FDP, viel geringer zur Union.

Die These potenzieller osmotischer Prozesse zwischen AfD und Union steht auf schwachen Füßen, was nicht unbedeutend ist für künftige Parteistra-

Abbildung 7: Stimmanteile der 18- bis 24-Jährigen bei der Bundestagswahl 2021 (Angaben in Prozent)

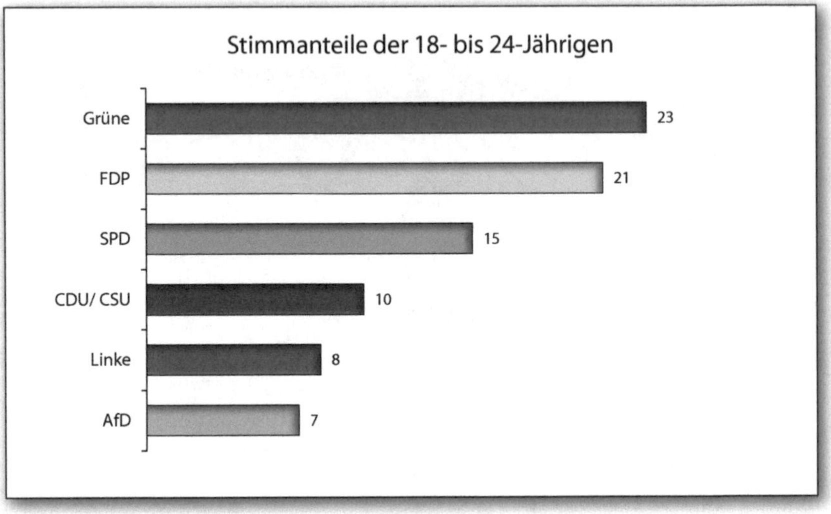

Quelle: eigene Darstellung, Daten: Infratest dimap.

tegien. Zudem haben vorherige Nichtwähler im Wesentlichen Rot, Grün und geringfügig auch Gelb gestärkt und damit insgesamt die Ampel. Anders als 2017 haben diesmal nicht die Randparteien Abstinente mobilisiert und Repräsentationslücken geschlossen. Sie haben den Nichtwählerbereich im Gegenteil rückbeliefert.

Da sich die gesellschaftlichen Prozesse kaum wenden werden, spricht viel für eine Fortführung des gegenwärtigen Befundes. Und dies wiederum spricht gegen eine Revitalisierung früherer Größen beziehungsweise der früheren Großen. Denn ihnen gehören die Alten, aber nicht die nachwachsende Generation, wie sich an diesen Wahlen zeigt (Abbildung 7).

Das gleiche Bild zeigt sich bei der Entwicklung der jungen Parteimitgliedschaft. Die Klassiker stagnieren, die Unkonventionelleren steigen: Linke, Grüne, FDP. Die AfD könnte bei ihnen bald auch zu finden sein (Abbildung 8).

Anscheinend befinden wir uns derzeit wieder in einem tieferen generationellen Umbruch der Orientierungsakzente. »Die Alterspyramide drückt auf das Abstimmungsverhalten«, schrieb die Süddeutsche Zeitung am 31. Juli

Abbildung 8: Anteil jüngerer Parteimitglieder, 1974 bis 2021 (bis 29/30 Jahre, ab 2008: bis 30 Jahre; Angaben in Prozent)

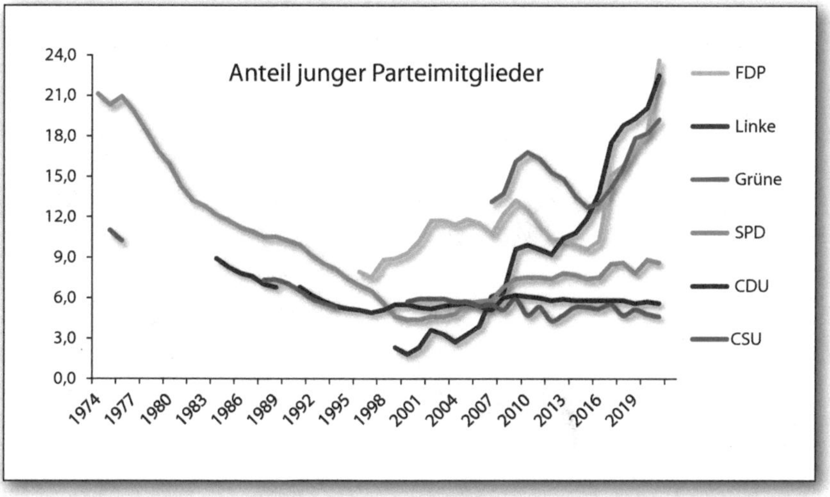

Quelle: eigene Darstellung, Daten: Oskar Niedermayer, Parteimitgliederdatenbank (online unter: www.bpb.de/themen/parteien/parteien-in-deutschland/zahlen-und-fakten/140358/die-soziale-zusammensetzung-der-parteimitgliederschaften/ – letzter Zugriff: 06.05.2024).

2021 prognostisch.[6] Das betraf, wie die Forschungsgruppe Wahlen im Vorfeld gezeigt hat, sowohl die generationenspezifische Einschätzung der Eignung der Kanzlerkandidaten (Abbildung 9) als auch die der wichtigsten Themen (Abbildung 10).

Diese Befunde sind zukunftsrelevant. Auch wenn jetzt die Wähler ab 50 Jahren mit einem Anteil von 57,8 Prozent gegenüber denen bis 30 Jahren mit 14,4 Prozent mehr Gewicht an der Urne haben. Der Schluss, dass den traditionellen Orientierungen ihr Vorrang letztlich doch von den jeweils Älteren gesichert wird, ist ein Trugschluss. Denn die Jungen nehmen die Orientierungen und Überzeugungen, die sie in ihrer Sozialisation erfahren haben, beim Aufstieg in der Alterspyramide im Kern in ihrem mentalen Rucksack mit.

6 Stefan Kornelius, Ey Alter, was geht ab?, in: Süddeutsche Zeitung, 31. Juli/1. August 2021, S. 2.

Abbildung 9: Frage: »Wer eignet sich als Bundeskanzler?« Umfrage unter 1268 Befragten, in unterschiedlichen Alterskategorien (Angaben in Prozent, rundungsbedingte Differenzen)

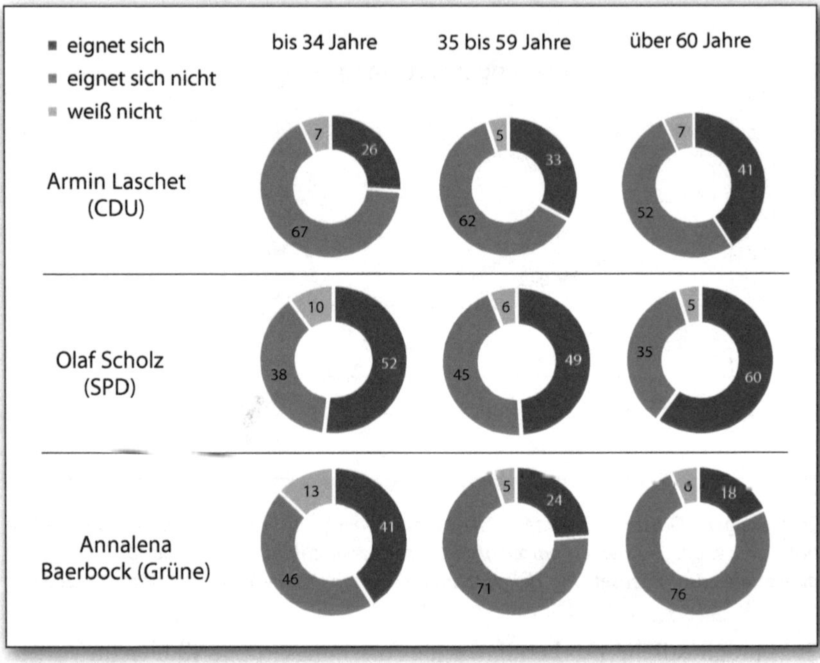

Quelle: eigene Darstellung, Daten: Forschungsgruppe Wahlen, Süddeutsche Zeitung, 31. Juli 2021.

2. Wie war die Ausgangslage?

Die Ausgangslage war zunächst bestimmt von Corona. Die Pandemie durchfaserte im Grunde Stimmungen und Themen. Im Übrigen schuf entschiedenes Handeln zunächst Vertrauen in die Institutionen. Mit fortschreitender Dauer wurde es wieder zerstört.

Sodann: der Abtritt Merkels. Außer 1949 zog erstmals kein Amtsinhaber in den Wahlkampf. Personeller Wechsel war also ohnehin klar. Ein Machtwechselbedürfnis existierte aber nicht. Zudem ließen Union, SPD, FDP und Grüne die Wählerschaft im Ungewissen: Sie machten keine verbindlichen Aussagen über Koalitionsoptionen – was auch eine Folge der Relativierung von »Lagern« ist. Scholz deklarierte sogar Koalitionsfragen vor einer Wahl als »irritierende« Spekulationen, weil bei den Wählern das Gefühl entstehe, nicht

Abbildung 10: Frage »Was ist Ihrer Meinung nach gegenwärtig das wichtigste Problem?« Umfrage unter 1268 Befragten, in unterschiedlichen Alterskategorien (Angaben in Prozent, rundungsbedingte Differenzen, Mehfachnennungen möglich)

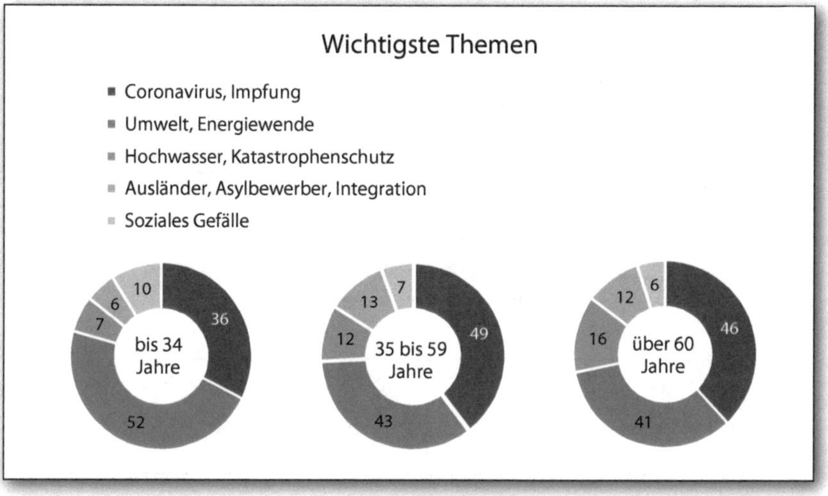

Quelle: eigene Darstellung, Daten: Forschungsgruppe Wahlen, Süddeutsche Zeitung, 31. Juli 2021.

sie würden über eine Regierung entscheiden, sondern »die Funktionäre in der Hauptstadt«.[7] Der Frage Eckhard Jesses ist einiges abzugewinnen, ob es nicht umgekehrt sei: dass nämlich nach der Wahl die Funktionäre entschieden und nicht die Bürger.[8] Erst im dritten Fernsehtriell deutete sich die potenzielle Ampeloption offener an.

Die Analysen sprechen von Langweile. Nachdem aber erst einmal Fahrt aufgenommen worden war, wuchs der Wandel der Stimmungen und der Wechsel der Zustimmungen zu Kandidaten und Parteien (Abbildung 11).

- (Früh-)Phase 1 endet im April mit der Nominierung Laschets und Baerbocks zu Kanzlerkandidaten: Union 28 Prozent, Grüne 21 Prozent, SPD 15 Prozent.
- Phase 2: Anfang Mai ziehen die Grünen mit 28 Prozent zunächst an der Union mit 26 Prozent vorbei, fallen dann mit den Fehlern ihrer Kandidatin schnell wieder ab.

7 Olaf Scholz, Im Moment läuft es ganz gut für uns, in: Der Spiegel, 14. August 2021, S. 18.

8 Vgl. Jesse, Bundestagswahl 2021 (Anm. 4), S. 357.

Abbildung 11: Zustimmung zu Parteien im Wahlkampf, Frage: »Wenn am Sonntag Bundestagswahlen wären, für welche Partei würden Sie stimmen?« (Angaben in Prozent)

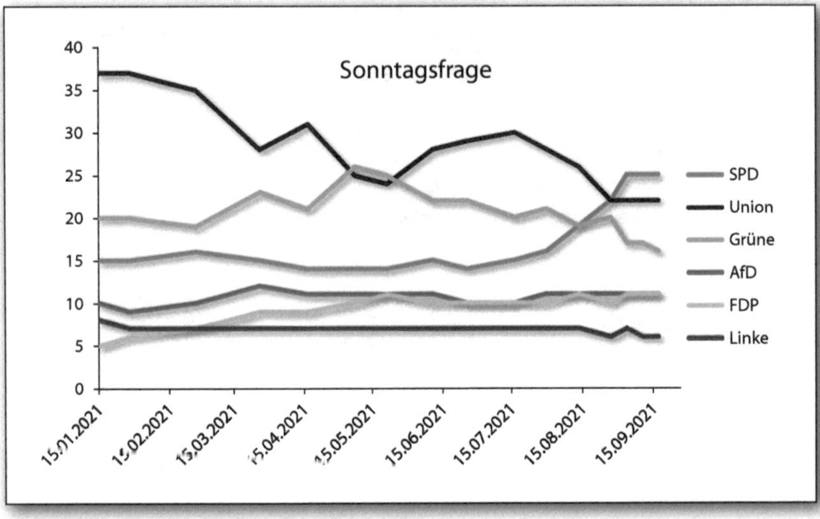

Quelle: eigene Darstellung, Daten: Forschungsgruppe Wahlen, Politbarometer von Januar bis September 2021.

– In Phase 3 beginnt im Juli der Abstieg der Union, die zunächst noch deutlich zwischen 28 und 30 Prozent führte. Im August zieht erstmals überhaupt seit 2002 die SPD an der Union vorbei und steigert sich kontinuierlich – wobei die Flutkatastrophe im Ahrtal ein wichtiger Begleitumstand gewesen ist: Der eine lacht in der Krise, der andere kommt dieser und der anderen, der Pandemiekrise, seriös finanzpolitisch bei. Zunächst pendeln beide Kandidaten um die 20 Prozent. Scholz aber beginnt von seinen Siegeschancen zu sprechen – und Söder sieht die Ampel drohen.

Die Theorie erklärt das Wahlverhalten durch ein Zusammenspiel von Parteiidentifikation, Kandidatenattraktion und Themenorientierung. Die reduzierte Bedeutung der Parteiidentifikation ist bereits erwähnt. Zur Themenorientierung sind sich bisherige Analysen einig, dass sie pandemiebedingt eine eher nachrangige Rolle gespielt hat.[9] Gleichwohl waren zuneh-

9 Vgl. Schmitt-Beck, Wahlpolitische Achterbahnfahrt (Anm. 1); Jesse, Bundestagswahl 2021 (Anm. 4), S. 359: »Der Wahlkampf verlief weithin langweilig und inhaltsleer, was Sachfragen betraf«; Karl-Rudolf Korte, Bundestagswahlkampf in Zeiten der Pandemie, in: Aus Politik und Zeitgeschichte, 71. Jg. (47–49/2021), S. 17–23.

mend sozial- und klimapolitische Aspekte bei SPD und Grünen pointierter sichtbar und sicher aussagekräftiger als das »Modernisierungsjahrzehnt« im merkeltraditionellen Wohlfühlkonzept der Union. Die immer gleiche und einfache sozialpolitische Ansage von Scholz war jedenfalls konkreter und nachvollziehbarer als der Versuch Laschets, kompliziert erklärend die Funktionsfähigkeit der Wirtschaft als Voraussetzung für sprudelnde Sozialleistungen anzuführen.

Hervorstechend ist die deutlich differierende Personalisierung gewesen: durch die Abwesenheit eines Amtsbonus, durch die coronabedingten Einschränkungen üblicher, auch interpersonaler Kommunikation. Medien, Online-Formate und Demoskopie gewannen erheblichen Einfluss – wobei sich die Bedingungen politischer Kommunikation auch ohne Corona deutlich gewandelt haben.

Die personelle Konstellation und ihre teils äußerst kontroversen Findungsprozesse[10] können hier nicht detailliert nachgezeichnet werden: Scholz, der rechtzeitig nominiert worden war und vom linken Flügel der SPD, der ihn ursprünglich nicht schätzte, nicht mehr infrage gestellt wurde, der sich uncharismatisch-staatsmännisch und bundespolitisch erfahren gerierte; Laschet, der durch die seit 2018 anhaltenden, auch von Merkel verursachten Instabilitäten der CDU umstritten und äußerst kurzfristig vor dem Wahltermin seine Nominierung errang, der an kontinuierlichen inneren Konflikten und Disziplinlosigkeiten, aber auch an eigener Ungeschicklichkeit und Profillosigkeit scheiterte; Baerbock als über den politischen Wassern schwebende Kandidatin neuen Stils von einer ursprünglichen 8,9-Prozent-Partei in einem intransparenten Verfahren präsentiert und durch Unprofessionalität und persönliche Fehler nach Höhenflug geerdet. Die Netzwerke behandelten die grüne Kandidatin und den schwarzen Kandidaten hämisch. Negative Campaigning gegen Scholz verfing nicht (Abbildung 12). Nicht einmal seine Entgleisung im dritten Triell führte zu kritischen Reaktionen, als er Laschet entgegenhielt, der Unterschied zwischen ihnen beiden sei, dass er, Scholz, sich an der Würde des Menschen orientiere, Laschet aber nicht.

Personalisierung und Kommunikationsformate förderten und dynamisierten sich gegenseitig. Die Süddeutsche Zeitung sieht am 6. Juli 2021 ein »demoskopisches Dauerrauschen«,[11] das inzwischen neun Institute mit mehr

10 Dazu facettenreich: Stephan Lamby, *Entscheidungstage. Hinter den Kulissen der Macht*, München 2021.

11 Boris Herrmann, Politiker, die auf Zahlen starren, in: Süddeutsche Zeitung, 6. Juli 2021, S. 3.

Abbildung 12: Kanzlerpräferenz: Frage: »Wen hätten Sie lieber als Bundeskanzlerin oder Bundeskanzler?« (Angaben in Prozent)

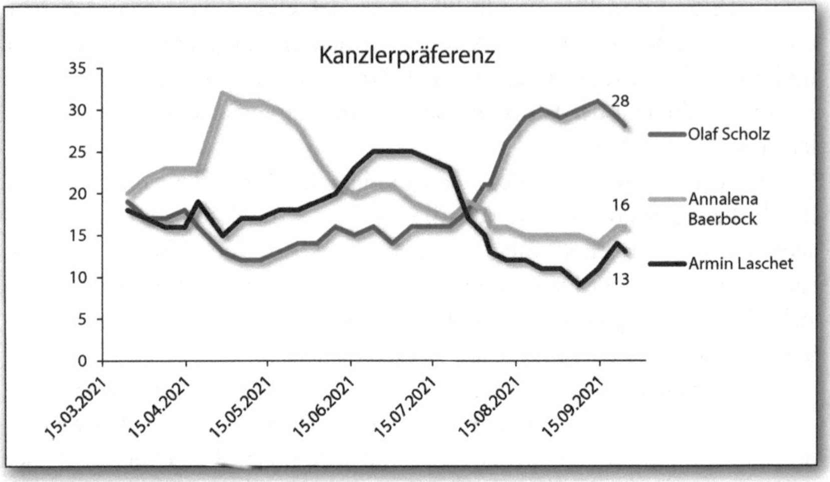

Quelle: eigene Darstellung, Daten: Forsa und FAZ.net (online unter: www.faz.net/aktuell/politik/bundestagswahl/wer-wird-bundeskanzler-der-wahlkampf-in-grafiken-17538881.html – letzter Zugriff: 06.05.2024).

oder weniger täglich präsenten Sonntagsfragen erzeugten: 30 Umfragen während eines Monats, die auf Medien, Blasen und Netzwerke einwirken und die Wählerschaft erreichen. Thorsten Faas stellt eine Verbindung zwischen Umfragen und Stimmungsdynamik fest.[12]

Ein zentrales Beispiel ist Laschet: Nach der Süddeutschen Zeitung vom 6. Juli 2021 hat er »allen Grund zu der Annahme, die Wahl zu gewinnen. Die Union liegt stabil vor den Grünen«[13] – und vor der SPD ohnehin. Das ist eine klare Absage an Einschätzungen aus der eigenen Parteifamilie im Frühjahr, die bekanntlich mit Söder einen anderen Kandidaten – wie dieser sich selbst – für den demoskopisch abgesichert erfolgversprechenderen hielten. Sie scheuten auch Konflikte nicht. Es gehe um die harte Macht, nicht, darf man unterstellen, um Charaktereigenschaften. Unter anderem Haseloff hat sich mit dieser Einstellung Ärger eingehandelt. Der Kommunikationsforscher sieht in diesem Statement immerhin einen »seltenen Moment der

12 Siehe dazu Herrmann, Politiker (Anm. 11).
13 Herrmann, Politiker (Anm. 11).

Ehrlichkeit«.[14] Nun aber einen die positiven Daten Anfang Juli die Union und Söder lobt »die sehr gute Performance unseres Kanzlerkandidaten«.[15] Vier Wochen später ist bei neuen Daten davon keine Rede mehr. Söder sieht die Gefahr einer Anti-Unions-Koalition heraufziehen und befördert sie sogar (disziplinlos) noch. Weitere vier Wochen später wird bei der Wahl die Gefahr zur Wirklichkeit. Und fast tags darauf sagt eine Nachwahlbefragung von Forsa, mit Söder hätte die Union die 30-Prozentgrenze überschritten. Wir sehen ein von Kandidaten abhängiges dynamisches Auf und Ab, »Volatilität in Kurvenformat«,[16] oder, wie Nouripour aus der gleichen Erfahrung der Grünen in der Frankfurter Allgemeinen Zeitung vom 3. Februar 2022 sagt, »eine Achterbahn der Gefühle«.[17] Diagnostiziert wird eine außergewöhnliche politische Kommunikation, sicher auch als Folge der »medienzentrierten Inszenierungskunst« – oder Unkunst – der Spitzenkandidaten, deren Performance noch mehr als je zuvor über die Zustimmung zu ihren Parteien zu entscheiden scheint.[18]

Es gibt Analysen, die diese Tendenz als die eigentliche Wendung der Wahlgeschichte sehen: Personalisierung und Zentralität des Spitzenpersonals, Schwerpunktverlagerung des Wahlkampfs in TV-Medien und in die Social-Media-Formate. Auf Kosten des parteiendemokratischen Regelwerks – was ja auch mit dem Hinweis auf die Konkurrenz zwischen Hinterzimmer und Populismus aus berufenem Munde bestätigt wurde. Elmar Wiesendahl spitzt zu: »Der Weg geht in Richtung einer telekratischen Elitendemokratie, die sich auf medialisierte Kanäle der Wählermobilisierung stützt. Wie das Volk wählt, liegt nicht mehr in der Hand der Parteien, sondern ist Ergebnis der medial erzeugten Konstruktion öffentlicher Popularität, deren Erfassung wiederum den Entscheidungen kommerzieller demoskopischer Institute unterworfen ist. Wahlkampfstrategie hat sich diesen Verhältnissen anzupassen.«[19] Eine bemerkenswerte, vielleicht auch mitteilenswerte, zumindest erkenntnisträchtige Zuspitzung.

14 Reinhard Bingener, Es spricht das Gesicht, in: Frankfurter Allgemeine Zeitung, 21. April 2021, S. 2.
15 Herrmann, Politiker (Anm. 11).
16 Korte, Bundestagswahlkampf (Anm. 9), S. 20.
17 Zitiert nach Helene Bubrowski, »Wir leben Demokratie«. Interview mit Omid Nouripour, in: Frankfurter Allgemeine Zeitung, 3. Februar 2022, S. 2.
18 Wiesendahl, Strategische Lehren (Anm. 2), S. 1.
19 Wiesendahl, Strategische Lehren (Anm. 2), S. 20.

3. Zusammenfassende Einordnung und Zukunftsperspektiven

Die Situation ist dennoch zwiespältig. Denn neben ihrer Kommunikationsfunktion im weitesten Sinn kommt den Parteien nicht zuletzt natürlich zeitgerechte, komplexitätsrelevante Verantwortungs- und Gestaltungsfunktion zu, die ohne eine gewisse Professionalisierung voraussetzende Kompetenz nicht realisierbar ist. Segmentierung der Meinungen und Interessen sowie ihrer Vertretungen, Stimmungsprioritäten und Bildung von Kommunikationsblasen untergraben zwangsläufig die Orientierung an der kompetenzorientierten Gesamtverantwortung im Staat.

Vor allem sind sie künftiges Wandlungspotenzial. Einige offensichtliche, längst auf dem Weg befindliche Entwicklungstendenzen[20] sollen gleichsam zusammenfassend benannt werden:

1. Die Gesellschaft der Singularitäten schafft sich ein fragmentiertes Parteiensystem. Die Hochzeit der Großparteien ist vorbei. Pluralisierung und Flügelbildung unterwerfen sie Zerreißproben und untergraben ihre Integration, wie zum Beispiel paradigmatisch in Westminster an den Spaltungen innerhalb Labours und der Konservativen im Brexit-Diskurs zu sehen, praktisch aber auch in Deutschland an Richtungskontroversen in C-Parteien und SPD sowie auf anderen Niveaus erst recht in der AfD. Wert- und Weltanschauung haben ihre Integrationskraft verloren. Diese These findet derzeit aktuelle Bestätigung: In der CDU gehört zur Bewältigung der Wahl selbst die Frage, ob das C noch zeitgemäß ist; in der SPD sind die Antipositionen keineswegs nivelliert, sondern sie stellen sich ruhig, wie der Diskurs zur Ukrainefrage und zu Russland zeigt; die grüne Basis signalisiert, die ökologische Kompromissbereitschaft nicht zu weit treiben lassen zu wollen – und Habeck empfiehlt seiner Partei einmal mehr, erwachsen zu werden; von der AfD trennt sich wohl jener Kreis, den man mit gutem Willen vielleicht noch als national-konservativ bezeichnen kann; die Linke zerbricht in ihrem Streit zwischen »Sozial-linken« (Wagenknecht) und »Kultur-« oder »Lifestylelinken«; und die FDP bleibt liberalplural, wie sie immer gewesen ist.

20 Schon dargestellt bei Heinrich Oberreuter, Umbruch? Eine Wahl und ihre Konsequenzen, in: Ursula Münch / Heinrich Oberreuter / Jörg Siegmund (Hrsg.), *Komplexe Farbenlehre. Perspektiven des deutschen Parteiensystems im Kontext der Bundestagswahl 2017*, Frankfurt/New York 2021, S. 13–31, hier S. 29–31.

2. Die Netzkommunikation unterminiert ein Klima gesellschaftlicher Mäßigung und Konsensbereitschaft. Akzentuierung spezieller Interessen und Meinungen fördert Konflikte und Segregation, zumindest den Drang zu Exklusivitätsoptionen. In einer mobilen Gesellschaft können und werden Parteien dementsprechend situativ entstehen und vergehen. Die neue Lockerheit schafft nicht neue, länger dauernd ausschlaggebende »Cleavages«, sondern erhöht Themenvielfalt und Dynamik.
3. Attraktivität gewinnt die Idee der Bewegung auf Kosten der Institution Partei. Abgestützt können Bewegungen auf charismatische Führungspersönlichkeiten sein, die ihre Partei transformieren (siehe Österreich) oder überhaupt ohne Strukturen »en marche« agieren wollen, dabei die Möglichkeiten erfolgreicher politischer Gestaltung ohne solche (traditionelle, gleichwohl funktionale) Stützen überschätzend.
4. Die neuen Kommunikationsmedien entwickeln hohes Potenzial nicht nur des Agendasettings, welches den Parteien zumindest themenspezifisch diese Funktion entwinden und sie auf einlenkendes Reagieren reduzieren kann. In Bayern hat zum Beispiel eine einzige parlamentarisch bedeutungslose Partei durch plebiszitäre Verfahren ein Staatsorgan abgeschafft, das Rauchverbot durchgesetzt und der hegemonialen Regierungspartei sowie wichtigen Interessenverbänden verschärften Artenschutz oktroyiert. Zudem ist das Netz auch ein wirksames Instrument zur Mobilisierung aktiven und aggressiven Widerstandes gegen politische Entscheidungen und ihre Repräsentanten. Selbst plebiszitärem, durch Wahl legitimiertem Charisma kann sich offensichtlich die plebiszitäre Aggression der Straße (welcher politischen Ausformung auch immer) entgegenstellen.
5. Eine Herausforderung wird angesichts dieses Wandels die Generierung eines Führungspersonals, das die Balance zwischen sich stetig differenzierenden politischen Optionen und unumgehbarer Sachrationalität zu finden vermag. Auf Dauer wird davon auch die politische Führungsfähigkeit der Parteien und Fraktionen gegenüber (oft nur sektoral inspirierten) gesellschaftlichen Kräften abhängen.

Folgendes Fazit scheint vertretbar: Nicht der Wandel ist das Problem, solange sich, wie stets in der Historie, Gesellschaften verändern, sondern seine Tendenz in Richtung Entinstitutionalisierung, Irrationalisierung und gesellschaftlicher wie politischer Desintegration. Entmächtigt werden Thematisierungs-, Führungs- und letztlich auch Legitimationsfunktion der

Institution Partei. Ihr gegenüber verselbständigt sich die Gesellschaft mehr und mehr auch im Kernbereich politischer Relevanz: eine Herausforderung für das Parteiensystem und den Parlamentarismus.

Ein Solitär?

Populistische Versuchungen in Zeiten schwacher Volksparteien

Jasper von Altenbockum

1. Einleitung

Nicht nur wegen der AfD und nicht erst vor dieser Bundestagwahl geht in Deutschland der Populismus um. So sehr die AfD ein Symptom abnehmender Integrationskraft der Volksparteien ist, so sehr stehen auch die Volksparteien in der Versuchung, ihre anhaltende Schwäche und Existenznot durch Anleihen bei den Erfolgsrezepten populistisch geführter Parteien abzufedern. Ein Blick nach Österreich, nach Dänemark oder Frankreich zeigt, wie traditionelle Parteien, ob sozialdemokratisch oder »rechts«, sich in Bewegungsparteien verwandeln und sich durch die »Führungsstärke« einzelner Politiker mit populistischen Mitteln neuen Aufschwung versprechen. Die Bundestagswahl hat gezeigt, dass alle traditionellen Parteien in Deutschland von dieser Tendenz nicht unberührt bleiben, auch wenn das Wahlergebnis sich nahtlos in die Kanzlerdemokratie vergangener Tage einfügt. Vielleicht gerade deshalb, wegen einer ganz auf Personen und Führungsqualitäten konzentrierten Strategie, die sich ansonsten aber an die vertrauten Regeln hält, spielte die AfD im Wahlkampf weder durch Themensetzung noch durch Personal eine signifikante Rolle.

Schon drei Jahre vor der Bundestagswahl von 2021 stand fest, dass diese Wahl anders sein würde als ihre Vorgänger. Die amtierende Kanzlerin machte keine Anstalten, vor Ende der Wahlperiode abzutreten, versicherte aber zugleich, nicht mehr für eine fünfte Amtsperiode zu kandidieren. Aus dieser besonderen Ausgangslage ergaben sich eine Reihe weiterer Besonderheiten. CDU/CSU stürzten in einen jahrelangen Kampf um die Nachfolge, zunächst für den Parteivorsitz der CDU, den Angela Merkel 2018 aufgab, dann auch für die Kanzlerkandidatur, für die es zwischen CDU und CSU kein geregeltes Verfahren gibt.

Die SPD wiederum hegte nach langen Jahren im Schatten Angela Merkels berechtigte Hoffnungen auf die Zeit nach dem Merkel-Bonus für die CDU und nominierte, anders als vor den Wahlen seit 2009, ihren Kanzlerkandidaten schon mehr als ein Jahr vor der Bundestagswahl. Das war eine Lehre aus den vorangegangenen Niederlagen. Nicht nur die Zeit aber spielte eine besondere Rolle. Die Partei hatte ausgerechnet den Kanzlerkandidaten, den sie im August 2020 ohne lange Diskussionen nominierte, nach dem Sturz von Andrea Nahles 2019 als Parteivorsitzenden verhindert. Olaf Scholz stand seither, auch wenn er durch die Geschlossenheit seiner Partei im Wahlkampf getragen wurde, nicht nur für die SPD, sondern vor allem für sich selbst.

Auch die Grünen sorgten bei dieser Wahl für einen Solitäreffekt. Sie stellten, da sie in Umfragen einen ungeahnten Höhenflug erlebten, ebenfalls eine Kanzlerkandidatin. Zwar gab es schon einmal drei Kandidaten (2002 mit Gerhard Schröder, Edmund Stoiber und Guido Westerwelle), nicht aber in dieser Konstellation: Annalena Baerbock, Olaf Scholz und Armin Laschet hatten jeder für sich, zumindest theoretisch, die Möglichkeit, die Kanzlerschaft zu übernehmen. Die FDP stellte zwar keinen Kanzlerkandidaten, aber auch sie richtete den gesamten Wahlkampf auf eine Person aus, auf ihren Vorsitzenden Christian Lindner. Das erweiterte Feld der Kandidaten machte die Wahl vorneweg zu einem Ereignis, das es in dieser Form in der Bundesrepublik noch nicht gab. Die Bundestagswahl hatte, getrieben von einem auf drei Personen fixierten demoskopischen und medialen Dauerfeuer, mehr denn je den Charakter einer vermeintlichen Direktwahl des Kanzlers. Parteien und Programme traten hinter sie zurück.

2. Im Schatten Angela Merkels

Die Personenfixierung betraf, da sie ihre Führung komplett neu aufstellen musste, vor allem die CDU. Schon der gescheiterte Versuch Annegret Kramp-Karrenbauers, die Nachfolge Angela Merkels 2018 anzutreten, warf die Frage auf, welcher Typ von Politiker dazu in der Lage sei. Musste es eine »Merkel 2.0« sein oder, ganz im Gegenteil, eine oder ein »Anti-Merkel«? Konnte die CDU dem Ansehen der scheidenden Kanzlerin vertrauen oder musste sie neue Akzente setzen, die auf ihren Kanzlerkandidaten zugeschnitten waren? Auch diese Weggabelung richtete sich ganz auf die Kraft der Persönlichkeit.

Die beiden Fragen verfolgten CDU und CSU bis zur Wahl und trugen entscheidend zu ihrer Niederlage bei. Eine klare Antwort konnte es nicht geben. Annegret Kramp-Karrenbauer war die erste Nachfolgekandidatin, die daran scheiterte. Sie hätte sich 2018 rückblickend nur durchsetzen können, wenn sie Angela Merkel zum vorzeitigen Rückzug bewogen oder gestürzt hätte. Das lag aber nicht im Interesse vieler CDU-Wähler (und CDU-Funktionäre), die eine solche Ablösung als Königsmord verurteilt hätten. Die Konsequenz, der Rücktritt Annegret Kramp-Karrenbauers knapp zwei Jahre vor der Wahl, brachte eine Dimension in die ohnehin verstärkte Personalisierung dieser Wahl, die zwar zu den Zeichen der Zeit passt, aber für Deutschland sehr ungewöhnlich ist. Zum ersten Mal stellte sich die Frage in Deutschland, ob das Land von einem Politiker regiert werden sollte, der in das Muster populistischer Vorbilder passt.

Sowohl bei der Auswahl des Parteivorsitzenden als auch bei der Nominierung des Kanzlerkandidaten mussten sich die CDU und CSU mit dieser Populismusfrage auseinandersetzen. Zum ersten Mal wurde die CDU damit konfrontiert, als der Parteitag zur Auswahl des neuen Parteivorsitzenden Ende 2020 verschoben werden sollte. Da Friedrich Merz sich für den Kandidaten der Basis hielt und in Umfragen vor Armin Laschet lag, hielt er die pandemiebedingte Verschiebung für eine Intrige der Parteiführung. Öffentlich wandte er sich gegen das »Establishment« der Partei, dem er unterstellte, ihn »verhindern« zu wollen. Das trug ihm den böswilligen, aber nicht ganz unbegründeten Vorwurf der Bild-Zeitung ein, sich wie der »Trump vom Sauerland« zu verhalten. In der Partei setzte daraufhin eine Auseinandersetzung um die Vorzüge einer repräsentativen versus einer plebiszitären Verfassung ein.

Die erste Aufwallung dieser Art übertrug sich dann mit fast identischem Zungenschlag auf die nachfolgende Auswahl des Kanzlerkandidaten. Auch hier ging es um die Frontstellung von »Basis« und »Establishment«, von Repräsentation und Plebiszit. Die Bewerbung um die Kandidatur wurde zwischen Armin Laschet und Markus Söder auf eine Weise ausgetragen, wie sie CDU und CSU bislang nicht erlebt hatten. Laschet begründete seine hartnäckige Verteidigung der Kanzlerkandidatur gegen Söder später damit, dass er es als geradezu historische Mission betrachtet habe, den bayerischen Politiker aus dem Kanzleramt fernzuhalten. Darin schwingt zwar eine nachträgliche Heroisierung seiner Rolle als gescheiterter Kandidat mit. Aber die indirekte Charakterisierung Söders als unzuverlässigen Populisten und Volkstribun gründet sich auf Äußerungen Söders selbst.

Söder machte die Auswahl des Kanzlerkandidaten und auch schon die Wahl des CDU-Parteivorsitzenden zu einer Wahl zwischen neuem und altem Politikstil. Der CSU-Vorsitzende warnte vor einem Rückfall in die Ära Kohl (das war auf Friedrich Merz gemünzt) und propagierte eine »Partei neuen Typs« (das war auf Armin Laschet gemünzt). Was genau damit jeweils gemeint war, ließ Söder offen. Söder beließ es, wie im Deutschlandfunk wenige Tage vor der Wahl, bei Beschreibungen wie: »Also, im Grunde genommen, man muss zweifach sein. Man muss solide sein, aber auch sexy.« Zwar konnte sich Söder dabei auf die Tradition einer stärker als die CDU stets volksnah-populistisch agierenden CSU berufen, als dessen Ausgeburt er sich verstehen muss. Der bayerische Ministerpräsident spielte damit aber ganz offensichtlich auf ein neues Verständnis seiner Rolle an der Spitze einer Volkspartei an. Sie sollte nicht nur seine Partei, sondern auch Bewegung und »One-Man-Show« sein. Söder reagierte mit seinen Anspielungen auch auf die Schwierigkeit der CSU, in Bayern wieder absolute Mehrheiten zu erreichen. Was die Partei nicht mehr vermochte, eine breite Identifikation über Parteigrenzen hinweg auf der Grundlage starker Verwurzelung, sollte die Person an der Spitze sicherstellen. Friedrich Merz stand nach seinen Ausfällen gegen den Parteivorstand in einem ganz ähnlichen Verdacht, die CDU als Volkspartei in eine auf eine Führungsfigur zugespitzte, konservative Bewegungspartei zu verändern. Entsprechende Erwartungen wurden aus fast allen Landesverbänden an ihn herangetragen. Söder hingegen ließ sich programmatisch nicht festlegen. Für beide Schwesterparteien war es in den Tagen unmittelbar vor der Bundestagswahl dann dennoch eine Überraschung, dass ausgerechnet diese Frage, die nach der besseren Führungsfigur, die aus dem Schatten Merkels treten konnte, den Ausschlag am 26. September 2021 geben sollte.

3. Aus den Trümmern der Volkspartei

Nach jeder Wahl stellen sich in Deutschland seit Jahren dieselben Fragen. Die erste: Was wird aus den Volksparteien? Oder noch radikaler: Ihre Zeit ist vorbei, was kommt also nach den Volksparteien? Neue Parteien mit altem Namen? Die zweite Frage: Läuft es in Deutschland irgendwie anders? Erleben wir schon etwas Neues oder stehen wir immer noch am Ende von etwas Altem, das nur in die Länge gezogen wird? Beide Fragen beziehen sich unausgesprochen auf die Welle von Populismus, die durch Europa zieht, eine Welle, die westliche Demokratien nun schon seit 30 Jahren beschäftigt. Angesichts dieser Welle ist aber auch die Antwort seit Jahren dieselbe: Eine Bundestagswahl stellt sich immer wieder als Solitär heraus, weil sich jenseits des deutschen Horizonts ein weit größeres Parteiendrama abspielt als in Deutschland, jedenfalls äußerlich. Die Bundestagswahl steht zudem immer noch als eine Art Fels in der Brandung von Landtagswahlen da, die manches (ostdeutsche) Bundesland wegen populistischer Sympathien für die AfD an den Rand der Unregierbarkeit geführt haben. Ein Konzept, das die etablierten Parteien in die Lage versetzt, dieser Entwicklung Einhalt zu gebieten und die AfD wieder zu verdrängen, ist nicht zu erkennen.

Die Krise der Repräsentation, die darin steckt, hat nicht zu einer allgemeinen Abkehr vom Konzept der Volkspartei geführt. Zwar wird den »großen Parteien« der Status der Volkspartei schon abgesprochen (obwohl es nicht auf die Größe, sondern auf die Zielgruppen und auf die Integrationskraft ankommt). Doch es gibt immer mehr Parteien, die den Anspruch erheben, in deren Fußstapfen zu treten. Damit kokettiert hin und wieder die FDP, aber es gilt definitiv für die Grünen und die AfD, beides vielleicht nicht zufällig die »alternativen« Parteien, die im Laufe der Jahre »dazugekommen« sind.

Eine möglichst breite Repräsentation scheint also umso attraktiver zu werden, je weniger diese Breite möglich ist und je weniger die Parteien sich voneinander unterscheiden können oder wollen. Was die deutschen Wahlen mit denen des europäischen Auslands verbindet, ist der Versuch, diesen Widerspruch über die Kraft der Persönlichkeit aufzulösen. Das ist auch der Hintergrund für die Diadochenkämpfe in der CDU/CSU. Die Persönlichkeiten, die Parteien »machen«, kommen zugleich dem Bedürfnis nach, Komplexität zu reduzieren, einfache Antworten zu geben, eine klare Richtung vorzugeben und die Kernaufgabe von Volksparteien wieder zu erfüllen, nämlich Widersprüche aufzulösen.

Die »Persönlichkeitswahl« und eine ausgeprägte Personenfixierung, die fast ins Monarchische geht, ist in Deutschland, auch wenn immer wieder davor gewarnt wird, nichts Neues. In den vergangenen Jahrzehnten hat sich aber auch das noch einmal in Richtung »Person« verschoben. Die Bundestagswahlen seit der ersten Großen Koalition unter Angela Merkel, seit 2009 also, waren im Grunde Merkel-Wahlen, nicht Wahlen »CDU gegen SPD«, »Lager gegen Lager«. Merkel stand vielmehr gegen wechselnde Herausforderer der SPD, die allesamt am Nimbus der Kanzlerin, nicht an der programmatischen Überzeugungskraft der CDU/CSU scheiterten.

Dass die CDU/CSU in dieser Zeit die Traummarke von mehr als 40 Prozent erreichte, auch in einzelnen Bundesländern, lässt sich sicher nicht auf die programmatischen Vorteile zurückführen, auch nicht auf die Kraft zur Mobilisierung. Diese Mobilisierung war sogar in vielen Fällen gar nicht beabsichtigt, folgt man der Theorie der »asymmetrischen Demobilisierung«. Wichtig war die Frau an der Spitze, die ihrer Partei einen Modernisierungsschub verpasste, der vornehmlich darauf hinauslief, dass sie als Kanzlerin wie ein Schwamm alle Gegensätze in der neuen Mitte in sich aufsog und aufhob.

Die Entkernung der CDU, die nach 16 Jahren Merkel-Ära beobachtet wird, ist eine Folge davon. Sie ist aber nicht nur der Regierungsfunktion geschuldet. Der Unterschied zur Kohl-Ära besteht darin, dass Helmut Kohl sich noch als Repräsentant einer Parteitradition und Programmatik verstand (aber auch da schon sehr stark personalisierte: »Wo ich bin, ist die Mitte«). Angela Merkel hingegen unternahm nach dem »neoliberalen« Leipziger Parteitag von 2013 keinen Versuch mehr, eine solche Identifikation zwischen Person und Programm herzustellen. Auch Polarisierung war seither tabu. Sie regierte eigentlich ohne Programm, nur mit wechselnden Koalitionsverträgen, und auch diese erwiesen sich von Mal zu Mal als Makulatur. Das Programm Angela Merkels hieß am Ende schlicht: Sie kennen mich. In diesem Satz steckt zugleich das politische Erbe Merkels an die deutsche Demokratie. Wer seine Chancen verstärken will, führt diese Zauberformel im Munde – in der Bundestagswahl (Olaf Scholz), aber auch schon in der darauffolgenden Landtagswahl im Saarland (Anke Rehlinger).

Als irreführend hat sich angesichts der Bundestagswahl herausgestellt, dass die SPD in den vergangenen Bundestagswahlkämpfen an ihren Inhalten, an ihrem Programm gescheitert wäre. Die Wahlkampfschlager von 2021 waren, bis hinein in die Schlüsselwörter (»Respekt«), nur Variationen der Wahlkampfinhalte von 2017, 2013 oder 2009. Um das Siechtum der SPD zu erklären, wurde von Wahl zu Wahl fast schon stereotyp Ralf Dahrendorf bemüht (»die Sozialdemokratie hat ihre historische Rolle erfüllt«) und die selbstzerstörerische Kraft der »Agenda 2010«. Tatsächlich aber hat sich als entscheidende Schwäche der SPD nicht ihr Programm, sondern die Tatsache herausgestellt, dass sie nicht den Kanzler stellte. Landtagswahlen mit starken Fürstinnen und Fürsten der SPD zeigen, dass es andersherum genauso im Sinne der SPD und zu Ungunsten der CDU geht: in Mainz (Malu Dreyer), Hannover (Stephan Weil), Hamburg (ehemals Olaf Scholz), Schwerin (Manuela Schwesig) oder Saarbrücken (Anke Rehlinger). Auch dort ließen sich Wahlergebnisse von mehr als 40 Prozent erreichen.

Ironie dieser Bundestagswahl muss für SPD und CDU gleichermaßen die Feststellung gewesen sein, dass die Partei, der zuletzt ihre schleichende »Sozialdemokratisierung« vorgeworfen wurde, die CDU unter Merkel, an mangelhafter Beachtung der Sozialpolitik gescheitert sei. Nach 16 Jahren angeblicher Sozialdemokratisierung heißt es plötzlich, die CDU habe im Wahlkampf gerade diesen Schwerpunkt nicht glaubwürdig in den Vordergrund gestellt, sie habe ein eklatantes Defizit ausgerechnet in der Sozialpolitik. An ihrer Regierungspolitik unter Merkel kann es aber sicher nicht liegen. Auch hier gilt: Da die Identifikationsfigur fehlt, wandert das Thema in Richtung eines neuen Fixsterns. In diesem Fall in Richtung Olaf Scholz.

Wichtig ist also die Kompetenzzuschreibung, und die macht sich immer noch an Personen fest. Durchaus richtig liegen also Politiker, die gar nicht mehr eindeutig einer Partei zuzuordnen sind. Vielleicht wird Merkel eines Tages in die Geschichte als die Kanzlerin eingehen, von der nicht ganz klar ist, in welcher Partei sie eigentlich war. Nicht nur die letzte Phase ihrer Kanzlerschaft hat das deutlich gemacht. Auch das Nachspiel der Bundestagswahl beleuchtet das Verhältnis von Person und Partei sehr deutlich: Merkels Ablehnung eines Ehrenvorsitzes der CDU – das passe, so die Begründung der düpierten Parteiführung, nicht mehr in die Zeit – war zugleich ihr endgültiger emotionaler Abschied von der Partei. Der hatte sich noch während des Wahlkampfs angekündigt, unter anderem in der Verlegenheitsfloskel der ehemaligen Parteivorsitzenden in einem Interview, in der sie ihre Führungsfunktion darauf reduzierte, dass sie der CDU »nahegestanden« habe. Dass Merkel mit Hilfe einer bestimmten Partei regierte, wurde eigentlich erst in dem Augenblick klar, als sie 2018 ihren Vorsitz niederlegte.

Für die Bundestagswahl hatte das allergrößte Bedeutung. Nicht nur, weil Merkel kaum auftrat. Der entscheidende Punkt in dieser Wahl war eben nicht, welcher Kandidat mit welcher Partei und welchem Programm antrat, sondern dass eine quasi überparteiliche Institution nicht mehr antrat, die aber durchaus wiedergewählt worden wäre. Eine Wechselstimmung gab es am Ende nur deshalb, weil viele Deutsche nach einer neuen Merkel, nicht nach einer neuen Partei Ausschau gehalten haben. Das ist der große Unterschied zum Machtwechsel von 1998. Der geniale Plakatslogan dieser Wahl war das Zitat, mit dem sich Olaf Scholz schmückte: »Ich kann Kanzlerin«. Er war nur die Quintessenz einer Imitation mehrerer Merkel-Züge, bis hin zu jenem »Sie kennen mich«, durch das Scholz fast schon penetrant um Vertrauen warb. Auch hier trat das Programm hinter einen soften Populismus zurück.

4. Doppelkopf und Leadership

Überall in den europäischen Staaten – Ausnahmen sind die skandinavischen Demokratien – hat sich das alte Parteiensystem der Nachkriegszeit aufgelöst und ist durch ein neues, dynamisches Modell abgelöst worden. Ergebnis dieser Entwicklung sind Parteien und Bewegungen, die nicht mehr der Auswahl von Führungspersonal dienen. Vielmehr machen sich Politiker Bewegungen und Parteien zu eigen, um sich in manchen Fällen gleichsam als Auserwählte inszenieren zu können. Sebastian Kurz in Österreich ist dafür wohl der (gescheiterte) Prototyp. Ost- und Westeuropa nähern sich dabei aus unterschiedlichen Richtungen an. Schwindende oder fehlende Wählerbindungen begünstigen kurzfristiges, spontanes Wahlverhalten, das sich durch Personen und Stimmungen leichter beeinflussen lässt als durch Programme und Parteiapparate.

In der Bundestagswahl äußerte sich eine klare Tendenz in Richtung dieser neuen Sehnsucht nach Führungsqualität, die sich jenseits eines traditionellen Parteiprogramms zeigt. Das äußert sich in dem sichtlich gestiegenen Bedürfnis danach, dass da eine Persönlichkeit ist und nicht eine Partei, der Stärke zugetraut wird. Das hatte sicher mit der langen Zeit Großer Koalitionen zu tun. Aber nicht nur. Olaf Scholz, auf den ersten Blick sicher kein Charismatiker, war eine ähnliche Projektionsfläche für die Wähler, wie es Friedrich Merz als Gegenmodell zu Merkel für die Union war und ist. Die Attribute, die mit ihnen verbunden sind, gehen eindeutig in eine populistische Richtung: Stärke, »klare Kante«, Anti-Establishment. Kein Spruch von Scholz wurde nach der Wahl so oft zitiert wie die Ankündigung: »Wer bei mir Führung bestellt, bekommt auch welche«. Das war ein Echo auf schon länger zurückliegende Versuche der Partei, personenbezogene Attribute wie »Leadership« in den Vordergrund zu stellen. Scholz stellte zu Beginn des Wahljahrs diesen Aspekt in den Mittelpunkt: Es gehe um die »zentrale politische Führungsleistung«.

Die Grünen agierten ganz ähnlich. Leadership hieß in diesem Fall aber zunächst: Ausgerechnet die Partei, die ihre Basisorientierung immer betonte, entschied sich bei der Kandidatenauswahl für das Hinterzimmer. Die Grünen hatten indessen den Nachteil, dass sie trotz bester Ausgangsposition und trotz einer klaren programmatischen Alternative nicht die Spitzenkandidatin hatten, die solche Erwartungen erfüllen konnte. Die Partei war vielmehr in einer ähnlichen Lage wie die Union: Da Merkel viel mehr eine »grüne« als eine »schwarze« Kanzlerin war, suchten bürgerliche Wähler nach einer neuen

Führungsfigur, die sie aber in Annalena Baerbock ebenso wenig fanden wie in Armin Laschet.

Auch in Deutschland, und deshalb war die Wahl eben doch kein Solitär, liegt demnach der Politiker im Trend, der sich als Doppelkopf von Partei und Bewegung versteht, die er zur Mehrheitsfähigkeit führt. Das kommt der Wählerschaft entgegen, die sich von Mal zu Mal orientiert und Präferenzen auf mehrere Parteien verteilt. Armin Laschet, obgleich er gerade als Personifizierung des Integrationsgedankens antrat, verkörperte diesen Typus nicht. Er trat ganz hinter die Partei, hinter den »Teamgeist«, hinter das Programm und vor allem hinter die Komplexität der Politik zurück, von der er versprach, die »Enden zusammenzubinden«. Das wurde ihm als Gesichtslosigkeit, als mangelhaftes Profil und als Unfähigkeit zur Eindeutigkeit in einem »Schlafwagen-Wahlkampf« (Markus Söder) ausgelegt.

Laschets Scheitern verdeutlicht die versteckte Sehnsucht, die sich hinter den Erwartungen verbirgt, denen Politiker wie Markus Söder, Friedrich Merz und auch Olaf Scholz gerne entsprechen. Es ist die Sehnsucht nach einer geräuschlosen, harmonischen, »echten«, volksnahen, zentralen und effektiven Demokratie. Eine Sehnsucht, die populistische Parteien sehr bewusst adressieren, die sich aber alle etablierten Parteien in diesem Wahlkampf zu eigen machten. Symptomatisch ist, dass sich das erste Kapitel des Koalitionsvertrags der Ampelkoalition nicht etwa dem Klimawandel, sondern genau diesem Punkt, einer grundlegenden Vereinfachung, einer lang ersehnten Beschleunigung, einer als erlösend empfundenen Handlungsfähigkeit, der Modernisierung des Staates an Haupt und Gliedern widmet. Auch die CDU sprach im Wahlkampf immerhin von einer »Revolution«, einer »Entfesselung«, sogar von einem »neuen Staat«, den sie schaffen wolle.

Zu jeder Wahl gehört, vorher und nachher, mittlerweile dieser Ruf nach Aufbruch und Neubeginn – nicht nur bei den Wahlverlierern. Nicht nur ein Machtwechsel wie früher, nicht nur eine »Wende« wie 1982/83 wird damit beschrieben, sondern weit mehr. Gemeint ist eine Befreiung von den Hemmnissen und Unübersichtlichkeiten, die ein föderaler Bundesstaat und eine repräsentative Demokratie auf mehreren Ebenen mit sich bringen. Glaubwürdig lässt sich das nur vertreten durch einen Politiker, der früher als »Macher« bezeichnet worden wäre, heute einem charismatischen Manager und »authentischen« Anführer entspricht, der überparteilich wirkt und Erwartungen an eine revolutionäre Auflösung dieser vermeintlichen Hemmnisse befriedigen kann. Dieser Anspruch wird in Reinkultur von Ein-Mann-Parteien populistischer Bewegungen in Ost und West vertreten, in Deutschland von der AfD, die allerdings bei dieser Wahl kaum eine Rolle spielte.

Weder die Vorlage (Merkel), noch das Ergebnis (Scholz) haben etwas mit diesem klassischen Populismus in Europa zu tun, der rechts- oder linksradikale Inhalte transportiert. Sie waren und sind eben nicht Polarisierungsfiguren, um quasi Volkspartei-Ersatz zu spielen, sondern müssen unter den Bedingungen deutscher Geschichte das Gegenteil, müssen Integrationsfiguren sein. Aber sie erfüllen dasselbe Bedürfnis, das auch Volkstribune erfüllen: Die starke Frau, der starke Mann soll es richten. Schwächen dürfen sie sich nicht leisten. Ein Lacher genügt, um die Wahl zu entscheiden. Olaf Scholz wurde gewählt, weil populistische Versuchungen wieder in die Bahnen alter Institutionen geleitet wurden. Denn den Typus eines »entfesselten« Politikers zu verhindern, der Gegensätze und Parteien überwindet, war in Deutschland ein wesentlicher Antrieb zur »Erfindung« der Volkspartei. Ein Solitär bleibt Deutschland nur, wenn es sich diese Parteiform bewahren kann.

II. Wahlkampf und Wahlverhalten

»Ohne Groll mit voller Kraft«

Armin Laschet, Markus Söder und das Ringen der Unionsparteien um Einigkeit

Roman Deininger

1. Prolog: Der 14. Juli 2021

Am 14. Juli 2021, einem Mittwoch, lag der Bundestagswahlkampf wie ein leuchtendes Versprechen vor Kanzlerkandidat Armin Laschet und seiner Union. Anfang Juni hatte die CDU die Landtagswahl in Sachsen-Anhalt souverän gewonnen; Ende Juni waren Plagiatsvorwürfe gegen ein Buch der Grünen-Kanzlerkandidatin Annalena Baerbock bekannt geworden. Die Zweifel, die es am Kandidaten Laschet gegeben hatte, waren in den Hintergrund getreten. An diesem 14. Juli sah eine Forsa-Umfrage die Union im Bund bei 30 Prozent, die SPD bei 15 Prozent, die Grünen bei 19 Prozent.[1] Es wirkte, als wäre Laschet das Kanzleramt nicht mehr zu nehmen. Wer eine andere Prognose hören wollte, hätte wohl schon Olaf Scholz oder seinen Chefstrategen Wolfgang Schmidt fragen müssen. Eigentlich konnte Laschet jetzt nur noch über seine eigenen Füße stolpern. Sicherheitshalber hatte der Kandidat im Frühsommer praktisch jede Bewegung eingestellt. Es war eine Art »Grottenolm-Strategie«: Von Grottenolmen weiß die Wissenschaft, dass sie in dunklen Höhlen leben und sich bis zu sieben Jahre nicht bewegen.

Der 14. Juli war allerdings ein Tag, an dem nicht nur Forsa mit neuen Zahlen aufwartete, sondern auch der Deutsche Wetterdienst. Er maß bedrohlich zunehmenden Starkregen und warnte vor »extremen Unwettern« im Westen Deutschlands.[2] Bald sollte eine Bewegung in diesen Wahlkampf kommen,

1 Siehe die Übersicht zu den Forsa-Umfragewerten auf Wahrecht.de (online unter: www.wahlrecht.de/umfragen/forsa.htm – letzter Zugriff: 08.04.2024).

2 Vgl. Helena Gries / Alina Schröder, DWD warnt erneut vor schweren Unwettern – Hochwasser-Alarm in Deutschland!, in: HNA, 15. Juli 2021 (online unter: www.hna.de/verbraucher/wetter-deutschland-unwetter-tief-bernd-gewitter-dauerregen-regen-warnung-dwd-90858018.html – letzter Zugriff: 08.04.2024).

die am Ende zu einem beispiellosen Absturz der Union und ihres Kanzlerkandidaten führte.

2. Überblick: Gründe für die Niederlage der Union

Was waren die Gründe für diesen Absturz? Ich will versuchen, diese Frage aus der Sicht eines Journalisten zu beantworten, der im Jahr 2021 den Bundestagswahlkampf der Union und dessen zwei Hauptdarsteller Armin Laschet und Markus Söder für die Süddeutsche Zeitung eng begleiten durfte.[3] Der folgende Versuch einer Wahlkampfanalyse speist sich also stark aus dem konkreten journalistischen Erleben.

Der Titel dieses Beitrags zitiert einen Satz des CSU-Vorsitzenden Söder, den dieser nach der Entscheidung in der Kanzlerkandidatenfrage am 20. April bei einer Pressekonferenz in der CSU-Zentrale aussprach. Der unterlegene Söder meinte den frisch gekürten Unionskandidaten Laschet, als er sagte: »Wir werden ihn ohne Groll und mit voller Kraft unterstützen.«[4] Wie viele spätere Söder-Sätze zum Thema bezog auch dieser Satz seinen besonderen Charme aus seiner offensichtlichen Distanz zur Wirklichkeit. Seinen Groll konnte Söder kaum verbergen.

In der gleichen Pressekonferenz sagte Söder auch: »Nur eine geschlossene Union kann erfolgreich sein.« Mit dieser These sollte er Recht behalten. Die Uneinigkeit der Union war ein wesentlicher Grund für die krachende Niederlage bei der Bundestagswahl am 26. September. Es handelte sich dabei jedoch nicht um einen klassischen Schwesternstreit zwischen CDU und CSU. Vielmehr offenbarte sich ein persönlicher Konflikt zwischen Laschet und Söder – und ein politischer Konflikt zwischen Laschet-Unterstützern und

3 Zusammen mit meinem Kollegen Boris Herrmann von der Süddeutschen Zeitung habe ich unter anderem ein großes Laschet-Porträt geschrieben, das sich auf eine intensive Beobachtung des Kandidaten im Wahlkampf stützt: Roman Deininger/Boris Herrmann, Lasst mich halt, in: Süddeutsche Zeitung, 4. September 2021, S. 11. In meiner Beschäftigung mit der Union habe ich beträchtlich von der herausragenden Arbeit Boris Herrmanns sowie weiterer SZ-Kolleginnen und -Kollegen profitiert: Andreas Glas, Johann Osel, Robert Roßmann, Jana Stegemann und Christian Wernicke.

4 Zitiert nach Timo Frasch/Eckart Lohse/Johannes Leithäuser/Markus Wehner, Laschet will mit Söders Hilfe eine »Richtungswahl« gewinnen, in: Frankfurter Allgemeine Zeitung, 21. April 2021, S. 1.

Söder-Unterstützern. Die Konfliktlinie verlief diesmal nicht zwischen den Schwesterparteien, sondern mitten durch die CDU, in der viele Mitglieder Söder als Kanzlerkandidaten bevorzugt hätten.

Die Uneinigkeit war jedoch nicht der einzige wesentliche Grund für das miserable Wahlergebnis der Union, sondern einer von mehreren, sich überlagernden Gründen. Vor allem zu nennen sind die strategischen und handwerklichen Defizite des Union-Wahlkampfs, die persönlichen Schwächen des Kandidaten Laschet sowie eine in dieser Form neuartige, brutale Stimmungsdynamik, die sich gegen Laschet entwickelte und einen weithin als integer bekannten Politiker in der öffentlichen Wahrnehmung zeitweise auf eine Karikatur seiner selbst reduzierte.

Fehler kann man machen in einem Wahlkampf. Ernst wird die Lage, wenn man einen Gegner hat, der diese Fehler auszunutzen versteht – und selbst keine macht. Diesen Gegner hatte Laschet in Scholz. Und dennoch sei die Spekulation erlaubt, dass die Union ihren Vorsprung irgendwie ins Ziel hätte retten können, wenn ihre Kampagne nicht auch noch durch ein singuläres Ereignis ihre Plan- und Steuerbarkeit verloren hätte. Dieses Ereignis trug sich am 17. Juli zu, als alles so prächtig zu laufen schien für Armin Laschet. Es dürfte sein »Lachen in der Flut« gewesen sein, das ihn die Kanzlerschaft kostete.

3. Die K-Frage und das Gift im Grundwasser

Von Markus Söder, der ja nicht nur ein Machtpraktiker ist, sondern auch als politischer Philosoph Ambitionen besitzt, stammt der Begriff des »kontaminierten politischen Grundwassers«.[5] In einem Wahlkampf, so Söder, gebe es nichts Schlimmeres. Wenn erst mal Gift drin sei, kriege man das Wasser nicht mehr sauber. Söder hat den Begriff einst auf den bayerischen Landtagswahlkampf 2008 bezogen: Damals hatten die Verletzungen durch den erzwungenen Abschied von Edmund Stoiber einen toxischen Effekt in der CSU.

Im Bundestagswahlkampf 2021 war das Grundwasser der Union kontaminiert, seit sich Laschet und Söder im April ihren erbitterten Kampf um die Kanzlerkandidatur lieferten. CDU und CSU wurde dabei zum Verhängnis, dass sie über kein verbindliches gemeinsames Verfahren zur Entscheidung der

5 Zitiert nach Roman Deininger / Uwe Ritzer, *Markus Söder. Der Schattenkanzler*, München 2020, S. 157.

»K-Frage« verfügten. Die beiden Bewerber Laschet und Söder verständigten sich lediglich darauf, ein »Meinungsbild« in ihren Parteien einzuholen – in welchem institutionellen und zeitlichen Rahmen, das legten sie sträflicherweise nicht fest. Es entspann sich ein Hauen und Stechen, das selbst der Sieger nur beschädigt verlassen konnte.[6]

Höhe- und Tiefpunkt der Entscheidungstage war die Abstimmung im CDU-Vorstand am Abend des 19. April, deren Ergebnis Söder letztlich zähneknirschend akzeptierte. Laschet gewann diese Abstimmung mit 31 zu neun Stimmen bei sechs Enthaltungen. Doch zugleich verfestigte sich bei der Sitzung, über deren Verlauf Journalisten wegen zahlreicher Indiskretionen live auf Twitter berichten konnten, der Eindruck, dass die Unterstützung für Laschet selbst im eigenen Vorstand brüchig war. CDU-Landesvorsitzende bekannten sogar, dass sie selbst zwar für Laschet stimmten, ihre Mitglieder aber mehrheitlich für Söder seien. Die Sitzung mochte eine Entscheidung bringen. Aber sie brachte keine Befriedung.[7]

Der Kandidat Laschet wurde von der erweiterten Parteispitze der CDU gegen erheblichen Widerstand an der eigenen Basis durchgesetzt. Die Entscheidung der K-Frage vollzog sich so intransparent und so wenig überzeugend, dass das Ergebnis bis zum Wahltag mit einem Makel behaftet blieb – auch in den Augen vieler CDU-Mitglieder. Die Union bestand in diesem Wahlkampf also aus zwei Parteien, die beide nicht mit sich im Reinen waren. Nicht nur die CSU, sondern auch wesentliche Teile der CDU litten unter einem eklatanten Mangel an Begeisterung für den eigenen Kanzlerkandidaten.

Aus der Wahlkampfbegleitung Laschets heraus muss man feststellen: Nicht die Widerborstigkeit der »Spezis« aus Bayern war für ihn das größte Problem. Das war die Halbherzigkeit seiner eigenen CDU. Beinahe egal, wo Laschet in diesem Wahlkampfsommer hinkam, er stieß auf Zweifel und Vorbehalte an der christdemokratischen Basis. Ein selbstbewusster, befreiter Wahlkampf konnte so kaum zustande kommen.

Eine Ursache des Dramas im April war natürlich, dass die Last-Minute-Bewerbung Söders eine Überraschung war – für Laschet, aber ein bisschen

6 Eine genauere Darstellung des Geschehens zwischen dem 11. und 20. April 2021 muss hier aus Platzgründen unterbleiben.

7 Vgl. zur Rekonstruktion der Sitzung: Florian Gathmann / Kevin Hagen / Christoph Hickmann / Veit Medick, Laschets Gewaltakt, in: Der Spiegel, 20. April 2021 (online unter: www.spiegel.de/politik/deutschland/armin-laschet-und-markus-soeder-erzwungene-abstimmung-im-cdu-vorstand-der-gewaltakt-a-1a041741-33a7-4eea-94f8-d599918b3e48 – letzter Zugriff: 08.04.2024).

auch für Söder selbst. Für die Idee, dass Söder Kanzler werden könnte, wäre man ja keine zwei Jahre vorher noch zum Arzt geschickt worden; damals war Söder ein Scharfmacher im Asylstreit der CSU mit der CDU. Es musste also ganz schön viel zusammenkommen, damit die Kanzlerkandidatur überhaupt in Söders Reichweite geraten konnte: ein mauer Start des neu gewählten CDU-Vorsitzenden Laschet bei gleichzeitigem Fortbestand von Söders hohen Zustimmungswerten. Mitte April 2021 erklärten im Deutschlandtrend von ARD und Infratest dimap 44 Prozent der Befragten, sie hielten Söder für einen geeigneten Kanzlerkandidaten. Bei Laschet waren es nur 15 Prozent. Unter den Unionsanhängern kam Söder sogar auf 72 Prozent, Laschet nur auf 16 Prozent.[8]

Es spricht viel dafür, dass Söders Griff nach der Kandidatur im April eher plötzlicher Ambition entsprang. Söder gilt als risikoscheu, er wagte den Schritt erst, als sich die Tür für ihn wundersam weit öffnete. Für den journalistischen Beobachter drängte sich der Eindruck auf, dass er die Kandidatur mehr mit dem Bauch als mit dem Kopf wollte. Möglicherweise verhält es sich mit Söder und der Macht wie mit dem Hund und der Wurst: Sobald die Wurst in Reichweite liegt, ist es keine freie Entscheidung mehr für den Hund. Hätte Söder jedenfalls tatsächlich einen langfristigen Masterplan in der K-Frage gehabt, wäre dieser ziemlich dilettantisch gewesen: Er bemühte sich nie ernsthaft um Verbündete in der CDU-Spitze.

Markus Söder wurde in jenen Aprilwochen oft die Rolle des Aggressors zugeschrieben. Nun hat es Söder in seiner Karriere gewiss nicht an Härte gefehlt – er hat die Imagefalle, in der er da gefangen war, selbst geschaffen. Aber: Für ihre Verhältnisse zeigte sich seine CSU geradezu friedfertig und diszipliniert. Die beliebte Lesart, Söder sei im Unionsduell Godzilla gewesen und Laschet Bambi, greift tatsächlich zu kurz. Am Ende war es Söder, der es nicht mehr auf eine Abstimmung in der Unionsfraktion im Bundestag anlegte, obwohl er ein für ihn günstiges Ergebnis erwarten durfte. Ein hochrangiger CSU-Mann beschrieb verdutzt ein ihm offenbar neues Gefühl: »Diesmal sind wir die Vernünftigen.«

Wie genau sich die Waage in der K-Frage zugunsten von Laschet neigte, liegt bis heute in der Dunkelheit einer Berliner Sonntagnacht verborgen – der Nacht vor der CDU-Vorstandsentscheidung. Viele journalistische Beobachter sehen das christdemokratische Urgestein Wolfgang Schäuble in einer

8 Siehe »Söder liegt in Umfragen deutlich vor Laschet«, in: Zeit Online, 16. April 2021 (online unter: www.zeit.de/politik/deutschland/2021-04/cdu-csu-markus-soeder-armin-laschet-kanzlerkandidatur-umfrage – letzter Zugriff: 08.04.2024).

Schlüsselrolle, auch wenn Schäuble diese von sich wies.[9] Er soll in jener Nacht zunächst Armin Laschet in die Pflicht genommen haben, als Kandidat durchzuziehen. Und dann soll er Markus Söder bedeutet haben, dass er als Kandidat von der CDU-Führung nicht akzeptiert würde. Zur Frage, was Schäuble zu seiner Intervention bewogen hat, gibt es verschiedenen Lesarten: Staatsräson, weil er Söder das Kanzleramt nicht anvertrauen wollte; Parteiräson, weil er eine nachhaltige Unwucht in der Union zulasten der CDU verhindern wollte; oder Eitelkeit, weil er unbedingt der Kanzlermacher sein wollte.

Nach allem, was man weiß, flog Markus Söder an jenem Sonntag in dem Glauben nach Berlin, dass Laschet ihm die Kandidatur überlassen wolle. Dann traf er auf Wolfgang Schäuble.

4. Markus Söder und die eingeschränkte Solidarität der CSU

Wenige Tage nach Laschets Kür als Kandidat gab Söder der Süddeutschen Zeitung ein Interview, bei dem er auf Fragen gar nicht angewiesen war – man hätte einfach das Aufnahmegerät auf den Tisch legen und den Raum verlassen können. Söder sagte in dem Gespräch, ihn habe »die Begründung der Kandidatur« Laschets »nicht überzeugt«, sein eigener Politikansatz sei »vielleicht etwas progressiver« und man brauche keine »Politik Helmut Kohl 2.0«. Dann stellt er noch die »Legitimation« der Entscheidung für Laschet infrage.[10] Bereits im Raum stand das Wort vom »Hinterzimmer«, in dem diese Entscheidung herbeigeführt worden sei.[11]

Söder hatte da grundsätzlich natürlich den Punkt, dass sich die Stimmung im Bauch der CDU nicht im Votum ihrer Spitzengremien abbildete. Aber er erlag auch wieder mal seiner Neigung zur Übertreibung und seinem Faible für schlichte Erzählungen. Es war der Moment, in dem auch Söder höchstpersönlich Gift ins Grundwasser kippte.

Fakt ist, dass viele Wahlkämpfer in CDU und CSU sich nun für einen Kandidaten einsetzen mussten, an dem sie zweifelten – und diese Zweifel dann im Wahlkampf zum Teil dramatisch bestätigt sahen. Das reale Unglück des

9 Vgl. Robin Alexander, Ich bin der Stärkere, in: Welt am Sonntag, 23. Mai 2021, S. 15; Wolfgang Schäuble, *Erinnerungen. Mein Leben in der Politik*, Stuttgart 2024, S. 603.

10 Zitiert nach Roman Deininger / Wolfgang Krach, »Ich komm wieder, keine Frage«. Markus Söder im Interview, in: Süddeutsche Zeitung, 24. April 2021, S. 2.

11 Robert Birnbaum, Völlig verbissen, in: Tagesspiegel, 19. April 2021, S. 2.

Kandidaten Laschet übertraf bisweilen sogar die dystopischen Warnungen aus Bayern. Dass auch Söder selbst die Unterstützung Laschets schwerfiel, mag man menschlich sogar verstehen. Nur: Persönliche Verletzung und politische Differenz befreien einen Parteichef nicht von der Verantwortung fürs große Ganze.

Söders Unterstützung für Laschet blieb im Wahlkampf sehr lange formal. Seine CSU hängte Laschet-Plakate auf, jedenfalls auch nicht weniger als manche CDU-Gliederungen. Er selbst sagte die nötigen Bekenntnissätze, aber er relativierte sie dann auch häufig mit der ihm eigenen Ironie. Einmal wiederholte er im ZDF-Morgenmagazin vier Mal die Feststellung, Laschet sei »ein Fighter«.[12] Da stellte sich dann die semantische Frage: Ab der wievielten Wiederholung wird ein Kompliment zur Frechheit?

Söder hat jedenfalls nicht ernsthaft versucht, zu einer glaubhaften Erzählung zu finden, warum er Laschet trotz mancher Bedenken unbedingt als Kanzler sehen will. Dabei wäre genau das wahlstrategisch auch im Interesse der CSU gewesen. Söder gilt ja als Großmeister der Inszenierung, doch zu dieser Pflichtarbeit hat er sich nicht aufraffen können. Wahrscheinlich konnte ein verletzter Markus Söder einfach nicht aus seiner Haut. Dazu kam, dass Söders demoskopisch belegte Stärke Laschet beinahe automatisch schwächer aussehen ließ – dafür musste er gar nicht groß sticheln. Es wäre nobel und klug gewesen, wenn Söder Laschet etwas von seiner Stärke geliehen hätte. Er tat es nicht und muss sich deshalb vorwerfen lassen, wesentlich zum Debakel der Union bei der Bundestagswahl beigetragen zu haben.

Auf den letzten Metern des Wahlkampfs versuchte Söder, seine Versäumnisse noch wettzumachen. Beim CSU-Parteitag Anfang September in Nürnberg bewiesen er und seine Parteifreunde im Umgang mit Laschet eine neue Herzlichkeit und fast rauschhafte Disziplin. In der CSU dominiert im Rückblick das Narrativ, der von diesem Parteitag eingeleitete Endspurt habe ein noch schlechteres Unionsergebnis verhindert. Das ist natürlich eine These, die nicht zuletzt belegt, dass manche ernsthaft glauben, die Welt drehe sich allein um die CSU-Zentrale an der Autobahnausfahrt München-Schwabing.

Richtig ist aber, dass der CSU-Parteitag der Höhepunkt von Laschets Wahlkampf gewesen sein dürfte. Und zwar in dem Sinn, dass der Kanzlerkandidat nirgendwo sonst so laut und ausdauernd gefeiert wurde wie an jenem Samstag

12 Cherno Jobatey, Unterwegs mit: Markus Söder, in: ZDF, 9. August 2021 (Video verfügbar bis 9. August 2023) (online unter: https://web.archive.org/web/20210809090322/www.zdf.de/nachrichten/zdf-morgenmagazin/unterwegs-mit-markus-soeder-cherno-jobatey-100.html – letzter Zugriff: 23.06.2023).

in Nürnberg – ungeachtet der Frage, aus welcher Herzenstiefe der Jubel kam. Die Demonstration von Geschlossenheit war in jedem Fall hilfreich; gar nicht hilfreich war allerdings, dass sie erst zwei Wochen vor der Wahl gelang.

Wie ein friedliches Arrangement zwischen der CSU und ihrem Kanzlerkandidaten schon viel früher hätte aussehen können, konnte man bei weiteren Wahlkampfterminen Laschets in Bayern sehen. Als Laschet etwa im oberfränkischen Thurnau das Frankenlied mitsang (»Zum heil'gen Veit von Staffelstein komm ich empor gestiegen«), glaubte man in den verwunderten Gesichtern der Besucher eine Frage zu lesen: Warum hat uns denn keiner früher gesagt, dass der Armin so ein toller Typ ist? Manche in der CSU sind einem Zerrbild von Laschet aufgesessen, zu dessen Schaffung sie selbst beigetragen haben.

Die CSU hat den Bundestagswahlkampf über weite Strecken verbummelt, wahrscheinlich einfach aus der Beleidigung heraus, dass ihr Vorsitzender nicht Kanzlerkandidat geworden war. In der Partei machte sich eine Art kollektive Apathie breit, der sich höchstens die Wahlkreiskandidaten entzogen, für die es um das pure politische Überleben ging. Die CSU-Kampagne war arm an Energie, an Themen und an Ideen. Die Forderung nach einer Mütterrente war ein ziemlich dünner Aufguss früherer Wahlkampfschlager. In der Not griff Söder kurz vor Torschluss noch ganz tief ins Konservenregal und versuchte es mit der Warnung vor einem Linksrutsch.

Nüchtern betrachtet war die arg eingeschränkte Solidarität der CSU mit Armin Laschet nicht der Hauptgrund für die Unionsniederlage – und dennoch ein schwerer Fehler. Angesichts des knappen Wahlergebnisses am 26. September hätte ein höheres Maß an Einigkeit durchaus den Unterschied zugunsten der Union machen können.

5. Armin Laschet und das Lachen in der Flut

Die Hochwasserkatastrophe, die Mitte Juli auch über Nordrhein-Westfalen hereinbrach, wies dem Ministerpräsidenten Armin Laschet praktisch über Nacht eine Rolle zu, für die er nach den Erfahrungen der Pandemie nicht gerade die Idealbesetzung war: die des Krisenmanagers. Von Beginn an wurden seine Auftritte im betroffenen Gebiet gerade in den sozialen Medien höchst kritisch beäugt. Unter anderem wurde seine Schuhwahl wiederholt kritisiert: Als Laschet Gummistiefel trug, fragten manche, ob das wirklich nötig sei; als er Lederschuhe trug, vermissten andere die Gummistiefel. In einem WDR-

Fernsehinterview äußerte er sich missverständlich zur Dringlichkeit von Klimaschutz: »Weil jetzt ein solcher Tag ist«, sagte Laschet, »ändert man nicht die Politik«. Das sollte wohl heißen, dass seine Regierung ohnehin schon lange Klimaschutz betreibe. Bei vielen Zuschauern blieb jedoch der Eindruck hängen, Laschet bestreite den Zusammenhang zwischen dem Klimawandel und Starkwetterereignissen wie dem Hochwasser.[13]

Am 17. Juli, einem Samstag, besucht Laschet dann zusammen mit Bundespräsident Frank-Walter Steinmeier die Leitzentrale der Feuerwehr in Erftstadt. Die meisten Journalisten vor Ort bekamen die Szene, mit der sich Laschets Wahlkampf dem Abgrund näherte, gar nicht mit. Das Beweisvideo tauchte erst Stunden später bei Twitter auf: Während Steinmeier vor den Mikrofonen spricht, steht Laschet ein paar Meter dahinter in einer Gruppe von Honoratioren und Mitarbeitern, die auf einmal ins Feixen gerät. Das Urteil über Laschets Lachen am Schauplatz der Katastrophe fällten viele im Schnellverfahren: pietätlos, würdelos, anstandslos. SPD-Vizechef Kevin Kühnert erklärte die Angelegenheit umgehend zu einer »Frage des Charakters«,[14] allerdings nur bei Laschet – und nicht bei Steinmeier, der einige Minuten später, während Laschet sprach, ebenfalls beim Lachen erwischt wurde. Der Bundespräsident gestaltete sein Amüsement vielleicht einen Deut weniger rheinisch-karnevalesk.

Für viele war Laschet nun der Mann, der die Opfer der Flut verhöhnt hatte. Dabei konnte man als Journalist, der Laschet über Tage im Krisengebiet begleitete, nur feststellen, dass es ihm gewiss nicht an Empathie und Taktgefühl mangelte. Dem Ministerpräsidenten ging nahe, was da mit seinem Land und dessen Menschen passierte; die kleine Begegnung mit Bürgerinnen und Bürger gehört ja sogar zu seinen großen Stärken. Als mildernder Umstand für sein Lachen in Erftstadt konnte gelten, dass er Steinmeier in jenem Moment nicht reden hörte, es gab keine Lautsprecher-Übertragung. Doch mildernde Umstände werden selten gewährt, wenn jemand Bundeskanzler werden will.

Und vielleicht auch zurecht nicht. Denn während die Szene viel weniger über den Menschen Laschet aussagte als die Empörten glauben wollten, sagte sie halt doch etwas aus über den Politiker Laschet. Dieser zeigte zur Unzeit Schwäche, für ein paar verhängnisvolle Sekunden fehlte ihm die Konzent-

13 Vgl. Roman Deininger / Jens Schneider / Jana Stegemann, Gefahrenzone, in: Süddeutsche Zeitung, 19. Juli 2021, S. 3.

14 Kevin Kühnert, Eine Frage des Charakters, 17. Juli 2021 (online unter: web.archive.org/web/20220717042853/https://twitter.com/KuehniKev/status/1416412573478576133 – letzter Zugriff: 08.04.2024).

ration. Damit war ein Bild von Armin Laschet in der Welt, das den ganzen Wahlkampf über an ihm kleben sollte. Alle seine Versuche, diesem Bild neue Bilder von Anteilnahme und Tatkraft entgegenzusetzen, sollten scheitern. Das »Lachen in der Flut« wurde zu einem Wendepunkt des Wahlkampfes. Von nun an musste Laschet auf einer schiefen Ebene agieren.

6. Die Stimmungsdynamik gegen Laschet

Im weiteren Verlauf des Sommers stand der Krisenmanager und Kanzlerkandidat Laschet nicht nur unter verschärfter, sondern auch unter dezidiert ungnädiger Beobachtung. Wenn er irgendwo mit Flutopfern sprach und einer aus der Menge »Versager« rief, dann war klar, wer am Ende in Zeitung und Fernsehen landete. Laschet geriet auf der schiefen Ebene ins Rutschen und kam bis zum Wahltag nicht mehr richtig auf die Beine.

Als er Mitte August auf seine »Deutschlandtour« startete, hatte die brutale Stimmungsdynamik gegen ihn längst Fahrt aufgenommen. Die Union war in einer Forsa-Umfrage auf 23 Prozent gefallen, aber eine andere Zahl war noch viel erschütternder: Gerade mal 39 Prozent der Unionsanhänger gaben an, sie würden Laschet zum Kanzler wählen.[15] Über die Bedeutung der Demoskopie ist viel diskutiert und gespottet worden in diesem Wahlkampf, aber dass so ein Wert nicht hilfreich ist, darauf kann man sich einigen.

Die Laschet-Kampagne war dann geprägt von einer bunten Mischung aus tatsächlichen Pannen und angedichteten Pannen. Eine tatsächliche Panne ereignete sich etwa gleich auf einem der ersten Termine seiner Wahlkampftour in Frankfurt an der Oder, wo Laschet mit Studierenden der Europauniversität Viadrina diskutieren sollte. In letzter Minute stellte sich heraus, dass die extra mitgereisten Journalisten nicht dabei sein durften – offenbar ein Abspracheproblem der Kampagne mit der Uni-Führung.

Als Paradebeispiel für eine angedichtete Panne taugt Laschets Besuchs auf der Großbaustelle des amerikanischen Elektroautoherstellers Tesla in Brandenburg. Für Laschet war es ein großer Coup, dass Tesla-Chef Elon Musk ihm dort eine Audienz gewährte. Die Begegnung der beiden schien gut zu

15 Vgl. Anna-Katharina Ahnefeld, Umfrage-Knall: Laschets Union im Tiefflug – sogar SPD plötzlich in Schlagdistanz, in: Merkur, 13. August 2021 (online unter: www.merkur.de/politik/umfrage-bundestagswahl-union-gruene-kanzlerkandidat-laschet-baerbock-scholz-spd-90914036.html – letzter Zugriff: 08.04.2024).

laufen für Laschet, unter anderem nannte ihn Musk einen »great guy«. Hinterher erweckte jedoch in den sozialen Medien ein aus dem Zusammenhang gerissener Videoclip einen ganz anderen Eindruck.

Der Clip zeigte Laschet, wie er Musk fragt, was beim Antrieb von Autos die Zukunft sei, Wasserstoff oder Elektromobilität. Definitiv Elektro, sagt Musk, Wasserstoff sei »Zeitverschwendung«. Dann lacht der Amerikaner. Selbst seriöse Politiker wie Karl Lauterbach (SPD) oder Cem Özdemir (Grüne) twitterten, Laschet habe sich zum Gespött gemacht.[16] Nicht nur die Onlineausgabe der Frankfurter Rundschau titelte: »Elon Musk lacht Armin Laschet aus«.[17] Es war eine unerfreuliche Besonderheit des Bundestagswahlkampfes 2021, dass Social-Media-Urteile rasch ihren Weg in die Onlineberichterstattung von Qualitätsmedien fanden – und sei es als Zitate, die aber auch zu einem negativen Bild beitrugen.

Die meisten Augenzeugen, die auf der Tesla-Baustelle dabei waren, hatten die Szene mit Laschet und Musk ganz anders wahrgenommen. Erstens hatte Laschet die Frage nach der Zukunft des Autos nur für einen deutschen Journalisten ins Englische übersetzt. Und zweitens hatte Musk – der sicher ein Unternehmergenie ist, aber schon auch schwer verhaltensauffällig – häufig und anlasslos wie ein Pausenclown gelacht.[18]

Der Kandidat Laschet wurde im Sommer 2021 zum Lieblingsziel der Erregungskultur in den sozialen Netzwerken. So wie bei Tesla in Brandenburg lief es nun immer wieder: Er konnte machen, was er wollte, am Ende blieb in einer breiten öffentlichen Wahrnehmung nichts Gutes hängen. Gelegentlich trug Laschet mit vermeidbaren Fehlern auch dazu bei, dass in der Berichterstattung über ihn die Pannen eine herausgehobene Rolle spielten.

Beim offiziellen Wahlkampfauftakt der Union im Berliner Tempodrom im August unterlief ihm etwa ein folgenschwerer Versprecher: Die Elitetruppe GSG 9, sagt er, habe 1977 »Deutsche aus der entführten Lufthansa-Maschine in Landshut befreit«. Tatsächlich hieß das Flugzeug »Landshut«, die Befreiung

---

16 Siehe Cem Özdemir, Tweet, 13. August 2021 (online unter: twitter.com/cem_oezdemir/status/1426163524980645889 – letzter Zugriff: 09.04.2024); Karl Lauterbach, Tweet, 13. August 2021 (online unter: twitter.com/karl_lauterbach/status/1426195854461972482?lang=de – letzter Zugriff: 09.04.2024).

17 Ares Abasi, Elon Musk lacht Armin Laschet aus – »Das ist Zeitverschwendung«, in: Frankfurter Rundschau, 23. August 2021 (online unter: www.fr.de/politik/tesla-armin-laschet-elon-musk-politik-elektro-auto-berlin-gruenheide-90920237.html – letzter Zugriff: 09.04.2024).

18 Zur Einordnung der Tesla-Szene vgl. Roman Deininger / Boris Herrmann / Robert Roßmann, Test, Test, Test, in: Süddeutsche Zeitung, 19. August 2021, S. 3.

fand in Mogadischu statt – Fakten, die Laschet als historisch beschlagener Mensch zweifellos kennt. Durch die verhaspelte Redepassage macht er sich dennoch angreifbar. Der Fehler dominierte schließlich die tagesaktuelle Berichterstattung über die wahlstrategisch bedeutsame Veranstaltung.[19]

Während Laschets Wahlkampf auch aus der Sicht eines begleitenden Journalisten nicht gerade glücklich war, so gestaltete sich der Bürgerkontakt des Kandidaten meistens doch viel erfreulicher, als es das öffentliche Bild vermuten ließ. Bemerkenswert war auch, mit welcher Ruhe Laschet die ständige Infragestellung als Politiker und auch als Mensch ertrug. Wahrscheinlich war es der Ruhe zu viel.

7. Die Schwächen des Kandidaten und der Kampagne

Armin Laschet ist in diesem Wahlkampf oftmals ungerecht beurteilt worden. Dennoch hat er mit seinen persönlichen Schwächen als Kandidat bedeutend zum Scheitern der Union am 26. September beigetragen. Die Unions-Kampagne hat diese Schwächen nicht nur nicht korrigieren können, sondern sie vielmehr durch strategische und operative Defizite noch verstärkt. Die auffälligsten Mängel bei Kandidat und Kampagne sollen hier stichpunktartig benannt werden.

- Der Unionswahlkampf litt natürlich massiv darunter, dass er ohne gründliche strategische Vorbereitung starten musste. Der Kanzlerkandidat, von dem die spezifische Ausrichtung einer Kampagne abhängt, wurde ja erst im April des Wahljahres gekürt, gerade mal fünf Monate vor dem Wahltag. Dazu kam, dass die CDU seit Angela Merkels Ankündigung im Oktober 2018, den Parteivorsitz niederzulegen, mehr oder minder dauerhaft von offenen Führungsfragen gelähmt war.
- Laschet selbst hat im Nachhinein geltend gemacht, dass er für die Organisation seiner Kampagne zu wenig Zeit hatte.[20] Allerdings haben es

19 Siehe beispielhaft den ZDF-Online-Artikel: Laschet spricht von GSG-9-Aktion in Landshut, in: ZDF Online, 21. August 2021 (online unter: https://web.archive.org/web/20210821161019/www.zdf.de/nachrichten/politik/laschet-cdu-wahlkampf-landshut-100.html – letzter Zugriff: 09.04.2024).

20 Vgl. Roman Deininger / Boris Herrmann / Robert Roßmann, »Ich hatte einfach zu wenig Zeit«. Armin Laschet im Interview, in: Süddeutsche Zeitung, 4. Dezember 2021, S. 2.

Laschet und seine Partei auch verpasst, sich nach seiner Wahl zum CDU-Chef im Januar 2021 entschlossen um eine günstige Definition seines öffentlichen Bildes zu bemühen. Das Fehlen einer solchen Erzählung erlaubte es dann erst, dass Laschet von seinen Fehlern definiert wurde.

- Von Anfang an mutete Laschets Wahlkampf wie der eines Amtsinhabers an, obwohl die Amtsinhaberin eben doch Angela Merkel war. Laschet wirkte, als wolle er mit defensivem Auftreten die Führung der Union in den Umfragen einfach ruhig über die Zeit bringen. Er war offenbar nicht vorbereitet auf den offenen Verteilungskampf in einer sich verändernden Parteienlandschaft, der sich am Ende der langen Ära Merkel entspann. Spätestens nachdem die SPD in den Umfragen an der Union vorbeigezogen war, wäre Offensive gefragt gewesen – die konnte Laschet aber nie wirklich liefern. In seinen schlechteren Momenten bei den TV-Triellen (es gab auch bessere) wirkte er verbissen und überdreht.
- Weder Kandidat noch Kampagne fanden überzeugende Antworten auf die offenen Identitätsfragen in der Union und vor allem in der CDU, die sich nach Merkels Abschied stellten. Als CDU-Vorsitzende hatte Merkel ihre Partei in einer neuen, gesellschaftspolitisch liberalen, grünen Mitte positioniert, ähnlich wie später der Parteichef Söder auch die CSU. Viele Mitglieder haderten indes mit der Preisgabe ehemals identitätsstiftender konservativer Standpunkte. In der CDU hätte eine kritische Masse an Mitgliedern Friedrich Merz als Parteichef bevorzugt – und das bei gleich zwei Vorsitzwahlen, 2018 und 2021. Die deshalb fortschreitende Entfremdung von Parteiführung und Parteibasis fand ihren Niederschlag auch in der wenig enthusiastischen Unterstützung für Laschet.
- Der Unionskampagne fehlte es in mehrerlei Hinsicht erschreckend an Flexibilität. Der Wahlkampf war zunächst wesentlich auf ein einziges Argument ausgelegt: Weil Laschet in Nordrhein-Westfalen 18 Millionen Menschen gut regiere, würde er auch 83 Millionen Deutsche gut regieren können. Nach dem »Lachen in der Flut« und weiterer Kritik an Laschets Krisenmanagement war diesem Argument die Grundlage entzogen. Trotzdem trat kein klares neues Argument an die Stelle des alten.
- Mit dem Verweis auf Laschets Solidität wollte die Unionskampagne auch der mutmaßlich gefährlichsten Mitbewerberin begegnen: Annalena Baerbock. Die größere Routine des CDU-Mannes sollte die Uner-

fahrenheit der Grünen-Kandidatin ausstechen. Als dann aber plötzlich Olaf Scholz zum gefährlichsten Mitbewerber avancierte, war die Kampagne darauf offensichtlich nicht vorbereitet. Das Erfahrungsargument verpuffte oder verkehrte sich sogar ins Gegenteil, weil Scholz eben noch erfahrener war als Laschet.

- Laschet strahlte lange eine große, aber trügerische Sicherheit aus, dass es am Ende schon wieder reichen würde für die Union. Er zog seine beinahe schon penetrante Zuversicht wohl aus zwei Quellen. Erstens aus dem Selbstverständnis der alten Volkspartei CDU, das er verinnerlicht hat, auch wenn es diese Volkspartei so gar nicht mehr gibt. Und zweitens aus der Erfahrung, schon mehrmals gegen viele Prognosen Wahlen gewonnen zu haben, etwa 2017 in Nordrhein-Westfalen oder beim CDU-Vorsitz gegen Merz. Im Wahlkampf drängte sich jedoch mehr und mehr das Gefühl auf, dass die Regel, an die Laschet glaubte, gar keine Regel war, sondern eine beachtliche Kette von Ausnahmen.
- Der Begriff vom »Schlafwagen-Wahlkampf« (Söder) war böse, aber nicht komplett aus der bayerischen Luft geholt. Auch in der CDU forderten viele mehr Dampf und mehr Zuspitzung von ihrem Kandidaten. Laschet aber sparte Themen, mit denen sich die Kernklientel der Union hätte mobilisieren lassen, über Monate weitgehend aus, zum Beispiel die innere Sicherheit. Er machte den Eindruck eines Kandidaten, der sich nicht drängen lassen und womöglich auch deshalb nichts verändern wollte, weil das ja ein Eingeständnis gewesen wäre, dass vorher nicht alles perfekt war.
- Die Vermeidung von Zuspitzung hatte den differenzierenden Politiker Laschet lange ausgezeichnet, erwies sich im Wahlkampf aber fast erwartungsgemäß als praktisches Hindernis. Laschet weigerte sich geradezu bockig, einfache Antworten auf Fragen zu geben, die er für komplex hielt. Seine Reden zielten nicht auf einprägsame Wendungen, sondern wirkten manchmal fast so, als hätten er und seine Redenschreiber sich zu verhindern vorgenommen, dass seine Ausführungen von übereifrigen Journalisten auf ein paar Stichworte reduziert werden können. Erst im Endspurt des Wahlkampfes fand Laschet zu einer grundsätzlich wirkungsvollen Standardrede.
- Laschet wurde auch seinem Ruf gerecht, die visuellen Wirkungsmechanismen der Medien nicht konsequent zu bedienen und kein Mann der inszenierten Bilder zu sein. Im Flutgebiet entstand im Gegenteil ein

weiteres höchst unvorteilhaftes Motiv, als er an einem Rednerpult mit Landeswappen direkt vor einem Schrottberg sprach. Als er im Juli nach dem Hochwasser die Steinbachtalsperre besuchte, inspizierte er den Damm so vertieft, dass er offenbar die wartenden Fotografen vergaß. Einer brüllte: »Umdrehen! Wir brauchen das Bild!« Das hat zu Markus Söder wahrscheinlich noch nie jemand sagen müssen.

- Auf vielen Ebenen war Laschet ein schlechter Verkäufer seiner selbst. Das mag entscheidend mit seinem Willen zu tun gehabt haben, stets authentisch aufzutreten – nötigenfalls bis in die Niederlage. Laschets Anspruch, er selbst zu sein, mit all seinen Macken, hat stellenweise auch die Professionalität untergraben, die ein Kanzlerkandidat benötigt.
- Wenn man die Laschet-Biografie von Tobias Blasius und Moritz Küpper liest, findet man dort einen geradezu chronischen Schlendrian beschrieben.[21] Man kann diese Eigenschaft Laschets durchaus für sympathisch halten, aber sie war definitiv nicht hilfreich in einem Kanzlerwahlkampf. Mindestens zum Teil erklärt sie Laschets hohe Fehleraffinität. In diesen Kontext gehört auch Laschets Neigung, Entscheidungen etwa über seinen Terminplan häufig erst spät zu treffen und damit Drucksituationen zu erzeugen, die wiederum Fehler produzieren.
- Manche Entscheidungsfindung Laschets schien auch stark von Rücksichtnahme auf andere geprägt zu sein – exemplarisch bei der Frage, ob der Kandidat ein Team benennen und wer darin Platz finden soll.[22] Laschet formierte sein inoffizielles Schattenkabinett erst sehr spät und mit wenig Strahlkraft. Beides hatte dem Vernehmen nach auch damit zu tun, dass er die amtierenden Ministerinnen und Minister der Union nicht übergehen und auch diverse andere Parteibefindlichkeiten berücksichtigen wollte.
- Wenn der Kandidat in einem Wahlkampf nicht mobilisiert, müssen es die Themen tun. Ein Gewinnerthema hatte Laschet aber nicht; er hatte überhaupt kein Thema, das klar mit ihm identifiziert worden wäre. Während es der SPD gelang, Olaf Scholz im öffentlichen Bewusstsein mit der Plakatzeile »Respekt« zu verbinden, ließ die CDU etwas Ähnliches vermissen. Der Slogan vom »klimaneutralen Industrieland« blieb blutleer. Das 100-Tage-Sofortprogramm, das der Kandidat Mitte

21 Vgl. Tobias Blasius / Moritz Küpper, *Der Machtmenschliche*, Essen 2020.
22 Vgl. Boris Herrmann, Acht für den Endspurt, in: Süddeutsche Zeitung, 4. September 2021, S. 7.

September vorstellte, entwickelte keinerlei Einprägsamkeit oder gar Wucht: Zu viele, teilweise auch schon lange bekannte Punkte waren auf engem Raum komprimiert.[23] Bezeichnend für die Themenlosigkeit der Unionskampagne war eine weitere Panne Laschets: der Interviewmoment mit einer Focus-Reporterin, als er nur zwei statt der gefragten drei Kernthemen seines Wahlkampfes nennen konnte.[24]

- Das Entscheidungszentrum der Laschet-Kampagne wirkte wenigstens auf journalistische Beobachter nicht klar definiert. Da war einerseits die CDU-Zentrale in Berlin, in der auch Laschets Kommunikationschefin, die frühere Bild-Chefredakteurin Tanit Koch, angesiedelt war; und da war anderseits Laschets vertrautes Team in der Düsseldorfer Staatskanzlei um seinen möglicherweise wichtigsten Ratgeber, Staatssekretär Nathanael Liminski.
- Nicht zuletzt fehlte es dem Laschet-Wahlkampf auch am leidenschaftlichen Einsatz vieler CDU-Größen, natürlich angefangen bei Kanzlerin Merkel, die sich Zurückhaltung auferlegt hatte und diese tatsächlich eher streng interpretierte. Aber auch einige Ministerpräsidenten und Landeschefs der CDU ließen echte Initiative für Laschet vermissen. Vieles wirkte allenfalls pflichtgemäß. Sogar der Königsmacher Schäuble ließ Zweifel an Laschet durchblicken.[25]

8. Ausblick: Merz am Start, Söder am Scheideweg

Der Kandidat Armin Laschet mag selbst beträchtlich beigetragen haben zu diesem Sommer seines Missvergnügens. Aber er ist von der Union – von der

23 Vgl. die Einschätzung von Frauke Niemeyer, Laschet zieht seinen letzten Trumpf, in: NTV, 13. September 2021 (online unter: www.n-tv.de/politik/Laschet-zieht-seinen-letzten-Trumpf-article22801509.html – letzter Zugriff: 09.04.2024).

24 Vgl. Sara Sievert / Lisa-Marie Jeschina, »Joah, was machen wir noch«: Laschet-Lapsus in Focus-Online-Interview geht viral, in: Focus Online, 21. August 2021 (online unter: www.focus.de/politik/deutschland/bei-wahlkampfauftritt-in-osnabrueck-joah-was-machen-wir-noch-laschet-lapsus-in-focus-online-interview-geht-viral_id_18641330.html – letzter Zugriff: 09.04.2024).

25 In einem Gespräch mit der Zeit spottete Schäuble in Bezug auf sich und Volker Bouffier, Laschet wäre der erste Kanzler, den ein Behinderter und ein Schwerkranker über die Schwelle getragen haben. Vgl. Tina Hildebrandt / Stefan Willeke, Ist er der Richtige?, in: Die Zeit, 19. August 2021, S. 13.

CSU wie von der CDU – auch verantwortungslos allein gelassen worden in einem historisch verkorksten Wahlkampf. Laschets Scheitern hat seine Karriere in der ersten Reihe der Politik beendet.

Für die Laufbahn von Markus Söder war 2021 ebenfalls ein einschneidendes Jahr. Es war das Jahr, in dem er für einen langen Augenblick schon den Gipfel der Kanzlerschaft sah – und an dessen Ende doch die Frage stand, ob nicht bereits sein Abstieg begonnen hat. Söder ist als Anführer der CSU in eine neue Phase eingetreten: Die Aufbruchsjahre sind vorbei, er ist jetzt Chef auf Bewährung. Auch 2023 gelang ihm kein überzeugender Sieg bei der Landtagswahl in Bayern. Dennoch scheint er eine Außenseiterchance auf die Kanzlerkandidatur der Union 2025 wahren zu können.

Bundespolitisch muss Söder zunächst mit einem Bedeutungsverlust klarkommen. Er führt keine Berliner Regierungspartei mehr. Die CSU kann ihr schönes Bayernland nicht länger mit Geldgeschenken des Bundes noch schöner machen. Auch der Informationsfluss aus Berlin stockt. Und der Scheinwerfer des bundesweiten Interesses ruht nicht mehr ganz so selbstverständlich auf der Bayerischen Staatskanzlei wie bisher.

Als Wortführer der Opposition im Bund muss Söder sich hinter Friedrich Merz anstellen. Viele Christdemokraten haben die Chance genutzt, sich hinter ihrem neuen Frontmann Merz zu versammeln. Auch der nordrhein-westfälische Ministerpräsident Hendrik Wüst gilt manchen als Hoffnungsträger. Die Söder-Fans in der CDU sind still geworden. Ausgeschlossen ist es freilich nicht, dass Teile der CDU auch bei der Neuauflage der K-Frage vor der Bundestagswahl 2025 wieder nach Bayern schauen. Die Voraussetzung wäre natürlich, dass die Umfragen Söder klar als aussichtsreichsten Kandidaten der Union ausweisen.

Als Führungsduo der Union geben Merz und Söder eine solide Vorstellung. Fast möchte man sagen: ohne Groll mit voller Kraft. Das aber durchzuhalten, wenn die Entscheidung über die Kanzlerkandidatur ansteht, wird sowohl von Merz als auch von Söder ein Maß an Disziplin erfordern, das man sich nur mit sehr viel Fantasie ausmalen kann. Die Vorsitzenden der beiden Schwesterparteien haben verabredet, die K-Frage im Herbst 2024 im persönlichen Gespräch zu klären.[26] CDU und CSU haben also keinen Mechanismus für die Kandidatenkür gefunden, der ein selbstzerstörerisches Drama wie 2021 diesmal verlässlich verhindert.

---

26 Vgl. Felix Heck, Merz will's wissen, in: Focus, 1. März 2024, S. 30.

Friedrich Merz darf jedenfalls getrost davon ausgehen, dass Markus Söder weiterhin die grundsätzliche Ambition besitzt, der starke Mann der Union zu sein. Auf der Winterklausur der CSU-Landesgruppe im Februar 2022 beteuerte Söder zwar: »Ich selbst bin kein Oppositionsführer.«[27] Aber da greift wieder die alte Regel, dass man bei bestimmten Söder-Sätzen die Möglichkeit in Betracht ziehen sollte, dass das genaue Gegenteil gemeint sein könnte.

27 Zitiert nach Thomas Balbierer, Die CSU sucht ihr Oppositions-Gen, in: Süddeutsche Zeitung, 3. Februar 2022, S. 5.

Die Unvergleichbare

Die Einzigartigkeit der Bundestagswahl 2021 und die gezielte Vorbereitung durch nur eine einzige Partei

Frank Stauss

1. Einleitung

Die Bundestagswahl 2021 fand unter so außergewöhnlichen Rahmenbedingungen statt, dass es keine Blaupause geben konnte. Gerade das wurde einigen Akteurinnen und Akteuren zum Verhängnis.

Von den vielen und zum Teil hochkomplexen Faktoren, die den Ausgang einer Bundestagswahl beeinflussen, wird einer gerne übersehen: Wahlkampf ist ein Handwerk. Und Pfusch am Bau kann trotz brillanter architektonischer Visionen und fehlerfreier statischer Berechnungen zum Zusammenbruch der ganzen Konstruktion führen. Ein Wahlkampf ist ein hoch kompliziertes Gebilde. Auf Grundlage einer hoffentlich vorhandenen Strategie greifen zahlreiche Gewerke ineinander und müssen perfekt geplant, koordiniert und exekutiert werden: Agenda-Setting, Positionierung des Spitzenpersonals, Reden-, Interview- und Debattenvorbereitung, klassische PR, klassische Werbung, Social-Media-Campaigning, Fundraising, Eventmarketing, Dialogmarketing, Monitoring von Medien und Mitbewerbern, Krisenkommunikation / Damage Control, Grass-Roots-Campaigning, Mitgliederaktivierung, Rednereinsätze und Koordination von Medienauftritten, innerparteiliche Koordination und Disziplinierung, begleitende Marktforschung und Implementierung der Erkenntnisse in die Kampagne.[1]

Alle Gewerke haben durch die Revolution der Kommunikationstechnologien unserer Zeit an Dringlichkeit und auch an Gefahrenpotenzial zugenommen. Noch dazu findet ein Wahlkampf – wie der Name schon sagt – in einem

1 Vgl. Frank Stauss, Orientieren statt irritieren. Kommunikation in Zeiten der Konfusion, in: Neue Gesellschaft / Frankfurter Hefte, 70. Jg. (7–8/2023), S. 44–47, hier S. 45.

extrem kritischen, häufig auch feindlichen Umfeld statt. Es ist ratsam, sich sehr gut vorzubereiten, denn jeder Patzer auf der Strecke kann entscheidend sein.

Eine gelungene Vorbereitung auf einen Wahlkampf braucht vor allem eines: Zeit. Theoretisch hat man diese Zeit in den Parteizentralen auch, denn eine Bundestagswahl findet üblicherweise nur alle vier Jahre statt. Faktisch fehlt diese Zeit aus unterschiedlichen Gründen jedoch häufig und führt damit zu Verzögerungen beim Aufbau einer schlagkräftigen Organisation. Aber wie schon Franz Müntefering immer wieder betonte: »Politik ist Organisation«.[2]

Damit alle Gewerke einer Bundestagswahlkampagne perfekt aufeinander abgestimmt funktionieren und vor allem auch im Krisenmodus die richtigen Maßnahmen zeitnah ergriffen werden können, braucht es klare Kompetenzen und Abläufe sowie ein eingespieltes und sich vertrauendes Team. Das wiederum braucht Zeit. Selbstverständlich kann man auch trotz stimmiger Organisation Wahlen verlieren. Es ist bei fehlender Organisation aber nahezu unmöglich, eine Wahl zu gewinnen. Ganz besonders galt dies für die Bundestagswahl 2021.

2. Die besonderen Rahmenbedingungen der Bundestagswahl 2021

Erstmals in der Geschichte der Bundesrepublik trat ein Amtsinhaber beziehungsweise in diesem Fall die Amtsinhaberin nicht mehr zur Wahl an. Helmut Kohl und Gerhard Schröder wurden abgewählt. Helmut Schmidt trat nach dem erfolgreichen Misstrauensvotum von Helmut Kohl 1982 bei der darauffolgenden Wahl 1983 nicht mehr gegen seinen Nachfolger an. Ludwig Erhard übernahm das Amt von Konrad Adenauer und Kurt Georg Kiesinger von Ludwig Erhard inmitten einer Legislaturperiode, beide kandidierten in Folge für ihre Partei als amtierende Bundeskanzler.

Bundeskanzlerin Angela Merkel hatte hingegen ihren Abschied nach dann sechzehn Jahren im Amt für den Herbst 2021 angekündigt – und zwar bereits im Herbst 2018. Gleichzeitig machte sie deutlich, bis zum Ende der Legislatur

2 Zitiert nach Markus Deggerich, Auf zum letzten Gefecht, in: Der Spiegel, 25. April 2003 (online unter: www.spiegel.de/politik/deutschland/fraktionschef-muentefering-auf-zum-letzten-gefecht-a-246119.html – letzter Zugriff: 09.04.2024).

weiter regieren zu wollen. Sie bot daher keine Nachfolgelösung an, die ihrer Partei einen Wechsel inmitten der Legislatur und damit einen Amtsbonus ermöglichen würde. Die Gründe dafür mögen in der Arbeitsethik der Kanzlerin zu finden sein – vielleicht aber auch an der vehementen innerparteilichen Kritik möglicher Nachfolger an ihr und ihrem Kurs.

Diese Ausgangslage entzog den wahlkämpfenden Parteien, aber auch allen Wahlberechtigten, die bis dato immer vorhandene und gern genutzte Option, sich an den Amtsinhaberinnen oder Amtsinhabern abzuarbeiten beziehungsweise deren Bilanz zu loben oder zu verdammen. Zum Zeitpunkt des angekündigten Rückzugs – gute drei Jahre vor der nächsten Wahl – war den meisten noch nicht klar, dass sie sich im September 2021 völlig neu würden entscheiden müssen. Eine Fortsetzung und damit die vielleicht auch bequemste Variante der Wahlentscheidung – weiter oder nicht weiter so – war unmöglich gemacht worden. Das wirkliche Unikat dieses Wahlkampfes war also das völlig neue Personaltableau. Das gab es noch nie: eine Bundestagswahl, bei der der Amtsinhaber oder die Amtsinhaber nicht mehr antrat, aber bis zur letzten Stunde regierte. Noch nie zuvor hatten gleich drei Parteien das Kanzleramt für sich beansprucht. Noch nie zuvor hatten drei Spitzenkandidatinnen oder -kandidaten auch tatsächlich zeitweise eine realistische Chance auf das machtvollste Amt im Staate.

Das Jahr 2021 würde in jedem Fall einen neuen Kanzler oder eine neue Kanzlerin bringen. Aber wen? Interessanterweise bestimmte die Partei, die ein Jahr vor der Bundestagswahl 2021 in den größten Schwierigkeiten steckte, ihren Kanzlerkandidaten zuerst. Im Juli 2020 notierte die SPD im ZDF Politbarometer bei 14 Prozent (CDU/CSU 38 Prozent; Grüne 21 Prozent).[3] Der Wechsel an der Parteispitze mittels einer Urwahl im Jahr zuvor hatte keinen Umschwung gebracht. Die Partei drohte bei der Bundestagswahl zwischen starken Grünen und der Union zerrieben zu werden. Das neue Vorsitzendenduo Saskia Esken und Norbert Walter-Borjans realisierte, dass es so nicht weiter gehen konnte. Am 10. August 2020 nominierte die SPD den Vizekanzler, Finanzminister und im Jahr zuvor gescheiterten Kandidaten für den Parteivorsitz, Olaf Scholz, zum Kanzlerkandidaten für die Wahl im September 2021.

Angesichts der bescheidenen Umfragewerte für die SPD als auch der generellen Umstände dieser Nominierung wurde die Nachricht je nach poli-

3 Vgl. ZDF-Politbarometer Juli II 2020, in: ZDF-Presseportal, 31. Juli 2020 (online unter: https://presseportal.zdf.de/pressemitteilung?tx_news_pi1[news]=10877&cHash=1ec63d031225fc60d27be6624bfaab7c – letzter Zugriff: 09.04.2024).

tischer Richtung hämisch oder mitfühlend aufgenommen. Die SPD hatte keine Chance, war aber wild entschlossen, diese zu nutzen. Vor allem aber wollte sie die Fehler der Vergangenheit nicht wiederholen.

Grundlage dafür war die Studie *Aus Fehlern lernen* aus dem Jahr 2018, die der SPD-Parteivorstand infolge der deutlich verlorenen Bundestagswahl 2017 in Auftrag gegeben hatte. Sie sollte aus den vergangenen Niederlagen der SPD Lehren ziehen und die Partei besser auf zukünftige Wahlkämpfe vorbereiten. Die Expertinnen und Experten setzten sich aus den Bereichen Wahlforschung, Journalismus und Medien sowie Wahlkampfmanagement zusammen. Sie hatten freie Hand und der SPD-Parteivorstand stellte die Analyse in einem außergewöhnlichen Schritt der breiten Öffentlichkeit zur Verfügung.[4] Dass man die Studie nicht in der Ablage verschwinden lassen wollte, machte der neue SPD-Generalsekretär Lars Klingbeil auch in einem Gastbeitrag für die »Zeit« deutlich, in dem er einen umfassenden Prozess der Erneuerung der SPD auch auf Basis dieser Analyse ankündigte.[5]

Betrachtet man die Kernpunkte von *Aus Fehlern lernen* in Bezug auf den organisatorischen Aspekt der Kampagne, wird deutlich, weshalb die Wahlkämpfe der SPD, CDU/CSU und der Grünen über die entscheidenden Jahre 2020/2021 so unterschiedlich verliefen. Als wichtigste Kriterien für die Niederlagen der SPD 2017, aber auch 2013 identifizierten die Autorinnen und Autoren folgende Punkte:

1. Zeitlicher Vorlauf und organisatorischer Aufbau: Kampagnen in der heutigen Medienwelt brauchen ein Team, das Zeit hat, sich aufeinander einzuspielen, gegenseitiges Vertrauen aufzubauen und eine klare Strategie zu entwickeln. Hinzu kommen klare Verantwortlichkeiten, kurze Abstimmungsprozesse und verlässliche Strukturen für das Krisenmanagement (das in jeder Kampagne gebraucht wird).

2. Policyentwicklung: Eine Bundestagswahlkampagne braucht eine klare Fokussierung auf Inhalte. Sonst geht ihr mit Sicherheit auf der Strecke die Luft aus. Diese Inhalte und die dazugehörigen Botschaften müssen entwickelt, finanziell durchgerechnet und auf Plausibilität bezüglich der späteren Umsetzung geprüft werden. Auch das benötigt Zeit. Vor allem aber ist es wichtig, die unterschiedlichen Strömungen der Partei in den Policyprozess

4 Vgl. Jana Faus / Horand Knaup / Michael Rüter / Yvonne Schroth / Frank Stauss, *Aus Fehlern lernen. Eine Analyse zur Bundestagswahl 2017*, Berlin 2018.

5 Vgl. Lars Klingbeil, Fünf Dinge, die die SPD besser machen muss, in: Zeit Online, 11. Juni 2018 (online unter: www.zeit.de/politik/deutschland/2018-06/spd-generalsekreater-lars-klingbeil-gastbeitrag – letzter Zugriff: 09.04.2024).

zu integrieren. In der heißen Phase des Wahlkampfes darf es nicht zu inhaltlichen Auseinandersetzungen innerhalb der Partei kommen. Die Themen werden dann auch auf ihre Vermittelbarkeit geprüft und für unterschiedliche Kanäle (Social Media, Print etc.) aufbereitet.

3. Geschlossene Führung: Wir leben in unruhigen, für viele stressintensive Zeiten. In diesen Zeiten darf eine Partei nicht irritieren. Im Gegenteil, sie muss Leuchtturm sein, an dem die Menschen sich orientieren können. Konflikte zwischen den Spitzenpolitikerinnen und Spitzenpolitikern einer Partei verstören die Menschen.

4. Kampagnenentwicklung und Sprache: Eine erfolgreiche Kampagne basiert auf einer klaren Strategie, einer klaren Umsetzung und einer klaren Sprache. Für diese Kampagnenentwicklung braucht es Zeit. Partei, Programm und Person müssen eine Einheit bilden. Die Images der Person und der Kampagne müssen harmonieren, sonst erzeugt das wieder Irritationen. Hier hilft auch die strategische Wahlforschung – für die es wiederum Zeit braucht.

5. Spitzenkandidatur: Ein Spitzenkandidat mit guten bis sehr guten Werten in der persönlichen Beurteilung darf nicht abseits der Kampagne laufen. Kampagnen müssen zwingend mit den Kandidaten harmonieren und mit ihnen gemeinsam entwickelt werden. Nur dann ist die Kampagne glaubwürdig. In Zeiten der medialen Überreizung werden Spitzenkandidatinnen und -kandidaten noch wichtiger, als sie es ohnehin schon waren. Menschen orientieren sich an Menschen. Politikerinnen und Politiker sind Transmissionsriemen zwischen einer immer komplizierteren politischen Welt und den Wählerinnen und Wählern, die gleichzeitig der Politik immer weniger Aufmerksamkeit schenken.

Betrachten wir nun den Verlauf der Kampagnen der Parteien, die in der Bundestagswahl 2021 einen Kanzlerkandidaten oder eine Kanzlerkandidatin nominierten, so zeigt sich sehr deutlich, warum insbesondere die SPD eine erfolgreiche Kampagne bestritten hat.

3. SPD: Unter dem Radar lässt sich in Ruhe arbeiten

Nach der Niederlage des Teams Geywitz/Scholz gegen Esken/Walter-Borjans Ende November 2019 begann die Parteiführung zügig mit dem innerparteilichen »Heilungsprozess«. Angesichts der über ein Jahrzehnt anhaltenden und zum Teil existenziellen Krise der Bundespartei kamen offenbar alle Beteiligten zu der Einsicht, dass sie nur gemeinsam eine Chance hätten, die SPD zu retten. Bereits im Frühjahr 2020 verdichteten sich die Gerüchte, dass Olaf Scholz die Kandidatur übernehmen würde. Faktisch nominiert wurde er dann im August 2020 – mehr als ein Jahr vor der Bundestagswahl. Generalsekretär Lars Klingbeil konnte sowohl Teamaufstellung, Agenturauswahl, Kampagnenentwicklung als auch die Organisation der Policyentwicklung vorantreiben. Und er tat es auch. Im August 2020 wussten alle Beteiligten, dass sie – wenn überhaupt – nur dann eine Chance im September 2021 haben würden, wenn sie den handwerklichen Teil der Kampagne perfekt vorbereiteten. Und das taten sie. Maßgebliche Elemente der in der Analyse aufgeführten und erfolgreich umgesetzten Empfehlungen waren:

- die frühe Nominierung des Kandidaten. Er war weithin bekannt und medial quasi ausdefiniert, als die Konkurrenz ihre Kanzlerkandidatinnen oder -kandidaten benannte.
- die ebenso ungewöhnliche wie anhaltende Geschlossenheit der Partei, trotz monatelang schlechter Umfragezahlen.
- die Fokussierung auf wenige, aber zentrale Anliegen. Mit Mindestlohn, Bürgergeld und Wohnungsbau rückte Olaf Scholz sozialdemokratische Kernthemen in den Mittelpunkt seiner Kampagne.
- erfolgreiches Regierungshandeln: Ob der Arbeitsminister, die Familien-, die Umweltministerin oder der Finanzminister selbst – sie lieferten ungleich bessere Arbeitsnachweise und konkret und im Alltag erfahrbare Verbesserungen ab als die Kolleginnen und Kollegen von der CDU/CSU.[6]

4. CDU/CSU: Drei Jahre auf der Suche, drei Monate der Katastrophen

Nach der Wahl in Hessen vom Oktober 2018, bei der die dortige CDU 11,3 Prozentpunkte im Vergleich zu 2013 verloren hatte, kam Angela Merkel den Angriffen aus den eigenen Reihen zuvor. Sie verkündete nur 24 Stunden

6 Vgl. Jana Faus / Horand Knaup / Michael Rüter / Yvonne Schroth / Frank Stauss, Aus Fehlern gelernt, in: Frank Stauss Blog, 7. Oktober 2021 (online unter: https://frank-stauss.de/index.php/aus-fehlern-gelernt/ – letzter Zugriff: 09.04.2024).

später ihren Verzicht auf den Parteivorsitz und kündigte ihren Rückzug aus der Politik mit der Bundestagswahl 2021 an. Nun wurde auch sichtbar, dass die Kanzlerin die lange Zeit an der Parteispitze nicht genutzt hatte, geeignete Nachfolger aufzubauen. Eine Führungsreserve für die Parteiführung war nicht erkennbar.

Für den Parteivorsitz kandidierten Jens Spahn, Friedrich Merz und Annegret Kramp-Karrenbauer, die am 7. Dezember 2018 erst im zweiten Wahlgang gewählt wurde. Zermürbt von anhaltender innerparteilicher Kritik kündigte Kramp-Karrenbauer bereits im Februar 2020 ihren Rücktritt an. Kurz darauf kam es zum coronabedingten Lockdown in Deutschland und die Parteivorsitzende musste fast ein weiteres Jahr als machtlose Übergangsverwalterin im Amt ausharren. Am 16. Januar 2021 wurde Armin Laschet – wieder erst im zweiten Wahlgang – zum neuen Parteivorsitzenden gewählt. Angetreten waren neben ihm Norbert Röttgen und erneut Friedrich Merz.

Die CDU hatte die Menschen über zwei Jahre lang mit Kampfabstimmungen irritiert – die natürlich auch innerparteilich Spuren hinterlassen hatten. Armin Laschet griff aber nicht sofort auch nach der Kanzlerkandidatur, vermutlich um nicht mit den drohenden Niederlagen der CDU im März 2021 in Rheinland-Pfalz und Baden-Württemberg identifiziert zu werden. Dieses erneute Machtvakuum nutzte Markus Söder, um seinen Hut in den Ring zu werfen. Nach erneuten harten Auseinandersetzungen konnte die Union erst am 20. April 2021 einen offiziellen Kanzlerkandidaten präsentieren – und dieser war durch die langen innerparteilichen Querelen beschädigt. Die extrem lange Phase der Unsicherheit hatte verheerende Auswirkungen auf die technische Führung des Wahlkampfes. Generalsekretär Paul Ziemiak – der mit Kramp-Karrenbauer im Dezember 2018 sein Amt angetreten hatte – musste sich im Januar 2021 zunächst mit einem neuen Parteivorsitzenden arrangieren und konnte erst vier Monate später mit dem Kanzlerkandidaten Laschet arbeiten. Das ist sehr spät – eigentlich zu spät. Zu diesem Zeitpunkt warten die Kandidatinnen und Kandidaten vor Ort schon seit Wochen auf überzeugende Argumente und ihre Werbemittel.

Die Kampagne musste jetzt in Windeseile aus dem Boden gestampft werden beziehungsweise – und das ist der wahrscheinlichere Fall – die Kampagne war schon vorbereitet und musste nun auf Armin Laschet zugeschnitten werden. Wichtiger aber ist: In dieser kurzen Zeit baut man kein Team auf, das sich blind vertraut. Für die Außenkommunikation wurde die ehemalige Bild-Chefredakteurin Tanit Koch engagiert – es fehlte aber die Zeit, sie auch zu integrieren. Die handwerklichen Fehler häuften sich. So entstand kein

Vertrauen in den Kandidaten und die Kampagne. Im Konrad-Adenauer-Haus fand über die vorhergehenden Jahre zudem ein Generationenwechsel statt, sodass im Haus selbst keine substanzielle Wahlkampferfahrung mehr vorhanden war. Für Policyentwicklung blieb ebenfalls keine Zeit. Alle Pannen aufzuzählen würde hier den Raum sprengen – aber die verunglückten Bilder des Kandidaten setzten sich in den Köpfen fest.

Zu erklären ist die offensichtliche Ignoranz des Führungspersonals bezüglich der Folgen seines Handelns auf die Chancen der Union im Superwahljahr 2021 nur durch Siegesbesoffenheit. Zu Beginn des Jahres 2021 stand die Union noch bei 37 Prozent, die SPD kam auf 15 Prozent und die Grünen als zweitstärkste Kraft erreichten 20 Prozent.[7] Selbst bei größeren Verlusten etwa auf das Niveau des Ergebnisses von 2017 (32,9 Prozent) war für die Handelnden in der Union klar: Wer unser Kanzlerkandidat wird, wird auch Kanzler. Entweder mit der SPD oder den Grünen als Koalitionspartner.

Bis in den August 2021 hinein war sowohl für die Union als auch für die meisten Beobachter ausgeschlossen, dass Ende September eine andere Partei als Nummer 1 durchs Ziel gehen könnte. Und deswegen benahm sich das Führungspersonal der Union so, als ob es sowieso nichts zu verlieren gäbe, schon gar nicht das Kanzleramt. Zwei Jahre Kampf um die Merkel-Nachfolge im Parteivorsitz? Egal! Permanente Unsicherheit in der Partei bei ständigen Kampfabstimmungen? Egal! Knallhartes Nachkarten und Kampf um die Kanzlerkandidatur bis in den April hinein? Egal! Fehlender zeitlicher Vorlauf für das Wahlkampfteam, keine Strategie, keine Policyentwicklung? Egal! Nach 16 Jahren als klare Nummer 1 im Land und mit dem bedauernswerten Zustand der SPD vor Augen, gab es für CDU/CSU ernstzunehmende Gegner nur noch in den eigenen Reihen. Alle anderen Parteien waren keine Konkurrenten mehr für die Union. Die Arroganz der Macht hatte ihren Höhepunkt erreicht.

5. Die Grünen: Hochmut kommt vor dem Fall

Die Grünen nutzten den relativ langen Zeitraum vor der Verkündung der Spitzenkandidatur, um sich organisatorisch und auch inhaltlich solide aufzu-

7 Vgl. ZDF-Politbarometer Januar I 2021, in: ZDF-Presseportal, 15. Januar 2021 (online unter: https://presseportal.zdf.de/pressemitteilung?tx_news_pi1[news]=11429&cHash=f41fccf4b4479b08a87c49ae7b942313 – letzter Zugriff: 09.04.2024).

stellen. Das Führungsteam Annalena Baerbock und Robert Habeck strahlte positiv auf die Gesamtpartei ab und, mit einem großen Vertrauensvorschuss ausgestattet, gelang es ihnen, die dauernde Lähmung durch Strömungsauseinandersetzungen zwischen Fundis und Realos zu beenden.

Die Bundesgeschäftsstelle wurde professionalisiert, innerparteiliche Differenzen rückten in den Hintergrund. Das neue Duo konzentrierte sich auf die Policyentwicklung. Sie erweiterten ihr Portfolio in der Sozialpolitik und besonders der Co-Vorsitzende Habeck beackerte zunehmend auch die Felder Finanz- und Wirtschaftspolitik. Angesichts der andauernden Führungskrise der CDU und der scheinbaren Notlösung Scholz bei der dahindarbenden SPD waren sowohl die Partei als auch ihre zahlreichen Anhängerinnen und Anhänger in den Medien nicht ganz grundlos der Überzeugung, dass endlich die Stunde der Grünen gekommen war. Mit einem überzeugenden Personalangebot, neuer Geschlossenheit und einem breiter aufgestellten politischen Portefolio.

Bereits ohne offizielle Kanzlerkandidatur notierten die Grünen bundesweit stabil um die 20 Prozent und damit deutlich vor der SPD. Zwar erklomm man nicht das Niveau vom Sommer 2019, als zwischen 25 und 27 Prozent erreicht wurden – aber man kann annehmen, dass man in der Wahlkampfleitung dieses Potenzial für die Bundestagswahl durchaus vor Augen hatte. Eine Lage wie Ende September 2019, als Grüne und Union im ZDF-Politbarometer vom 27. September auf je 27 Prozent kamen (SPD: 13 Prozent) war das durchaus realistische Ziel der Grünen.[8] Denn im Rennen um Platz 1 konnte man auf weitere »Mitnahmeeffekte« auf Kosten der SPD rechnen.

Im März 2021, also noch vor Bekanntgabe ihrer Kanzlerkandidatur, lagen die Grünen immerhin schon bei 23 Prozent.[9] Eines stand schon so gut wie fest: das beste Ergebnis für die Grünen bei einer Bundestagswahl und die beste Platzierung auf mindestens Platz 2. Und das, nachdem man 2017 mit 8,9 Prozent noch als letzte der »kleinen« Parteien durchs Ziel gegangen war (AfD 12,6 Prozent; FDP 10,7 Prozent; Linke 9,2 Prozent). Auch der Grünen-Spitze stand Monate vor dem Wahltag der ganz große Preis vor Augen: Wer von uns die Partei in die erste Kanzlerkandidatur überhaupt führt, wird mit

8 Vgl. ZDF-Politbarometer September II 2019, in: Forschungsgruppe Wahlen, 27. September 2019 (online unter: www.forschungsgruppe.de/Umfragen/Politbarometer/Archiv/Politbarometer_2019/September_II_2019/ – letzter Zugriff: 09.04.2024).

9 Vgl. ZDF-Politbarometer März 2021, in: Forschungsgruppe Wahlen, 26. März 2021 (online unter: www.forschungsgruppe.de/Umfragen/Politbarometer/Archiv/Politbarometer_2021/Maerz_2021/ – letzter Zugriff: 09.04.2024).

einem fulminanten Ergebnis – vielleicht sogar mit der Eroberung des Kanzleramtes in die Geschichte eingehen. Verständlich, dass sowohl Annalena Baerbock als auch Robert Habeck gerne diese Person sein wollten.

Für Robert Habeck sprachen seine Regierungserfahrung auf Landesebene, seine Beliebt- und Bekanntheit über das Grünen-Wählerspektrum hinweg und auch die guten zehn Jahre Altersvorsprung gegenüber seiner innerparteilichen Konkurrentin. Für Annalena Baerbock sprachen ihre Durchsetzungsfähigkeit über die vergangenen Jahre im Parteivorsitz, die Aussicht, als einzige weibliche Kanzlerkandidatin neben Laschet und Scholz punkten zu können und sicherlich auch die innerparteiliche Erwartungshaltung, dass im Zweifel eine junge Frau kandidieren sollte.

Bei der insgesamt hochprofessionellen Vorbereitung der Grünen auf die Bundestagswahl 2021 und auch der spannenden Inszenierung der Kanzlerkandidatur fiel jedoch spätestens zu Beginn des Wahljahres auf, dass man leider die Spielregeln für eben diese Personalentscheidung nicht ganz klar definiert hatte. Dass zwei Personen unabhängig von allen Gremien die Sache unter sich ausmachen sollten, stand nicht wirklich in der Tradition der Grünen. Dass die beiden das unter sich ausmachen sollten und auch den Zeitplan dafür offenbar unter sich ausmachten, ließ alle anderen im Regen stehen.

Wie bereits bei der SPD 2013 und 2017 – als jeweils die Granden Gabriel, Steinmeier und Steinbrück (2013) beziehungsweise Gabriel und Schulz (2017), die Kandidatur unter sich ausmachen sollten, wurde nun auch bei den Grünen spekuliert, gezockt, gezögert und wichtige Zeit vertan. Die Entscheidung wurde dann auch erst sehr spät getroffen und am 19. April 2021 – einen Tag vor der Nominierung von Armin Laschet als Unionskandidaten bekannt gegeben. Habeck wäre nur durch einen gut begründeten Verzicht von Baerbock innerparteilich vermittelbar gewesen. Und dazu war sie nicht bereit. Trotz des langen Vorlaufs brachte die Entscheidung die scheinbar professionelle Maschinerie der Grünen aus dem Takt. Baerbock und Habeck hatten intern offenbar wenig über die eigentliche Entscheidung kommuniziert und diese tatsächlich erst unmittelbar vor der Verkündung von Baerbock gefällt.

Unabhängig davon hatte es die Kampagnenleitung zudem verpasst, die beiden Kandidierenden über diesen langen Zeitraum hinweg auf Herz und Nieren zu prüfen. In den notwendigen Prozess auch der innerparteilichen Heilung (viele Anhängerinnen und Anhänger hätten lieber Habeck gesehen) platzten dann die ersten Vorwürfe bezüglich Übertreibungen und Glättungen im Lebenslauf der Spitzenkandidatin und beschädigten sie nachhaltig. Selbst die Hochwasserkatastrophe im Ahrtal – die eigentlich einen Boom für die Grünen hätte auslösen müssen – brachte keine Wende in der Kampagne. Etwa ab Juli spielte die Partei nur noch auf Platz. Notierte Annalena Baerbock nach ihrer Kür zur Spitzenkandidatin in der Beliebtheitsskala des ZDF-Politbarometers noch bei guten 1,0, landete sie Ende August nur noch bei -0.5. das war der vorletzte Platz. Auf dem letzten stand Armin Laschet mit -0.8 – während sich Olaf Scholz mit 1,5 den zweiten Platz hinter der Kanzlerin sicherte.[10]

Wie aber kam es zu diesen außerordentlichen Schwankungen in den Umfragen sowohl der Parteien als auch ihres Spitzenpersonals? Galten doch die deutschen Wählerinnen und Wähler gemeinhin als wenig volatile Stoiker? Auch hier spielen die Rahmenbedingungen eine entscheidende Rolle.

6. Volatilität in Zeiten multipler Krisen und medialer Überreizung

Wahlentscheidungen werden heute in weiten Teilen anders getroffen als noch vor zwei Jahrzehnten. Die klassischen soziodemografischen Faktoren sind zwar nicht völlig verschwunden, haben aber deutlich an Aussagekraft verloren. Die Parteiidentifikation als »Standing Decision« und wichtigste Determinante der Wahlentscheidung verliert stetig an Prägekraft. Dieses Auflösen der Parteibindungen führt zu einer immer weiterwachsenden Relevanz von kurzfristig wirkenden Faktoren. Damit sind Themensetzungen im Wahlkampf und insbesondere die Auswahl und die Performance des politischen Spitzenpersonals die entscheidenden Parameter geworden, die am Ende den Unterschied zwischen Sieg und Niederlage ausmachen können. Wesentlich entscheidender sind heute also auch soziokulturelle Einstellungen zu den großen Themen unserer Zeit.[11] Hierzu gehören die grundsätzliche Haltung zur Demokratie als Staatsform, die Einstellung zu Nation, Tradition, Mulitlateralismus und Globalisierung, die Einstellung zu der Rolle des Sozialstaates, die Einstellung zum Klimawandel, die Einstellung zu Gleichberechtigung

10 Vgl. ZDF-Politbarometer August II 2021, in: Forschungsgruppe Wahlen, 27. August 2021 (online unter: www.forschungsgruppe.de/Umfragen/Politbarometer/Archiv/Politbarometer_2021/August_II_2021/ – letzter Zugriff: 09.04.2024).

11 Vgl. Frank Stauss / Darius Youssofi, Kampf ohne Kanzlerin, in: Neue Gesellschaft / Frankfurter Hefte, 68. Jg. (10/2021), S. 13–18.

und Geschlechtergerechtigkeit sowie die Einstellung zu Chancen und Risiken der Digitalisierung.

Wahlforscherinnen und -forscher haben diese Veränderungen in ihre Wähleranalysen einfließen lassen und danach den deutschen Wählermarkt neu kartografiert. Deutschland insgesamt ist dabei bezüglich progressiver Grundeinstellungen wesentlich positiver ausgerichtet als andere Demokratien. Die Trennlinie verläuft nicht bei 50 zu 50 wie etwa in den USA, Großbritannien oder dem Frankreich von heute, sondern gut 75 Prozent der Bevölkerung ordnen sich themenübergreifend eher dem weltoffenen und toleranten Lager zu.[12] Nichtsdestotrotz findet die harte Polarisierung durch eine lautstarke Minderheit ihren Widerhall vor allem in den Medien und damit auch in der politischen Debatte.

7. Auswirkungen von Medienwandel und Polarisierung auf die demokratischen Prozesse

Die Aufsplitterung des Wählermarktes in aktuell bis zu sieben in den Parlamenten vertretenen Parteien (CDU/CSU, SPD, Grüne, FDP, AfD, Linke, FW) führt immer seltener zu Koalitionen mit nur zwei Partnern – und noch seltener zu einer absoluten Mehrheit.

Koalitions- beziehungsweise Regierungsbildung und auch die Legislaturperiode werden von einem medialen Dauerfeuer begleitet, das den Akteuren immer weniger Zeit zur Reflektion lässt. In der medialen Arena findet ein permanenter Kampf um Aufmerksamkeit statt – der bei nicht wenigen Medien und Journalistinnen und Journalisten gleichzusetzen ist mit einem Kampf um wirtschaftlichen Erfolg oder gar ums wirtschaftliche Überleben. Der Marktwert von Journalistinnen und Journalisten orientiert sich heute immer mehr an ihrer Followerschar in den sozialen Medien und weniger an dem Status des Mediums, für das sie aktuell arbeiten. Ebenso versuchen Politikerinnen und Politiker in diesem Umfeld Persönlichkeitsmarken jenseits ihrer Parteizugehörigkeit aufzubauen – häufig auch gegen ihre Parteiführung.

Dieser Kampf um Aufmerksamkeit bleibt einer großen Öffentlichkeit zwar weitgehend verborgen, da sich immer mehr Menschen aus eben diesem Zyklus aktiv oder passiv ausklinken, der Politisch-Mediale-Komplex genügt

12 Vgl. Stauss, Orientieren statt irritieren (Anm. 1), S. 45.

sich aber weitgehend selbst und setzt sich auch permanent selbst unter Druck. Politische TV-Talkshows erreichen selten mehr als 2,5 Millionen Zuschauer – und diese überschneiden sich mit vielen anderen Politformaten, die Bild verkauft nur noch rund eine Millionen Exemplare, es gibt aber rund 61 Millionen Wahlberechtigte. Tweets finden hauptsächlich deshalb Verbreitung, weil andere Medien über sie berichten. Während eine einflussreiche, aber relativ überschaubare Gruppe der Überinformierten permanent aktiv ist, zieht es die breite Masse eher weg von der Politik. In diesem Umfeld finden Wahlkämpfe statt, die sich in mindestens zwei Zeitzonen bewegen: (1.) der langfristigen Orientierungsphase und (2.) der (sehr) kurzfristigen Ad-hoc-Kommunikation.

Die Veränderungen in Medienkonsum und allgemeinem Kommunikationsverhalten breiter Bevölkerungsschichten resultieren in einer großen Konfusion. Bereits seit Jahren beobachten wir in den von uns begleiteten Fokusgruppen eine deutliche Abnahme des Allgemeinwissens, also ein Basiswissen über die wichtigsten politischen, gesellschaftlichen, kulturellen Akteure in Stadt, Land, Bund; die Fähigkeit zur Einordnung wirtschaftlicher und internationaler Zusammenhänge und die Zuordnung politischer Positionen zu einzelnen Parteien. Mit Ausnahme radikaler Randpositionierungen wie der AfD dringen Unterschiede zwischen den Positionen der Parteien jenseits ihres Markenkerns immer weniger durch. Was nicht nur an den Vermittlungsproblemen der Parteien liegt, sondern auch an dem Desinteresse der Wählerinnen und Wähler.

Das Ablenkungs- und Zerstreuungspotenzial im digitalen Zeitalter ist so massiv, dass sich weite Bevölkerungsschichten immer weiter aus dem Informationsfluss jenseits ihrer Hauptinteressen verabschieden. Politik, Wirtschaft, Kultur oder internationale Zusammenhänge gehören bei vielen Menschen schlicht nicht zum Kerninteresse. In der Konsequenz dringen politische Botschaften und Inhalte immer schwerer durch und versanden oft im Übergang von der politisch hochinteressierten Minderheit zur Gesamtbevölkerung. Will man diese Menschen – von denen am Ende ja dann doch gute 80 Prozent wählen gehen – erreichen, müssen Parteien Leuchttürme sein, Orientierung bieten und den Weg in die Zukunft weisen. Wer in diesem Umfeld irritiert, irrlichtert, immer wieder unterschiedliche Signale aussendet, wird es auf Dauer schwer haben. Denn die kurzfristige Ad-hoc-Kommunikation, die jede heiße Wahlkampfphase bestimmt, muss stimmig zur zentralen, über Jahre aufgebauten Erzählung passen – um nicht ausgerechnet in der Endphase des Wahlkampfes massiv zu irritieren.

Ein Irrlichtern auf den letzten Metern – ein aus Verzweiflung geborener politischer Vorstoß, eine aus dem Nichts kommende Personalentscheidung – das sind die Zutaten eines Zusammenbruchs im Endspurt des Wahlkampfes. Denn jetzt treffen die beiden Informationsniveaus aufeinander. Ein medialer Megahype – etwa um das vermeintliche Lachen von Armin Laschet am Rande der Flutkatastrophe – trifft auf eine wenig informierte und damit auch wenig gefestigte Öffentlichkeit, die sich irritiert von einem ihr wenig bekannten Kanzlerkandidaten abwendet. In diesem Fall profitierte der als beständiger angesehene Olaf Scholz. Das langfristig aufgebaute Vertrauen der Person Scholz war in diesem Fall der entscheidende Faktor, der Orientierung bot und Verlässlichkeit versprach.

Wahlkampf ist ein Handwerk. Eine perfekte Kampagne führt nicht automatisch zum Sieg – dafür gibt es zu viele äußere Umstände, die auf das Ergebnis Einfluss nehmen. Aber eine handwerklich schlechte Kampagne kann den sicher geglaubten Erfolg kosten. Armin Laschet und Annalena Baerbock mussten das, jeweils auf ihre Weise, schmerzlich erleben.

8. Die langfristigen Folgen des Wahlkampfes 2021

Die gescheiterten Wahlkämpfe von Union und Grünen lenkten den Fokus der Bundestagswahl noch stärker auf die zur Auswahl stehenden Führungspersönlichkeiten als dies sowieso schon der Fall gewesen wäre. Eine bedeutende thematische Auseinandersetzung über die Zukunft der Bundesrepublik nach Angela Merkel fand nicht statt. Armin Laschet war in Nordrhein-Westfalen vor allem deshalb Ministerpräsident geworden, weil er gerade kein erzkonservativer Polarisierer, sondern ein eher integrierender und auch sozialpolitisch orientierter CDU-Kandidat war.

Sowohl in Verteilungs- als auch Integrationsfragen stand Laschet eher in der Tradition Merkels. Olaf Scholz wiederum war über die letzten Jahre Vizekanzler unter Angela Merkel, die SPD hatte von den 16 Jahren ihrer Amtszeit 12 Jahre an ihrer Seite verbracht. Auch hier war eine harte Polarisierung kaum möglich beziehungsweise glaubwürdig. Annalena Baerbock gab auch nicht vor, eine politische Revolution anführen zu wollen. Nach dem missglückten Auftakt übte sich die Grünen-Kampagne in Zurückhaltung und versuchte, möglichst ohne weitere Verunfallungen ins Ziel zu kommen.

Entsprechend ambitionslos verliefen die inhaltlichen Zuspitzungen des Wahlkampfes. Keine der drei führenden Parteien hatte ein Interesse daran, durch zu ambitionierte inhaltliche Forderungen zu irritieren. Die erstmals stattfinden TV-Trielle, immerhin drei an der Zahl, zeigten die Kanzlerkandidaten in relativer Harmonie und die wenigen konkreten Themen – etwa der 12-Euro-Mindestlohn-Vorstoß der SPD – boten keinen Anlass zur Dramatisierung. Ein verzweifelter Versuch der Union und ihrer Helferinnen und Helfer, noch einen Hauch von Rot-Rot-Grün-Debatte zu entfachen, lief ins Leere.

Am Ende zählte der alte Spruch: Auf den Kanzler kommt es an. Im ZDF-Politbarometer vom 17. September 2021 sprachen Olaf Scholz 67 Prozent der Befragten die Eignung zum Bundeskanzler zu (nicht geeignet 28 Prozent). Armin Laschet hingegen hielten 67 Prozent für nicht geeignet (geeignet 29 Prozent), Annalena Barbock sogar 69 Prozent (geeignet 26 Prozent).[13] Noch im Juni lagen Laschet (47 Prozent) und Scholz (49 Prozent) bei dieser Frage der Amtseignung nahezu gleichauf, ihre Parteien aber deutlich auseinander (CDU/CSU 29 Prozent; SPD 14 Prozent, Grüne 22 Prozent).[14]

Der Grund für dieses Abrutschen von Laschet und Baerbock lag auch im sogenannten »Priming-Effekt«: Die ausgeprägte und aufgeheizte öffentliche Diskussion über das Fehlen oder das Vorhandensein von Kanzlerkompetenz und politischer Erfahrung führte dazu, dass diese Aspekte »Top of the Head« bei den Menschen im Land waren, und machte sie so zu den zentralen Bewertungskriterien, die an die drei Kandidaten angelegt wurden. Da Olaf Scholz bei Kompetenzfragen immer vorne lag, wurde er auch insgesamt deutlich besser bewertet.

Dieser fulminante persönliche Vorsprung des SPD-Kanzlerkandidaten hatte im September dann entsprechende Auswirkungen auf die Sonntagsfrage (SPD 25 Prozent, CDU/CSU 22 Prozent, Grüne 16 Prozent) – aber auch auf die Themen, die von den Befragten als die bedeutendsten genannt wurden. Hier nannten 53 Prozent die soziale Gerechtigkeit, 43 Prozent den Klimaschutz und 25 Prozent das Thema Migration.[15] Man kann in diesem Fall also

13 Vgl. ZDF-Politbarometer September III 2021, in: Forschungsgruppe Wahlen, 17. September 2021 (online unter: www.forschungsgruppe.de/Umfragen/Politbarometer/Archiv/Politbarometer_2021/September_III_2021/ – letzter Zugriff: 09.04.2024).

14 Vgl. ZDF-Politbarometer Juni II 2021, in: Forschungsgruppe Wahlen, 25. Juni 2021 (online unter: www.forschungsgruppe.de/Umfragen/Politbarometer/Archiv/Politbarometer_2021/Juni_II_2021/ – letzter Zugriff: 09.04.2024).

15 Vgl. ZDF-Politbarometer September III 2021 (Anm. 13).

davon ausgehen, dass Olaf Scholz nicht nur seine Partei, sondern auch deren stärkstes Thema nach vorne zog.

Diese Kompetenzzuwächse resultieren zu einem gewissen Teil auch aus einer Post-Rationalisierung der Entscheidung für Olaf Scholz. Wenige Wochen vor der Wahl hatten viele Menschen bereits die Entscheidung getroffen, dass sie Olaf Scholz als Bundeskanzler sehen wollen. Der Machtwechsel hin zu ihm hatte im kollektiven Unterbewusstsein der Menschen bereits begonnen. Die Kombination von dann doch relativ klaren Botschaften im Bereich der Kernkompetenzen der Partei und der Erwartung, diese durch das Handeln eines Kanzlers Olaf Scholz auch umgesetzt zu sehen, hat letztlich auch auf der Themenebene zu einem Vorsprung der SPD geführt.

Realistisch betrachtet hatte die Bundestagswahl 2021 aber kein bedeutendes Thema. Corona war zumindest über den Sommer kein wahlentscheidendes Thema mehr und die Flutkatastrophe vom Juli in Rheinland-Pfalz und Nordrhein-Westfalen mit 180 Todesopfern traf auf eine Bevölkerung, die zu 86 Prozent sowieso schon den Klimawandel als ein großes Problem für Deutschland einordnete und zu 63 Prozent diese konkrete Flutkatastrophe auch direkt dem Klimawandel und seinen Folgen zuordnete.[16] Darüber bestand also breiter politischer und gesellschaftlicher Konsens.

Die Bundestagswahl 2021 wurde eine Persönlichkeitswahl. Sie war keine Richtungswahl. Aus ihr ließ und lässt sich auch kein politisches Mandat ableiten. Die Kandidaten Laschet und Baerbock hatten sich aus Sicht der Wählerinnen und Wähler im Verlauf des Wahlkampfes selbst disqualifiziert. Olaf Scholz wurde einmal mehr in seiner Karriere nicht geliebt, aber gewählt. Er hatte sich nicht nur auf dem Papier, sondern auch in einem turbulenten Wahlkampf als die sichere, verlässliche Führungspersönlichkeit erwiesen. Seine thematisch weitgehend konfliktfreie Basispositionierung machten ihn und seine Partei für Wechselwählerinnen und -wähler anschlussfähig.

Auch wenn die SPD im Laufe des Wahlkampfes zwischen dem 25. Juni 2021 (14 Prozent) und dem Wahltag am 26. September 2021 über 10 Prozentpunkte auf 25,5 Prozent zulegen konnte, lässt sich daraus kein starkes politisches Mandat ableiten. Dies gilt in noch höherem Maße für die Grünen, die zwischen Mai und dem Wahltag gute 10 Prozentpunkte einbüßten. Die FDP profitierte von der zerfallenden Union und kam auf für sie angesichts der Ausgangslage starke 11,5 Prozent – aber auch daraus ließ sich kein klarer

16 Vgl. ZDF-Politbarometer Juli II 2021, in: Forschungsgruppe Wahlen, 30. Juli 2021 (online unter: www.forschungsgruppe.de/Umfragen/Politbarometer/Archiv/Politbarometer_2021/Juli_II_2021/ – letzter Zugriff: 09.04.2024).

Wählerwunsch ablesen. Für die Union sowieso nicht. Ihr Kandidat zog die Partei am Ende so massiv nach unten, dass sie mit 24,1 Prozent deutlich unter Wert abschnitt.

Aus dem Ergebnis der Bundestagswahl 2021 formulierten die sich dann später zusammenfinden Ampel-Parteien den Anspruch, eine Fortschrittskoalition zu bilden. Der Verlauf des Wahlkampfes lässt daran zweifeln, dass dies ein Wählerwunsch war. Eher liegt die Vermutung nahe, dass viele Wählerinnen und Wähler eigentlich ein »Weiter so!« wie mit Merkel wünschten, nur eben mit Olaf Scholz und der SPD diesmal auf Platz 1 und der Union auf Platz 2. In über 16 Jahren hatten die Deutschen gelernt, dass sie am besten damit fahren, wenn der Fortschritt eine Schnecke ist und die Politik nicht weiter stört.

Das verstärkt die Probleme der Ampel heute nur noch mehr, denn neben den programmatischen Unwuchten zwischen den Koalitionspartnern müssen sie der Bevölkerung massive Transformationsprozesse zumuten – ohne dass die Bevölkerung im Wahlkampf darauf vorbereitet worden wäre, geschweige denn, dass das Volk damit sein Votum verbunden hätte. Stil, Inhalt, Personalisierung und Professionalität eines Wahlkampfes beeinflussen nicht nur das Ergebnis am Wahltag, sondern auch die folgenschweren Entscheidungen zwischen Stagnation und Fortschrittsbereitschaft danach.

Nicht nur anders, sondern auch weniger

Politische Informationsversorgung im Wandel der Generationen und der Medien am Beispiel der Bundestagswahl 2021

Thorsten Faas / Anton Könneke

1. Informationen und Demokratie

Auch wenn das Prinzip »One man, one vote« für moderne Demokratien konstitutiv ist, so garantiert es natürlich nicht, dass es keine Ungleichheiten in Demokratien gibt. De iure sind alle (wahlberechtigten) Menschen in einer Demokratie gleich, was ihre Beteiligungsmöglichkeiten betrifft, de facto sieht die Welt aber ganz anders aus. Die Muster der Wahlbeteiligung sind heute von großer Ungleichheit geprägt; die Responsivität des politischen Systems und seiner Akteure gegenüber verschiedenen gesellschaftlichen Gruppen ebenso.[1]

Beide Prozesse – Beteiligung und Responsivität – können sich dabei spiralförmig verstärken: Weil Menschen nicht wählen, werden sie in geringerem Maße gehört und ihre Interessen weniger berücksichtigt, weswegen ihre Distanz zum politischen System und seinen Institutionen sich weiter vergrößert. Die – gefühlte wie auch tatsächliche – Distanz hat aber auch eine kognitive Komponente. Die kognitive Involvierung, also etwa das Interesse an und das Wissen über Politik, ist keineswegs gleich in der Bevölkerung verteilt. Philip E. Converse hat es auf den Punkt gebracht: »The pithiest truth I have achieved about electorates is that where political information is concerned, the mean level is very low but the variance is very high.«[2] Mit geringem Wissen geht

1 Vgl. Lea Elsässer / Svenja Hense / Armin Schäfer, Not Just Money: Unequal Responsiveness in Egalitarian Democracies, in: Journal of European Public Policy, 28. Jg. (12/2021), S. 1890–1908; Armin Schäfer, *Der Verlust politischer Gleichheit. Warum die sinkende Wahlbeteiligung der Demokratie schadet,* Frankfurt/New York 2015.

2 Philip E. Converse, Assessing the Capacity of Mass Electorates, in: Annual Review of Political Science, 3. Jg. (2000), S. 331–353, hier S. 331.

dabei eine geringere Vertrautheit mit Politik und ein stärkeres Misstrauen gegenüber politischen Institutionen und Akteuren einher.

Die Idee, dass Wissen zu Beteiligung, Beteiligung zu Einfluss und Einfluss zu Responsivität führt, findet sich schon bei Anthony Downs, wenn dieser festhält: »systematic variations in amount of free information received [...] may strongly influence the distribution of political power in a democracy«.[3] Letztlich geht es sogar um mehr als Macht – es geht um das Funktionieren von Demokratie: Grundlegende (und korrekte) Informationen über das politische System zu haben und zu erhalten, ist schließlich eine zentrale Voraussetzung für politische Verantwortung und die mögliche Sanktionierung politisch Handelnder. Kurzum: Die Verfügbarkeit, Verbreitung und Verteilung politischer Informationen sind für Demokratien essenziell und folgenreich.

Damit aus politischen Informationen politisches Wissen werden kann, muss ein voraussetzungsvoller Prozess gelingen, der sich aus der Interaktion individueller Prädispositionen (etwa politischem Interesse) mit einem systemisch bedingten Informationsangebot ergibt. Politisches Interesse als Motivation alleine genügt keineswegs, schließlich können wir die wenigsten Dinge aus der politischen Sphäre persönlich und direkt beobachten oder erfahren. Wir sind von einem entsprechenden medialen Informationsangebot abhängig. Anders sieht es aus, wenn kein politisches Interesse vorhanden ist. Ein (aus systemisch-demokratietheoretischer Sicht) gutes Informationsangebot könnte selbst jene Menschen, die mangels eines eigenen Interesses an Politik nicht aktiv nach entsprechenden Informationen suchen, mit politischen Informationen (grund)versorgen: Downs spricht hier von »accidental information«,[4] an anderen Stellen ist in der Literatur von »trap effect«[5] oder »incidental exposure«[6] die Rede.

Die Besonderheit von *accidental information* ist, dass diese Informationen Menschen unabhängig davon erreichen, ob sie gewünscht sind oder nicht. Die Informationen drängen sich den Menschen auf, etwa in Form von Fernsehnachrichten in der Halbzeitpause eines Fußballspiels, als Parteiwerbung auf der Straße oder bei einem Besuch einer Politikerin an der eigenen Haustür.

3 Anthony Downs, *An Economic Theory of Democracy*, New York 1957, S. 223.
4 Downs, Economic Theory (Anm. 3), S. 223.
5 Klaus Schoenbach / Edmund Lauf, The »Trap« Effect of Television and its Competitors, in: Communication Research, 29. Jg. (5/2002), S. 564–583.
6 David Tewksbury / Andrew J. Weaver / Brett D. Maddex, Accidentally Informed: Incidental News Exposure on the World Wide Web, in: Journalism & Mass Communication Quarterly, 78. Jg. (3/2001), S. 533–554.

Die Betroffenen mag das durchaus stören, aber gleichwohl kann genau auf diesem Wege ein wichtiger systemischer Effekt erzielt werden, nämlich eine Verringerung des Informationsgefälles zwischen stärker und weniger stark interessierten Menschen.

Ein Mediensystem ist aber keine Konstante. Entsprechende Veränderungen in den zurückliegenden Jahrzehnten, angefangen von der Einführung des privaten Rundfunks bis hin zur Etablierung sozialer Netzwerkplattformen, gehören zu den fundamentalsten Veränderungen moderner Demokratien, gerade auch unter dem diskutierten Aspekt von *accidental information.* Die Ausdifferenzierung des Angebots reduziert dabei die entsprechenden Möglichkeiten zur Verbreitung von *accidental information.* Musste man in den 1950er-Jahren zwangsläufig »Das Erste« schauen, lässt sich heutzutage eine Timeline in sozialen Netzwerken sehr genau nach den eigenen Wünschen zusammenstellen.

Anders formuliert: Lineares Fernsehen in Zeiten weniger Kanäle sollte am ehesten zu *accidental information* führen; auch lokale oder regionale Zeitungen, die primär ob ihres örtlichen Fokusses abonniert und gelesen werden, führen zur breiteren Diffusion politischer Informationen auch über den lokalen Kontext hinaus. Schon überregionale Tageszeitungen leisten dies nicht in gleichem Maße (weil sie *wegen* ihrer politischen Informationen gelesen werden und eine entsprechende Motivation voraussetzen). Und was Menschen wirklich »im Internet« sehen, wenn sie dies als Informationsquelle nutzen, bleibt unklar. Zwar ist die Timeline nach eigenen Präferenzen zusammengestellt, aber zugleich findet eine komplexe Interaktion zwischen individueller Auswahl von Kontakten, dem Plattform-Algorithmus und den Inhalten, die eigene Kontakte ins Netzwerk speisen, statt.

Bei alledem ist ein weiterer Aspekt zu bedenken: Der skizzierte Wandel trägt starke generationale Züge. Hat man einmal ein bestimmtes Mediennutzungsverhalten erlernt und verinnerlicht, so bleibt man diesem erlernten Verhalten häufig treu. Folglich sieht die Mediennutzung junger Menschen gänzlich anders aus als jene älterer Kohorten – man denke nur an die unterschiedliche Nutzung von Tageszeitungen oder neuen sozialen Netzwerkplattformen.

Im vorliegenden Beitrag wollen wir uns anschauen, inwieweit sich diese abstrakten Überlegungen in konkrete politische Kontexte übersetzen, welche Muster sich also in der politischen Informationsversorgung im Kontext der jüngsten Bundestagswahl 2021 finden lassen. Wie sieht die Nutzung verschiedener (massenmedialer) Informationsquellen mit ihrem unterschiedlichen Potenzial für *accidental information* aus, und welche Bedeutung haben diese Kanäle für verschiedene Generationen von Wählerinnen und Wählern?

2. Empirisches Vorgehen und verwendete Daten

Aus den vorangestellten Überlegungen zum Medienwandel und den damit verbundenen, kanalspezifischen Möglichkeiten für einzelne Nutzerinnen und Nutzer, Medieninhalte mehr oder minder selektiv und gezielt auszuwählen, ergeben sich differenzierte Erwartungen zum politischen Informationsverhalten und der Nutzung politischer Informationsangebote für verschiedene Bevölkerungsgruppen. Diese erstrecken sich auf einen systemischen Faktor, nämlich den Verbreitungskanal politischer Informationen, aber auch individuelle Faktoren, nämlich das Alter (ob des generationalen Wandels der Mediennutzung) und das politische Interesse (als motivationalem Faktor). Wir wollen diese Überlegungen einer empirischen Prüfung mit Daten aus dem Bundestagswahlkampf 2021 unterziehen. Konkret nutzen wir die Daten aus der *Rolling-Cross-Section*-Komponente der *German Longitudinal Election Study*.[7] Solche RCS-Studien sollen insbesondere die Kommunikation in Wahlkämpfen erfassen, weshalb sie dynamisch auf den Wahlkampfzeitraum und in ihrem Frageprogramm auf Wahlkampfkommunikation ausgerichtet sind.[8]

Wir fragen daher: Welche Kanäle nutzen Menschen (verschiedenen Alters) in welchem Umfang, um sich über Politik und den Wahlkampf zu informieren? In der RCS-Studie ist das Vorgehen zweistufig. An erster Stelle stand die Frage: »Welche der folgenden Informationsquellen nutzen Sie gewöhnlich, um sich über das aktuelle politische Geschehen in Deutschland zu informieren?«, wobei »Fernsehen inklusive der Mediathek-Angebote«, »Tageszeitung in der gedruckten Ausgabe oder als E-Paper«, »Radio inklusive Mediatheken und Webradio« sowie »Nachrichtenseiten im Internet oder Nachrichten-Apps für das Smartphone« als Antwortoptionen (mit der Möglichkeit von Mehrfachantworten) zur Verfügung standen. Für alle ausgewählten Antworten (außer Radio) wurde dann nachgefragt, an wie vielen Tagen in der dem Interview vorausgehenden Woche politische Inhalte dort konsumiert wurden.[9]

---

7 Vgl. Marc Debus / Thorsten Faas / Sigrid Roßteutscher / Harald Schoen, *GLES Rolling Cross-Section 2021*, Köln 2022 (online unter: https://search.gesis.org/research_data/ZA7703?doi=10.4232/1.13876 – letzter Zugriff: 22.04.2024).

8 Vgl. Henry E. Brady / Sidney Verba / Kay L. Schlozman, Beyond SES: A Resource Model of Political Participation, in: American Political Science Review, 89. Jg. (2/1995), S. 271–294; Rüdiger Schmitt-Beck / Thorsten Faas / Angsar Wolsing, *Kampagnendynamik bei der Bundestagswahl 2009* (= Mannheimer Zentrum für europäische Sozialforschung: Working Paper, Nr. 134), Mannheim 2010.

9 Die Fragen lauteten: (1.) »An wie vielen Tagen in der vergangenen Woche haben Sie diese Nachrichtenseite im Internet oder Nachrichten-App für das Smartphone genutzt?«

Um uns dem Gegenstand aus verschiedenen Richtungen nähern zu können, leiten wir auf Basis dieser Fragen eine Reihe von Indikatoren ab, um den Zusammenhang zwischen dem Alter und der Intensität der Nutzung verschiedener Informationskanäle (mit Ausnahme des Radios) erkennen zu können. Wir betrachten zunächst die mittlere Anzahl an Tagen pro Woche, an denen Befragte Informationen empfangen haben, bezogen auf die drei Kanäle Fernsehen, Zeitung und Onlinemedien in verschiedenen Altersgruppen.[10] Darüber hinaus wollen wir betrachten, inwieweit einzelne Kanäle zu bestimmten Altersgruppen überhaupt nicht mehr vordringen. Dazu berechnen wir pro Kanal und Altersgruppe den Anteil der Menschen, die an *keinem einzigen* Tag über den jeweiligen Kanal erreicht wurden. Schließlich wollen wir Maßzahlen betrachten, die über die drei betrachteten Kanäle hinweg der Frage nachgehen, inwieweit Menschen in verschiedenen Altersgruppen überhaupt von politischen Informationen auf den hier betrachteten Wegen erreicht werden. Konkret: Wie hoch ist der Anteil der Menschen, die auf keinem einzigen Kanal erreicht werden? Wie hoch ist die mittlere Nutzung der drei Kanäle in den einzelnen Altersgruppen? Und was ist der größte Wert an Tagen, den Befragte über die drei Kanäle hinweg nennen? Diese integrierte Perspektive soll uns insgesamt helfen zu verstehen, inwieweit verschiedene Generationen lediglich *andere* Kanäle nutzen oder aber in Summe *seltener* Informationen erhalten.

(2.) »An wie vielen Tagen haben Sie in der vergangenen Woche politische Berichte in dieser Zeitung gelesen?«, (3.) »An wie vielen Tagen haben Sie diese Nachrichtensendung in der vergangenen Woche gesehen, egal ob im Fernsehen oder als Online-Streaming?«. Zweifelsohne weist die in dieser RCS-Studie eingesetzte Erhebungsstrategie Defizite auf, die wir nicht verschweigen möchten. Zunächst einmal liegt der Erfassung eine massenmediale Kanallogik zugrunde – Fernsehen, Radio, Zeitung, Internet –, die allerdings schon in den Antworten selbst (durch den Verweis auf Mediatheken) unterlaufen wird. Zudem liegt der Fokus der von uns verwendeten Fragen auf Kanälen, weniger auf Inhalten, die über die Kanäle verbreitet werden. Dass für das Radio keine vertiefende Nachfrage nach der Zahl der Tage gestellt wird, ist ebenfalls nicht optimal. Zudem könnte man auch die Skala (»Tage«) selbst – gerade mit Blick auf dynamische Online-Kontexte – kritisieren. Dass schließlich in der Einstiegsfrage die Formulierung »um sich über das aktuelle politische Geschehen in Deutschland zu informieren« und damit eine Intention enthalten ist, passt nicht optimal zur Logik von *accidental information*. Trotz all dieser Defizite wollen wir hier diese Daten verwenden, da sie uns gut geeignet erscheinen, um ein Bild der Dynamik von Wahlkampfkommunikation zeichnen zu können. Trotz der intentionalen Formulierung bleiben wir auch bei der Idee von *accidental information*, da diese sich aus der Kombination der als habituell angenommenen Kanalnutzung mit dem dortigen Informationsangebot ergibt.

10 Personen, die angeben, einen bestimmten Kanal gar nicht zu nutzen, gehen mit einem Wert von »0 Tagen« in die weiteren Berechnungen ein.

Abbildung 1: Alter und die Nutzung politischer Informationen auf verschiedenen Medienkanälen

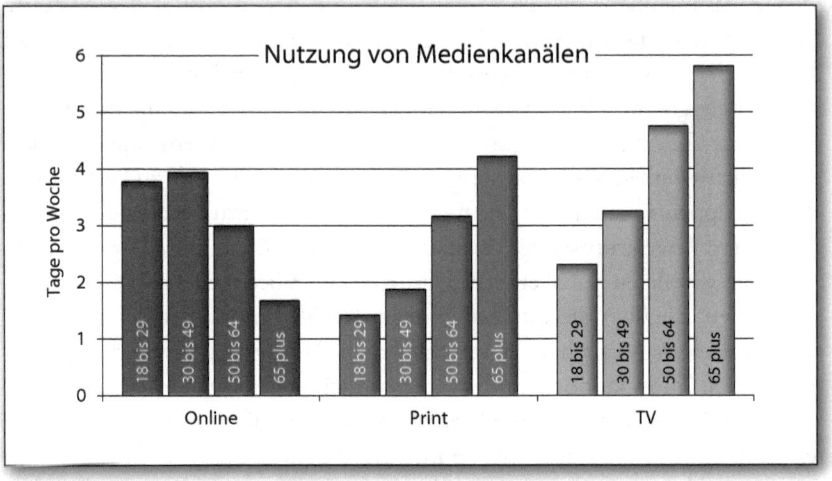

Quelle: eigene Darstellung, Daten: Debus et al., GLES Rolling Cross-Section (Anm. 7).

3. Alter und Informationsverhalten

Tatsächlich treten bei allen hier verwendeten Indikatoren deutliche Unterschiede nach Alter zutage, wie Abbildung 1 zeigt. Ältere Jahrgänge sehen deutlich häufiger Fernsehnachrichten und lesen auch häufiger Zeitung als jüngere. Schauen wir zunächst auf die mittlere Zahl an Tagen. Vergleicht man den TV-Nachrichtenkonsum der 18- bis 29-Jährigen mit dem der über 64-Jährigen, wird das Ausmaß dieser Unterschiede greifbar. Während die jüngsten Befragten im Durchschnitt nur an 2,5 Tagen in der Woche Fernsehnachrichten schauen, liegt der entsprechende Wert für die Befragten ab 65 Jahren mit durchschnittlich (!) fast sechs Tagen pro Woche um ein Vielfaches höher und sehr nahe am möglichen Maximalwert. Ähnlich große Unterschiede finden sich bei den Werten für Printzeitungen; hier schwanken die Werte zwischen rund 1,5 Tagen bei den Jüngsten und über vier Tagen bei den Ältesten.

Das ist allerdings nur eine Seite der Medaille, denn es zeigen sich auch gegenläufige Alterseffekte, wenn wir Onlinemedien in die Betrachtung einbeziehen: Je jünger Menschen sind, desto eher greifen sie auf das Internet und dort verfügbare Informationsquellen zurück. Über Nachrichtenwebsites oder -Apps informieren sich die jüngsten Befragten durchschnittlich an vier Tagen

Abbildung 2: Alter und die Nichtnutzung politischer Informationen auf verschiedenen Medienkanälen

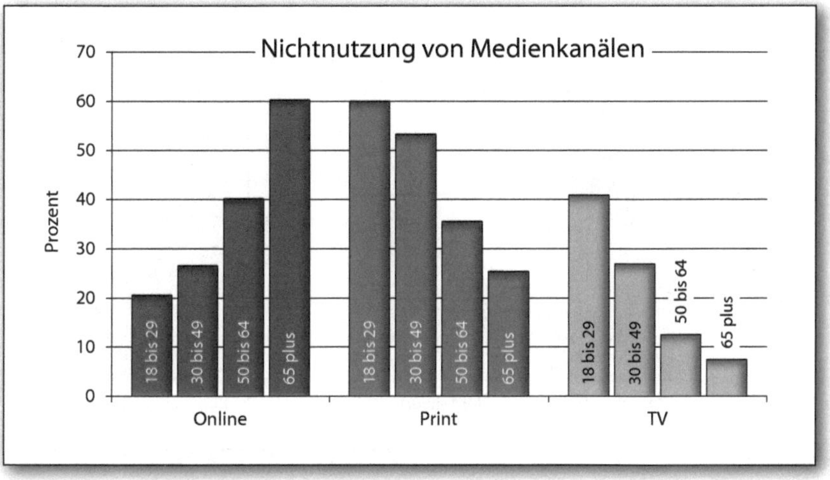

Quelle: eigene Darstellung, Daten: Debus et al., GLES Rolling Cross-Section (Anm. 7).

pro Woche über Politik, während diese Nachrichtenquellen von den älteren Befragten, insbesondere Personen ab 65 Jahren, deutlich seltener genutzt werden. Hier kommen also die Jüngeren auf einen doppelt so hohen Wert wie die TV-Nachrichten-affinen »Best-Ager«.

Abbildung 2 zeigt in Ergänzung die Ergebnisse, wenn wir den Fokus der Analyse zuspitzen und fragen: Auf welchen Wegen werden eigentlich Altersgruppen überhaupt nicht (mehr) erreicht? Dargestellt ist dort der Anteil der Befragten, der die einzelnen Medienkanäle überhaupt nicht mehr nutzt – auch hier mit bemerkenswerten Unterschieden: Tageszeitungen und Onlinemedien weisen ein nahezu spiegelbildliches Bild auf: Knapp zwei Drittel der über 65-Jährigen nutzten im Vorfeld der Bundestagswahl 2021 keinerlei Onlinemedien, 60 Prozent der unter 30-Jährigen hatten umgekehrt keinerlei Kontakt zu politischen Informationen in Tageszeitungen (ebenso wie 53 Prozent der 30- bis 49-Jährigen). Auch für das Fernsehen finden wir einen mit steigendem Alter abfallenden Anteil an gänzlich Unerreichten; der Abfall fällt allerdings nicht ganz so steil aus wie bei den Tageszeitungen. Schließlich sei darauf hingewiesen, dass auch bei den Jüngsten rund 20 Prozent keinerlei Onlinemedien nutzen, während bei den Ältesten weniger als 10 Prozent keinerlei TV-Nachrichten konsumieren.

Abbildung 3: Alter und die Nutzung politischer Informationen über verschiedene Kanäle hinweg

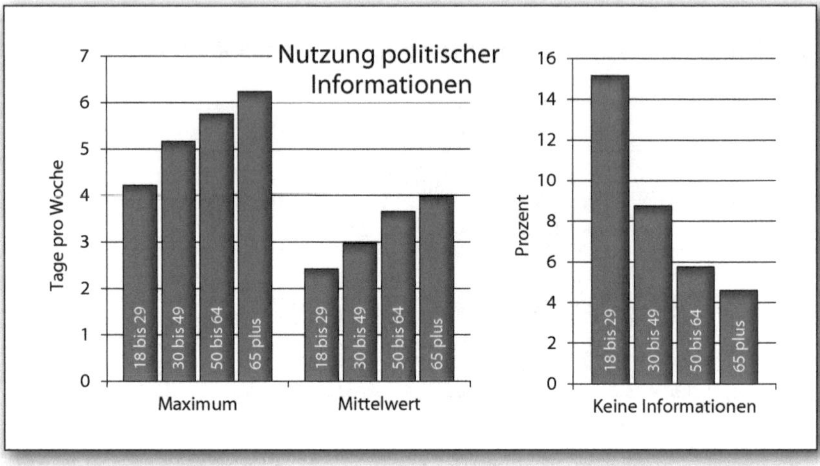

Quelle: eigene Darstellung, Daten: Debus et al., GLES Rolling Cross-Section (Anm. 7).

Der letzten Betrachtung liegt schon eine Logik zugrunde, die die verschiedenen Medien gemeinsam in den Blick nimmt und von substanzieller Bedeutung ist: Unterscheiden sich die Generationen einfach nur darin, welche Kanäle sie wie intensiv nutzen? Oder geht damit auch ein anderes Level an politischer Informationsversorgung insgesamt einher?

Eine solche integrierte Perspektive liegt Abbildung 3 zugrunde. Inhaltlich ist das Ergebnis eindeutig: Die Veränderung geht über einen reinen Ersatz von einem Kanal durch einen anderen hinaus, vielmehr geht sie mit einem Rückgang an politischer Informationsversorgung einher. Dies zeigt sich bei allen drei von uns verwendeten Indikatoren. Die durchschnittliche Nutzungsintensität über die drei betrachteten Kanäle hinweg liegt bei 18- bis 29-Jährigen bei rund 2,5 Tagen pro Woche im Vergleich zu rund vier Tagen pro Woche in der Altersgruppe 65 plus. Dagegen könnte man einwenden, dass zwei der drei betrachteten Medienkanäle (Fernsehen, Zeitungen) »altersaffin« sind. Die linke Abbildung nimmt daher für jede befragte Person den höchsten Wert, den diese Person bei Fernsehen, Zeitung, Onlinemedien genannt hat und berechnet dann pro Altersgruppe den Mittelwert dieses Maximums. Würden wir nur einen Austausch von Medienkanälen sehen, so sollte aus einer Person, die an sieben Tagen pro Woche eine Zeitung nutzt, eine Person werden, die an sieben Tagen pro Woche ein Onlinemedium nutzt. Dem ist aber nicht so:

Liegt der höchste Wert der Mediennutzung in der Gruppe 65 plus bei über sechs Tagen pro Woche, liegt er bei den unter 30-Jährigen nur bei gut vier Tagen. Und auch die letzte Perspektive bestätigt dieses Bild: 15 Prozent der von uns befragten Unter-30-Jährigen werden weder von Fernsehen noch Zeitung noch Onlinemedium erreicht, während dieser Anteil bei den Menschen 65 plus unter 5 Prozent liegt.

Insgesamt also zeigt sich: Je älter, desto mehr politische Informationen. Darin könnte zum Ausdruck kommen, dass der Medienwandel bei jungen Menschen dazu führt, dass sie nicht mehr in gleichem Maße automatisch habitualisiert mit Politik (im Sinne von *accidental information*) in Kontakt kommen, sondern stärkere Selektionseffekte am Werk sind. Ob dem so ist, können wir auch direkt prüfen, indem wir nicht das Alter, sondern das politische Interesse als differenzierendes Merkmal verwenden.[11]

4. Politisches Interesse und Informationsverhalten

Wie sieht also der (kanalspezifische) Zusammenhang zwischen dem individuellen politischen Interesse und der Rezeption politischer Nachrichten aus? Die Erwartung wäre, dass klassisches lineares Fernsehen den Zuschauerinnen und Zuschauern quasi keine Wahl lässt, ob sie Nachrichten sehen wollen oder nicht,[12] was auch von entsprechenden Studien aus Deutschland empirisch untermauert wird. Auf Basis der RCS-Studie 2013 etwa konnten Julia Partheymüller und Anne Schäfer zeigen, dass der Einfluss des politischen Interesses auf die Informationsversorgung beim Fernsehen am geringsten ist.[13] Weniger klar ist die Befundlage bezogen auf »das Internet«. Man kann das Internet und insbesondere soziale Netzwerkplattformen als High-Choice-Umgebung verstehen, die durch einen hohen Grad an Personalisierung, aber auch algorithmischer Kuratierung geprägt ist. Beides sollte für Menschen mit

11 Zwischen Alter und politischem Interesse besteht dabei ein schwacher, positiver Zusammenhang: Ältere Menschen sind tendenziell interessierter als jüngere; die Korrelation zwischen beiden Größen (Alter gemessen in Jahren, nicht in Altersgruppen) beträgt r=0,11.

12 Vgl. Markus Prior, *Post-Broadcast Democracy: How Media Choice Increases Inequality in Political Involvement and Polarizes Elections,* Cambridge 2007.

13 Vgl. Julia Partheymüller/Anne Schäfer, Das Informationsverhalten der Bürger im Bundestagswahlkampf 2013, in: Media Perspektiven, 13. Jg. (12/2013), S. 15.

Abbildung 4: Politisches Interesse und die Nutzung politischer Informationen auf verschiedenen Medienkanälen

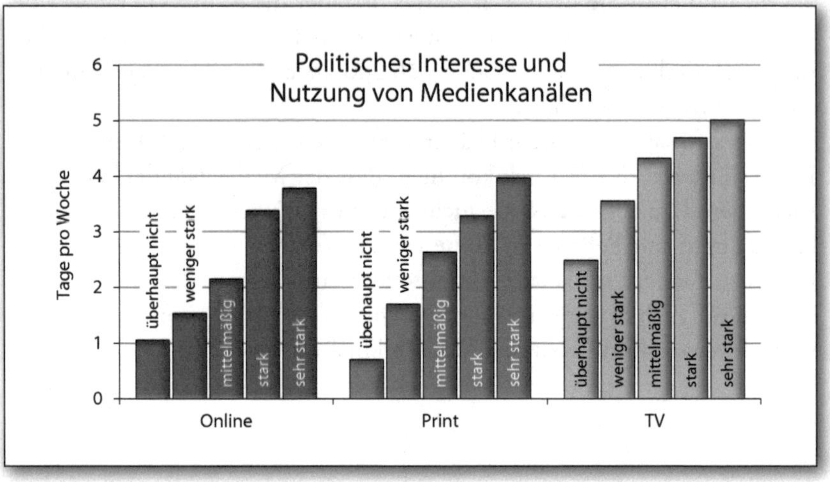

Quelle: eigene Darstellung, Daten: Debus et al., GLES Rolling Cross-Section (Anm. 7).

geringem politischem Interesse dazu führen, dass sie auf wenig politischen Content stoßen. Umgekehrt gibt es aber natürlich Netzwerkeffekte – wenn jemand aus dem eigenen politischen Content in meine Timeline spült, kann man dagegen kurzfristig wenig tun …

Wie also sehen die empirischen Ergebnisse für die Bundestagswahl 2021 aus? Zunächst einmal zeigt Abbildung 4 für alle hier betrachteten Medienkanäle, dass Menschen mit stärkerem politischem Interesse – wenig überraschend – auch häufiger politische Informationen erhalten als Menschen mit mittelmäßigem oder gar schwachem politischem Interesse. Zugleich zeigt die Abbildung aber auch, dass der Zusammenhang zwischen dem politischen Interesse einer Person und ihrem Nachrichtenkonsum nicht über alle Kanäle hinweg gleich ist. Das stärkste Gefälle findet sich tatsächlich beim Lesen von Printzeitungen, ein mittleres Gefälle findet sich bei Onlinemedien, während das politische Interesse beim Fernsehen den geringsten Einfluss auf den Konsum von Nachrichten hat.[14] Gerade bei den

14 Bemerkenswert ist an dieser Stelle allerdings, dass der mittlere Wert für das Fernsehen bei sehr stark politisch interessierten Menschen bei fünf Tagen pro Woche liegt, während er bei Menschen ab 65 Jahren – unabhängig vom Interesse – bei sechs Tagen pro Woche lag, wie wir oben gesehen haben.

Abbildung 5: Politisches Interesse und die Nichtnutzung politischer Informationen auf verschiedenen Medienkanälen

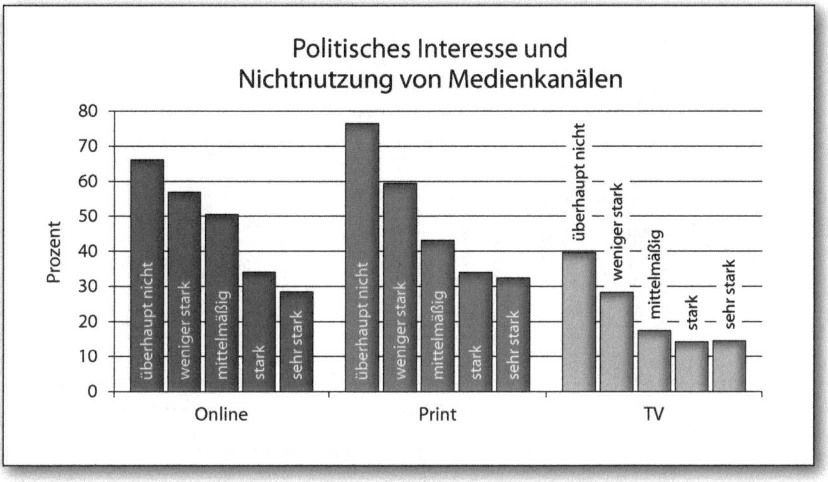

Quelle: eigene Darstellung, Daten: Debus et al., GLES Rolling Cross-Section (Anm. 7).

Menschen, die sich nach eigenen Angaben »überhaupt nicht« für Politik interessieren, finden sich merkliche Unterschiede: Sie erhalten immerhin noch an durchschnittlich 2,5 Tagen pro Woche politische Informationen über das Fernsehen, während die Werte bei einem Tag (Online) oder sogar noch darunter (Print) liegen.

Genau dieses Muster zeigt sich auch, wenn wir uns aus anderer Richtung dem Phänomen nähern. Abbildung 5 zeigt den Anteil der Befragten, die an keinem einzigen Tag über einen bestimmten Kanal politische Informationen bekommen. Überall sehen wir hier abfallende Werte, aber die Treppen sind doch sehr unterschiedlich steil. Ohne politisches Interesse liegt der Anteil der Befragten ohne jede Information bei Zeitungen bei fast 80 Prozent, bei Onlinemedien bei rund 65 Prozent, beim Fernsehen bei 40 Prozent. Allerdings – und genau hier zeigt sich der Medienwandel – finden wir auch bei stark interessierten Menschen auf allen Kanälen Menschen, die über diesen Kanal *nicht* erreicht werden: Jeweils rund 30 Prozent bei Onlinemedien beziehungsweise Zeitungen, rund 10 Prozent beim Fernsehen. Auch so betrachtet zeigt sich die besondere Bedeutung, die das Fernsehen für die politische Informationsversorgung spielt.

Abbildung 6: Politisches Interesse und die Nutzung politischer Informationen über verschiedene Kanäle hinweg

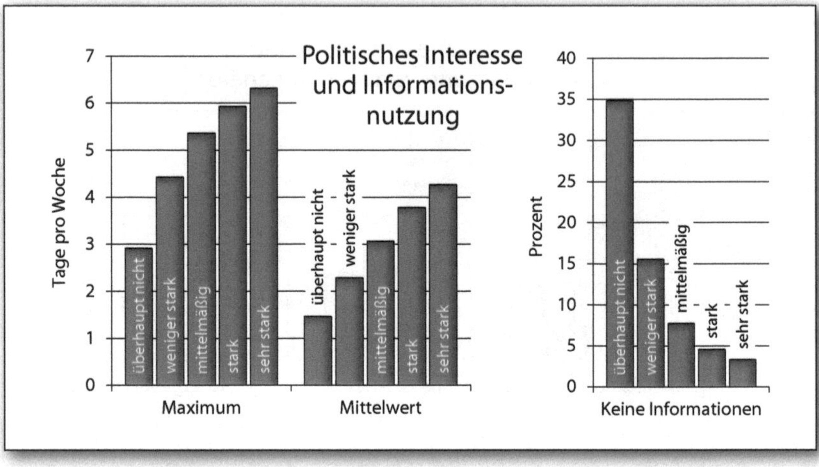

Quelle: eigene Darstellung, Daten: Debus et al., GLES Rolling Cross-Section (Anm. 7).

Beschließen wollen wir auch diesen Teil mit einer Betrachtung der Informationsrezeption über die verschiedenen Kanäle hinweg. Abbildung 6 zeigt die entsprechenden Ergebnisse. Die Herausforderungen für eine flächendeckende Versorgung der Bürgerinnen und Bürger werden hier besonders deutlich. Menschen, die sich nicht für Politik interessieren, nutzen die drei hier betrachteten Kanäle im Schnitt an einem Tag pro Woche; der höchste resultierende Werte für einen Kanal liegt bei knapp drei Tagen. Zugleich wird jeder Dritte von ihnen überhaupt nicht von politischen Informationen erreicht. Dem stehen politisch stark interessierte Menschen gegenüber, die sich tagtäglich auf mindestens einem Kanal mit politischen Informationen versorgen (der mittlere Maximalwert liegt bei über sechs Tagen pro Woche). Die Muster, die Abbildung 6 zeigt, sind dabei auch deutlich prononcierter als jene, die wir in Abbildung 3 bezogen auf das Alter gesehen haben. 15 Prozent der Menschen unter 30 Jahren werden nicht von politischen Informationen erreicht, aber 35 Prozent der Menschen, die sich nicht für Politik interessieren. Moderne Demokratien stehen angesichts dieser Befunde vor großen Herausforderungen, Menschen nicht nur mit qualitativ hochwertigen Informationen, sondern überhaupt mit politischen Informationen zu versorgen.

5. Alter, politisches Interesse und Informationsverhalten

Die bisherigen Analysen zeigen, dass es altersspezifische Nutzungsmuster verschiedener Medienkanäle gibt; ebenso haben wir gesehen, dass enge Zusammenhänge zwischen dem politischen Interesse einer Person und der Rezeption politischer Inhalte bestehen. Allerdings sind diese Zusammenhänge nicht auf allen Kanälen gleich ausgeprägt: Während sie beim Fernsehen schwächer ausfallen, waren sie umgekehrt gerade bei Printmedien besonders stark.

Eine Frage ist allerdings weiterhin offen, der wir nun im letzten Schritt unserer Analyse nachgehen möchten: Führt der generationale Wandel lediglich dazu, dass jüngere Menschen *andere* Medien nutzen als ältere? Oder ist mit dem Medienwandel auch verbunden, dass jüngere Menschen – und insbesondere solche, die sich weniger stark für Politik interessieren – insgesamt weniger politische Informationen bekommen als ältere, weil sie in geringerem Maße von *accidental information* erreicht werden? Verstärken sich die skizzierten Prozesse wechselseitig?

Wir haben ja oben bereits gesehen, dass Onlinenachrichten in den jungen Altersgruppen TV-Nachrichten als wichtigste Informationsquellen ablösen. Aber sind damit auch Folgen für die in dieser Gruppe beobachtbare Informations(un)gleichheit verbunden? Schließlich besteht auch die Möglichkeit, dass in der jungen Generation grundsätzlich das politische Interesse wichtiger für das Informationsverhalten ist als in den älteren Altersgruppen oder anders formuliert: dass es keine *Accidental-information*-Quellen mehr gibt. Junge Menschen würden also auch TV-Nachrichten nur dann sehen, wenn sie politisch interessiert wären, während ältere Bürgerinnen und Bürger mit hohem und niedrigem politischem Interesse sich in dieser Hinsicht weniger stark unterscheiden.

Bei den bisherigen Grafiken haben wir wiederholt auf die »Steilheit der Treppe« Bezug genommen, um auf die Stärke des Zusammenhangs zwischen Alter beziehungsweise politischem Interesse auf der einen Seite und der Informationshäufigkeit auf der anderen Seite zu schließen. Wenn Alter oder politisches Interesse keinen Einfluss auf die Informationshäufigkeit haben, findet man das Muster einer flachen Treppe oder – im Extremfall – einer Ebene vor. Umgekehrt gilt: Je steiler die Treppe, desto stärker ist der Zusammenhang. Wie steil der Anstieg ist, lässt sich anhand der Steigung zeigen, die sich als die durchschnittliche Höhe der Treppenstufen interpretieren lässt. Diese Logik machen wir uns nun zu eigen, wenn wir in der abschließenden

Abbildung 7: Zusammenhang zwischen politischem Interesse und der Rezeption politischer Informationen auf verschiedenen Kanälen nach Alter

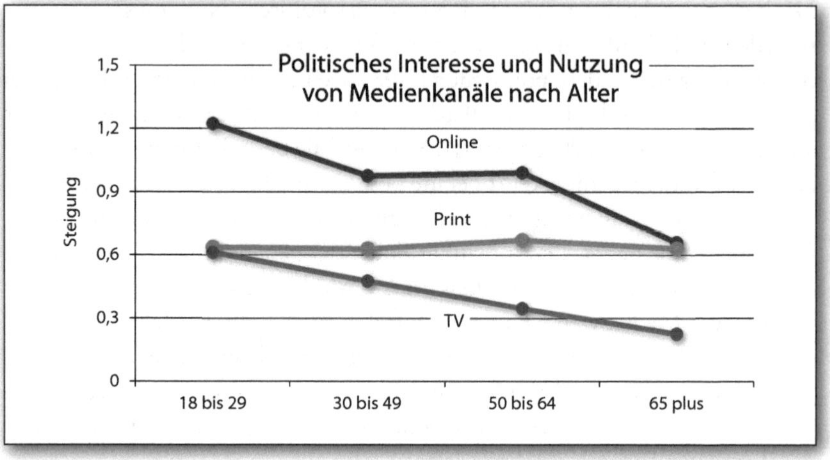

Quelle: eigene Darstellung, Daten: Debus et al., GLES Rolling Cross-Section (Anm. 7).

Grafik den Zusammenhang zwischen Interesse und Mediennutzung je nach Medienkanal, aber getrennt nach Altersgruppen betrachten.

Für jede Altersklasse werden in Abbildung 7 drei Werte abgebildet, die sich auf die drei Informationskanäle Fernsehen, Print und Online beziehen. Höhere Werte bedeuten dabei, dass das politische Interesse einen stärkeren Einfluss darauf hat, wie häufig Befragte in der Altersgruppe politische Informationen auf dem jeweiligen Kanal erhalten. Insgesamt gilt dabei weiterhin: Für alle Altersgruppen und Medienkanäle hängt das politische Interesse mit gesteigertem Informationsbezug zusammen, denn alle Steigungen sind positiv. Es handelt sich also immer um eine Aufwärtstreppe, wie zuvor bereits deutlich wurde.

Zugleich aber gilt: Die abgetragenen Werte sind keineswegs allesamt gleich groß. Vielmehr sehen wir eine interessante Mischung aus verschiedenen Niveaus und Mustern. Beim Blick auf das Lesen von Zeitungen sehen wir ein über Altersgruppen hinweg sehr ähnliches Bild: Überall resultiert eine praktisch identische Steigung. Der Konsum von Printzeitungen ist bei jungen Menschen also nicht stärker vom politischen Interesse abhängig als bei älteren Personen, sondern vielmehr sehr ähnlich.

Anders sieht es für die beiden anderen Kanäle aus, denn hier sehen wir deutliche Altersunterschiede – allerdings auf unterschiedlichem Niveau. Beide

Muster gehen mit dem Alter nach unten, allerdings sind die Steigungsraten für Onlinenachrichten immer größer als jene für das Fernsehen. Im Ergebnis bedeutet das: Den stärksten Zusammenhang zwischen politischem Interesse und politischer Informationsrezeption (»die steilste Treppe«) sehen wir bei jungen Menschen und Onlineinformationen. Umgekehrt sehen wir die geringste Steigung bei Menschen ab 65 und dem Fernsehen – die resultierende Treppe ist hier sehr flach. Ältere Menschen mit niedrigem und hohem politischem Interesse sind sich mit Blick auf die Häufigkeit der Informationsrezeption via Fernsehen recht ähnlich.

Für Fernsehen und Online gilt also: Je jünger Menschen sind, desto bedeutender ist das politische Interesse dafür, ob eine Person politische Informationen erhält oder nicht. Und noch dazu wirkt das politische Interesse generell für Onlinemedien stärker als für das Fernsehen – dieser Effekt kommt also noch mal für alle Altersstufen hinzu. Wenn man diese unterschiedlichen Muster mit dem generationalen Nutzungsverhalten verbindet, lässt sich festhalten: Nachrichtenquellen, die von stärkerer Ungleichheit entlang des politischen Interesses geprägt sind, werden von jungen Menschen immer häufiger genutzt. Die am wenigsten ungleiche Nachrichtenquelle – das Fernsehen – hingegen immer seltener. Im Ergebnis werden junge Menschen mit niedrigem politischem Interesse weniger von politischen Informationen erreicht, als ältere Menschen mit niedrigem politischem Interesse. Oder anders formuliert: Mit dem Medienwandel geht eine Erhöhung politischer Ungleichheit einher, was die Versorgung mit Informationen betrifft.

6. Zusammenfassung und Ausblick

Die hier vorgestellten Befunde zur Informationsversorgung der Bürgerinnen und Bürger zeigen sich überlagernde Trends, die etwas mit der Logik verschiedener Medienkanäle, aber auch individuellen Prädispositionen und erlerntem (Mediennutzungs-)Verhalten zu tun haben. In der Folge informieren sich gerade junge Menschen nicht nur auf anderen Kanälen, sondern erhalten auch insgesamt weniger politische Informationen. Aus den gezeigten Ergebnissen lassen sich aber auch Lehren ziehen.

Der Medienmix beeinflusst die Chancen für interessensunabhängiges und damit gleicheres Informationsverhalten. Will man die politische Informationsversorgung gerade junger Menschen fördern, muss man diese

Muster mitdenken. Offenkundig macht es das Informationsverhalten junger Menschen schwerer, die weniger politisch Interessierten in dieser Gruppe auf klassischen Wegen zu erreichen. Allerdings wurde in der hier verwendeten RCS-Studie auch nur die Nutzung dreier wichtiger Informationsquellen – Print, TV und Online – abgefragt. Erschöpfend ist diese Übersicht aber keineswegs. Formate wie Podcasts, YouTube-Kanäle oder auch Polit-Influencer werden nicht erfasst, wurden in den letzten Jahren allerdings gerade von den öffentlich-rechtlichen Medien zunehmend entdeckt und bespielt. Dabei werden auch neue Informationsformate ausprobiert und teils etabliert. Es mag durchaus sein, dass die lineare Tagesschau von jungen Menschen seltener angeschaut wird, doch mit ihren vier Millionen Followern auf Instagram erreicht die Redaktion viele Menschen wohl dennoch. Der Fokus insbesondere öffentlich-rechtlicher Medien mit Informationsauftrag muss also darauf liegen, Informationen dorthin zu liefern, wo sie *nicht* gefragt sind. In der Post-Television-Epoche mag das schwieriger werden, es ist aber kein Ding der Unmöglichkeit.

Die TV-Trielle 2021 – und was kommt jetzt?

Analyse und Ausblick

Rainald Becker

1. TV-Trielle 2021 und ihre Hintergründe

Knapp zwei Jahre vor der nächsten Bundestagswahl – immer vorausgesetzt die amtierende Ampelkoalition hält so lange durch – stellt sich bei so manchem schon wieder eine Frage: Wird es erneut TV-Duelle geben? Oder werden es, wie erstmals vor der Wahl 2021, wieder Trielle? Oder gar mit vier oder fünf Politikerinnen und Politikern? Und wie heißt das dann? Bevor sich Sprachwissenschaftler oder gar selbsternannte Sprachakrobaten mit dieser Frage beschäftigen, hilft es, noch einmal zurückzublicken und zu analysieren.

Vor der Bundestagswahl 2021 gab es insgesamt drei TV-Trielle. Das waren nicht zu viele, wie manche im Nachhinein behauptet und festgestellt haben, sondern die drei Sendungen waren zu gleichartig. Vor allem deshalb entstand der Eindruck, weniger wäre mehr gewesen. Hätten die Sender und Redaktionen sich besser inhaltlich und thematisch abgestimmt, und hätten die Moderatorenpaare ihren Job anders, genauer gesagt harmonischer, gemacht, wäre vermutlich ein anderes Bild entstanden.

Die Teilnehmer der Trielle waren die Kanzlerkandidaten ihrer Parteien. Für Bündnis 90/Die Grünen war es Annalena Baerbock, für die CDU/CSU Armin Laschet und für die SPD ging Olaf Scholz in das mehrstufige TV-Rennen um den Einzug ins Kanzleramt in Berlin. Bis zu dieser Wahl im Jahr 2021 hatte es immer nur TV-Duelle gegeben und immer war einer der Duellanten der Amtsinhaber, also der Kanzler beziehungsweise die Kanzlerin. Es gab also immer nur eine Herausforderin beziehungsweise einen Herausforderer. Ausschlaggebend dafür waren im Wesentlichen zwei Gründe.

Zum einen konnte man bis zur Bundestagswahl 2017, vereinfachend gesagt, noch zwei mehr oder minder große Volksparteien ausmachen. Das waren CDU/CSU und SPD. Diese Parteien hatten sich im Nachkriegsdeutschland etabliert und es geschafft, die meisten Anhänger und Mitglieder hinter sich zu versammeln und für ihre politischen Inhalte zu interessieren. Folgerichtig waren es auch Union und SPD, die bis dato im Wechsel den Kanzler beziehungsweise die Kanzlerin stellten, wobei die Union insgesamt deutlich länger den Regierungschef stellte als die SPD.

Zum anderen hielten sich die Sender, die die TV-Duelle veranstalteten, an eine simple Formel ihrer Hausjuristen. Um zu verhindern, dass sich jemand in die Duelle einklagen konnte, hatten die Juristen folgende Formulierung gefunden: »An den TV-Duellen nehmen die Spitzenkandidaten der Parteien teil, die nach aktuellen Vorwahl-Umfragen eine realistische Chance haben mit ihrem Vertreter in das Kanzleramt einzuziehen.« Diese Formel hatte bis einschließlich der Bundestagswahl 2017 auch Bestand. Als die FDP für die Bundestagswahl 2002 ihren damaligen Vorsitzenden Guido Westerwelle zum Kanzlerkandidaten kürte, scheiterte dessen Versuch, sich in das TV-Duell einzuklagen unter anderem an dieser juristischen Formel.[1]

Welchen Einfluss die Trielle auf den Bundestagswahlkampf 2021 und den Wahlausgang letztlich hatten, darüber lässt sich trefflich streiten. Das Interesse an diesen TV-Veranstaltungen jedenfalls war groß (Tabelle 1).

Tabelle 1: Zuschauerinteresse an den TV-Triellen

Sender	**Zuschauer** (in Millionen)	**Marktanteil** (in Prozent)
Triell am 29. August 2021		
RTL	5,05	16,1
N-TV	0,55	1,3
Gesamt	5,60	17,4
Triell am 12. September 2021		
ARD	7,36	24,1
ZDF	3,41	11,5
Phoenix	0,13	0,3
Gesamt	10,90	35,9
Triell am 19. September 2021		
ProSieben	1,20	3,8
SAT 1	2,22	7,0
Kabel 1	0,65	2,0
Gesamt	4,07	12,8

Quelle: eigene Darstellung.

1 Vgl. BVerfG, 2 BvR 1332/02.

2. »Luft nach oben«: TV-Trielle in der Analyse

Die insgesamt hohe Resonanz bescherte den ausrichtenden Sendern zwar einen Quotenerfolg, doch über den Einfluss der Trielle auf das Abschneiden der Parteien bei der Wahl sagt das erstmal wenig aus. Immerhin wurde aber das Angebot der Sender, öffentlich-rechtlich wie privat, durchaus gesucht. Und man muss kein Prophet sein, um schon jetzt zu sagen: Der mindestens zahlenmäßige Erfolg der 2021er-Trielle wird dieses Format wohl auch im Vorfeld der Bundestagswahl 2025 zu einem festen Bestandteil der Wahlberichterstattung der Sender machen.

Im Übrigen war es 2021 zu keiner Zeit schwierig, die drei Trielle zu terminieren und zu besetzen. Die Kanzlerkandidaten hätten sicherlich, bei entsprechendem Angebot, auch vier oder fünf Trielle absolviert. Weil zum ersten Mal in der Geschichte der TV-Duelle/Trielle kein Amtsinhaber antrat, wurde die Öffentlichkeit von allen drei Kanzlerkandidaten regelrecht gesucht und jede Gelegenheit zu Fernsehauftritten, insbesondere direkt vergleichender Art wie es die Triell-Formate nun mal sind, genutzt. Und da die öffentlich-rechtlichen Systeme ARD und ZDF wieder einmal die größte Zuschauerresonanz auf sich vereinen konnten, gab es bei der senderinternen Nachbetrachtung auch durchaus Stimmen, die sich zukünftig für eigene Trielle von jeweils ARD und ZDF aussprachen. Ob es so kommt, hängt aber sicher nicht zuletzt von den Umständen im Wahljahr 2025 ab und von der Bereitschaft der Kandidaten. Sollte es dann wieder einen teilnehmenden Amtsinhaber geben, könnte ja, wie zu Angela Merkels Zeiten, das Kanzleramt auf die Idee kommen, Regeln und Anzahl der Duelle/Trielle mitzubestimmen.

Insofern hatte der TV-Wahlkampf 2021 für die TV-Sender wie für die Parteien und ihre Spitzenkandidaten etwas Befreiendes. Zum ersten Mal seit Langem war die von Bundeskanzlerin Merkel erzwungene »Zwangsehe« von Öffentlich-Rechtlichem Rundfunk und Privat-TV aufgehoben. Insgesamt dreimal hatte die damals amtierende Kanzlerin die Sender wissen lassen, dass sie nur für ein einziges Duell zur Verfügung stehe. Diese Beschränkung zwang die TV-Anbieter zu einer einzigen gemeinsamen Sendung, und, da kein System auf einen eigenen Moderator oder eine eigene Moderatorin verzichten wollte, standen letztlich vier Fragende zwei Politikern gegenüber. Ein Umstand, der weder inhaltlich noch journalistisch der Qualität der damaligen Duelle zugutekam.

Und auch die Trielle 2021 offenbarten noch deutlich »Luft nach oben«, was die inhaltliche Struktur, die Qualität der Fragen und die Abstimmung der Moderatoren untereinander anging. Um es klar zu sagen, das öffentlich-rechtliche Triell von ARD und ZDF war zwar zahlen- und quotenmäßig das erfolgreichste, aber das beste war es sicher nicht. Die Gründe liegen auf der Hand. So ist es ein grundlegender Fehler gewesen, eine Talkmasterin wie Maybritt Illner, die es gewohnt ist, als Solistin aufzutreten, mit einem nachrichtlich orientierten Journalisten wie Oliver Köhr zusammenzuspannen. Das Ergebnis war suboptimal: Obwohl die Moderation gut vorbereitet gewesen sei, wie beide Moderatoren im Nachhinein geäußert haben, wirkten sie in hohem Maße ineffizient, soll heißen wenig abgestimmt. Es funktionierte nicht viel zwischen Maybritt Illner, die schon seit 2002 dabei ist und bereits in der Vergangenheit mit teilweise langen, umständlichen Fragestellungen auffiel, und dem Neu-Moderator Oliver Köhr, der den Eindruck erweckte, als müsse er mit Frau Illner um das Fragerecht erst kämpfen.

Am besten funktionierte die Moderation im ersten Triell von RTL und N-TV, in dem Pinar Atalay und Peter Kloeppel gut aufeinander abgestimmt agierten. Was auch zu wünschen übrig ließ, war die Abstimmung zu Inhalten und Themen. Folgerichtig machte sich auch daran viel Kritik fest. Eine Zuschauerkritik sei hier zitiert, die so oder so ähnlich, bezogen auf das Triell von ARD und ZDF, häufig geäußert wurde: »Viel inhaltlich Neues habe man in diesem Triell nicht erfahren. Der Mehrwert habe darin bestanden zu beobachten, wie die drei Kandidaten in kritischen Situationen reagieren und miteinander umgehen.«

Wer alle drei Trielle sah, hatte vor allem beim zweiten und dritten ein Dejá-vu-Erlebnis. Der Eindruck, es handele sich um Wiederholungen der ersten Sendung hatte vor allem mit einer selbst auferlegten thematischen Beschränkung zu tun, aber auch mit der offensichtlichen Unfähigkeit von Moderatoren und Redaktionen, sich senderübergreifend thematisch abzusprechen und ihre Sendungen voneinander abzugrenzen. Diese doch sehr klar und vielfältig geäußerte Kritik wiegt vor allem deshalb besonders schwer, weil gerade die zweite (ARD/ZDF) und die dritte Sendung (ProSieben, Sat 1, Kabel 1) es selbst in der Hand hatten. Die Gnade der späteren Sendung, die Möglichkeit, thematische Redundanzen zu vermeiden, wurde nicht genutzt. Dabei hätten es die verantwortlichen Redaktionen, in Kenntnis der ersten Triell-Sendung, schließlich selbst in der Hand gehabt, mit Themen um die Ecke zu kommen, die in den beiden vorherigen Triellen nicht vor- oder zu kurz kamen. Sicher, es wurde endlich über Digitalisierung gesprochen. Doch wo waren die Schwerpunkte zu beispielsweise Migration und Außenpolitik?

Eine, wenn auch zugegebenermaßen, unbefriedigende und ungenügende Erklärung dazu sind die Erfahrungen aus zurückliegenden Duellen und auch aktuellen Talk-Sendungen. Diese werden fast immer dann, wenn es um außenpolitische Themen geht, weniger goutiert und schlechter eingeschaltet als beispielsweise bei aktuellen innenpolitischen Themen. Diese Erfahrungswerte mit außenpolitischen beziehungsweise Auslandsthemen liegen bei allen Sendern so oder so ähnlich vor. Letztlich wollte wohl kein Sender das vermeintlich weniger zuschauerträchtige Themenfeld Außenpolitik besetzen aus Angst, in der Zuschauergunst zu verlieren. Der, vor allem aus Zuschauersicht, große Vorteil der zweiten beziehungsweise dritten Sendung, nämlich die Chance die Versäumnisse der ersten Sendungen zu korrigieren, wurde nicht genutzt.

Stattdessen gab es also drei Trielle mit jeweils ähnlichen bis identischen Inhalten. Dominierend waren in allen drei Sendungen die Themen Coronapolitik und Klimawandel – hier ging deshalb in den Ausgaben zwei und drei der Trielle der Neuigkeitswert auch gegen Null. Auch die obligatorischen Fragen zu möglichen Koalitionen hätte man mindestens im Triell von ProSieben, Sat 1 und Kabel 1 gerne weglassen können. Niemand konnte wohl ernsthaft bei der Frage nach Koalitionsoptionen mit anderen Antworten rechnen als eine Woche zuvor. Bleibt festzuhalten: Inhaltlich wie thematisch waren die Trielle Sendungen der verpassten Chancen. Durch die thematische Einengung wurde es jedenfalls versäumt, mit neuen Themen und Ansichten dem Wahlkampf neue Munition zu liefern. Hätten sich die ausrichtenden Sender besser abgesprochen, wäre nach insgesamt viereinhalb Stunden Triell deutlich mehr Erkenntnisgewinn möglich gewesen. Ob sich das Wahlverhalten dadurch eventuell auch geändert hätte, bleibt hingegen spekulativ.

Was für den Ablauf der Triell-Sendungen 2021 unisono problematisch war und gelegentlich sogar den Redefluss der Politiker gestört hat, war das fast schon pedantisch zu nennende Messen der Redezeit. Immer wieder wurde, fast schon reflexartig, auf die Redezeitkonten geschaut und beinahe immer folgte dann eine entsprechende Ermahnung durch die Moderatoren. Sicherlich ist eine einigermaßen gleichmäßige Verteilung von Redezeiten einerseits wünschenswert, andererseits stört das pedantische Erinnern doch auch immer wieder nicht nur den Redefluss der Politiker, sondern auch den Ablauf der Sendung. Es stellt sich die Frage, ob man eine solche sekundengenaue Messung von Redezeiten überhaupt braucht. Immerhin sind oft nachgerade Politiker Weltmeister darin, möglichst lange zu reden, ohne inhaltlich viel zu sagen.

Sich kurz zu fassen und mit prägnanten, inhaltsfokussierten Aussagen zu punkten, dürfte deshalb beim Zuschauer durchaus positiv konnotiert werden.

Wenn man allerdings schon derart fixiert auf die Redezeiten-Konten schaut wie in den Triellen 2021, dann sollten die Angaben auch stimmen. Insbesondere bei ARD und ZDF war das über weite Strecken nicht der Fall. Das wurde spätestens dann auch dem letzten Zuschauer klar, als Annalena Baerbock auf die stetig weitertickende Uhr ihres Kontrahenten Olaf Scholz hinweisen musste. Neben der überaus heterogen wirkenden Performance des Moderatorenpaars Maybritt Illner und Oliver Köhr war das sicherlich ein ziemlich peinlicher Moment für die öffentlich-rechtlichen Sender. Einen Fauxpas lieferte sich allerdings auch die Sat 1-Moderatorin Claudia von Brauchitsch, die Annalena Baerbock bat, sie möge sich doch bitte kürzer fassen, obwohl zu diesem Zeitpunkt die Redezeit-Uhr von Armin Laschet klar auswies, dass er deutlich am meisten geredet hatte. Zusammenfassend und rückblickend bleibt der Rat für die Zukunft: Entweder ganz auf ein Messen der Redezeit verzichten oder ein deutlich unauffälligeres und besser funktionierendes Verfahren entwickeln.

Was immer wieder zu wilden Spekulationen im Vor- und Umfeld von Duellen beziehungsweise Triellen führt, ist die Frage, ob und inwieweit die Kandidaten die Fragen vorher kennen. Ob die Fragen gar mit ihnen abgesprochen worden sind? Außerdem wird immer wieder gemutmaßt, dass die Reihenfolge der Fragen abgesprochen wird oder es gar ein Coaching der Politiker durch die Sender und/oder Moderatoren gibt. Um es klar zu sagen, all das gibt es nicht. Das Einzige, was seitens der Redaktionen und Sender stattfindet, ist eine Einigung auf Themenfelder beziehungsweise Fragenkomplexe. Soll heißen, zumindest im Fall des ARD/ZDF-TrielIs von 2021 wurde vereinbart, dass zum Komplex Coronapolitik, zum Komplex Klimawandel, zu den möglichen Koalitionsoptionen sowie zu den klassischen Themenfeldern Steuer, Rente, Sozialpolitik und Wirtschaft gefragt wird. Weitere Themenfelder, falls sie kurzfristig vor dem Triell auftauchen sollten, können aktuell jederzeit berücksichtigt werden. So in etwa lautete die Vereinbarung zwischen den Redaktionen und den Parteizentralen. Mehr Auskünfte erhielten die Triell-Teilnehmer nicht.

Natürlich versuchten im Vorfeld der Trielle die Mitarbeiter der Kandidaten, die PR-Abteilungen der jeweiligen Parteizentralen und ihre jeweils zugehörigen Spindoktoren immer mal wieder mehr über die Fragen der Moderatoren und die Themen der Sendung herauszufinden – mit eher bescheidenem Erfolg. Das Bemühen und die Sorge um das Aussehen und die inhaltliche Performance der Kandidaten war in den Tagen vor den Triellen nachgerade allgegenwärtig. Es ging um die Kleidung, die Lichtstimmung im Studio, die Farbe des Hintergrunds, den Studioboden. Nichts wurde dem Zufall überlassen, auch reine Regiefragen wie Nahaufnahme, Zweier- oder Dreier-Einstellungen, wurden sehr detailliert besprochen und teilweise sogar direkt zwischen den Kandidaten und ihren Beratern geklärt. Die Ergebnisse waren insgesamt befriedigend, soll heißen optisch und regietechnisch konnten sich alle drei Trielle durchaus sehen lassen. Die Defizite und Probleme waren alle, wie zuvor beschrieben, eher inhaltlicher und redaktioneller Natur.

3. Ausblick: Und was kommt jetzt?

Es dürfte schon jetzt klar sein, dass es auch vor der nächsten Bundestagswahl – planmäßig Ende September 2025 – wieder Duelle/Trielle oder vielleicht sogar ein Vierer-Format geben wird. Zum einen sind die TV-Sender angesichts des zu erwartenden kommerziellen Erfolgs sicher nicht abgeneigt. Zum anderen werden die Parteien solche TV-Vergleiche ihrer Spitzenkandidaten auch wieder vorschlagen beziehungsweise sogar einfordern. Mutmaßlich wird dabei der Nachdruck der Herausforderer größer sein als der des Amtsinhabers.

Wenn es wieder mehrere Sendungen gibt, kommt bei den veranstaltenden TV-Sendern im Interesse der Zuschauer hoffentlich ein Lernfaktor zum Tragen. Soll heißen: Die Sender sollten ein strafferes redaktionelles Konzept mit gut aufeinander abgestimmten Moderatoren entwickeln, sollten ein deutlich breiteres Themenspektrum gut untereinander aufteilen, sollten auf die nervende und oft fehlerhafte Redezeitmessung verzichten und stattdessen eher die zur Verfügung stehende Sendezeit thematisch einteilen und gewichten. Die gelegentlich senderintern geführten Diskussionen um Sendeplatz und Sendezeit sind aus meiner Sicht obsolet. Wenn ein solches Format (Duell, Triell, 4er-Treffen) ins Programm kommt, dann in jedem Fall bitte zur besten Sendezeit (bei der ARD ist das 20:15 Uhr) und nicht länger als 60 Minuten.

Eine Bemerkung zum Schluss, die vermutlich nicht mehrheitsfähig ist. Die Sender, insbesondere die öffentlich-rechtlichen Anbieter, neigen dazu, nach dem Duell/Triell eine Gesprächssendung anzubieten (zum Beispiel »Anne Will« 2021 im Ersten). In diesen Sendungen wird dann für weitere 60 bis 90 Minuten von anderen Politikern und Journalisten sowie Experten erklärt, analysiert und gedeutet, was da gerade zu sehen und zu hören war.

Diese Sendungen sind die Hochzeit der Meinungsmacher, Spindoktoren und Parteigänger der jeweiligen politischen Lager. Ob diese Art der Nachbereitung sinnvoll ist für die politische Meinungsbildung bei Wählerinnen und Wählern, ist erst noch nachzuweisen. In jedem Fall erfüllen diese Sendungen nach der Sendung aber den Tatbestand der versuchten Beeinflussung. Man könnte also vielleicht mal erwägen, ganz darauf zu verzichten.

Vor der Zeitenwende

Das politische Klima im Bundestagswahlkampf 2021

Thomas Petersen

1. Eine andere Zeit

Der Sommer 2021 scheint vom Sommer 2023 aus betrachtet, dem Zeitpunkt, an dem dieser Artikel verfasst wird, weiter entfernt zu sein als die zwei Jahre, die zwischen den beiden Daten liegen, zu sehr haben die Ereignisse danach das politische Klima im Land verändert. Der Überfall Russlands auf die Ukraine und seine ökonomischen Folgen, allen voran die hohe Inflation, haben die Sorgen, die die Menschen in den Jahren zuvor umgetrieben hatten, in den Schatten gestellt. Unmittelbar nach Kriegsbeginn fiel in Deutschland der Optimismus der Bevölkerung auf einen historischen Tiefstand.[1] Bundeskanzler Scholz sprach nach Kriegsausbruch im Bundestag von einer »Zeitenwende«.[2] Ein knappes Jahr später, zum Jahreswechsel 2022/23 war deutlich erkennbar, dass die Bevölkerung in Deutschland das Jahr 2022 tatsächlich als Einschnitt empfindet. Dies zeigen die Ergebnisse einer repräsentativen Bevölkerungsumfrage des Instituts für Demoskopie Allensbach vom Dezember 2022. Auf die Frage, ob sie dem Bundeskanzler zustimmen und auch sagen würden, »dass der Ukraine-Krieg in vielerlei Hinsicht eine Zeitenwende bedeutet«, antworteten 57 Prozent der Befragten mit »Ja«. Nur 27 Prozent hielten die Bezeichnung für übertrieben.[3] Zum Vergleich: Im Dezember 2001 hatten bei einer ähnlich formulierten Frage 41 Prozent die Anschläge vom 11. September des Jahres auf das World Trade Center in New

1 Vgl. Thomas Petersen, Die öffentliche Meinung, in: Werner Weidenfeld / Wolfgang Wessels (Hrsg.), *Jahrbuch der Europäischen Integration 2022*, Baden-Baden 2022, S. 179–186, hier S. 179.

2 Bundeskanzler Olaf Scholz: Wir erleben eine Zeitenwende, in: Deutscher Bundestag, Textarchiv (online unter: www.bundestag.de/dokumente/textarchiv/2022/kw08-sondersitzung-882198 – letzter Zugriff: 09.04.2024).

3 Vgl. Allensbacher Archiv, IfD-Umfrage Nr. 12 065.

York und das Pentagon in Washington als »Zeitenwende« bezeichnet. Ebenso viele Befragte hatten ausdrücklich widersprochen.[4]

Der Einschnitt war auch deswegen so tief, weil er bei vielen Bürgern existentielle Ängste auslöste, die seit langer Zeit überwunden schienen. Im August 2022 sagten 83 Prozent der Befragten einer Allensbacher Umfrage, die Preissteigerungen bereiteten ihnen große Sorgen. Damit stand dieser Punkt an der Spitze der 19 zur Auswahl gestellten Antwortmöglichkeiten. An zweiter Stelle, genannt von 80 Prozent, folgte der Krieg in der Ukraine. 77 Prozent meinten, es bereite ihnen große Sorgen, dass die Lage in Europa und der Welt immer unberechenbarer werde, 69 Prozent wählten die Aussage »Dass die Energieversorgung nicht gesichert sein könnte« aus. Erst weit dahinter rangieren die Themen, die die politische Debatte in den vorangegangenen Jahren bestimmt hatten: »Nur« 44 Prozent der Befragten sagten, sie machten sich große Sorgen, dass es erneut zu einem Andrang von Flüchtlingen in Europa kommen könnte, 43 Prozent äußerten große Sorgen, dass es nicht gelinge, die Corona-Pandemie in den Griff zu bekommen.[5]

Dabei ist die Furcht vor der Geldentwertung für viele Menschen kein theoretisches, sondern ein ganz konkretes, alltägliches Problem. So sagte in der Umfrage vom August 2022 mehr als jeder zweite Befragte, er mache sich große Sorgen, dass er seine Heizkosten nicht mehr bezahlen könnte. Auf die Frage, wie sehr sie durch die Preissteigerungen in Deutschland belastet seien, antworteten 17 Prozent der Befragten, sie seien dadurch sehr stark belastet, weitere 45 Prozent sagten, die Preissteigerungen belasteten sie stark. Lediglich eine Minderheit von 35 Prozent meinte, sie sei weniger stark, kaum oder gar nicht belastet.[6]

Ein besonders bemerkenswertes Ergebnis der Umfrage vom August 2022 ist, dass 51 Prozent der Befragten sagten, sie machten sich große Sorgen, dass sie ihre Heizkosten nicht mehr bezahlen könnten.[7] Wie ungewöhnlich dies ist, illustriert das Ergebnis einer Recherche im Archiv des Instituts für Demoskopie Allensbach: Seit dem Jahr 1947 begleitet das Institut das Zeitgeschehen mit seinen repräsentativen Bevölkerungsumfragen. In dieser ganzen Zeit spielte die Frage, ob genügend Energie vorhanden ist, um im Winter die Wohnungen zu heizen, in den Umfragen des Instituts ein einziges Mal eine

4 Vgl. Allensbacher Archiv, IfD-Umfrage Nr. 7015.
5 Vgl. Thomas Petersen, Die Furcht vor Geldentwertung, in: Frankfurter Allgemeine Zeitung, 24. August 2022, S. 8.
6 Vgl. Petersen, Furcht (Anm. 5).
7 Vgl. Petersen, Furcht (Anm. 5).

Rolle: Im September 1951 wurde die Frage gestellt: »Haben Sie schon Ihre Kohlen für den nächsten Winter?« 11 Prozent der Befragten antworteten, sie hätten bereits ausreichend Kohlen, weitere 37 Prozent gaben zu Protokoll, dass sie schon Kohlen angeschafft hätten, aber noch nicht genug, um über den Winter zu kommen. Eine relative Mehrheit von 44 Prozent sagte, sie hätte noch keine Kohlenvorräte. 8 Prozent gaben an, mit Holz oder Torf zu heizen und deswegen keine Kohle zu benötigen.[8] Öl- oder Gasheizungen gab es damals praktisch nicht. Die Frage wurde danach nie wieder gestellt. 70 Jahre lang schien der Gedanke, es könne im Winter das Heizmaterial ausgehen, abwegig. Um so größer war der Schock im Jahr 2022.

2. Das Ende der »Stunde der Exekutive«

Demgegenüber war die Lage im Sommer 2021 ruhig. Nicht, dass die Stimmung im Land besonders positiv gewesen wäre. Die anhaltende Corona-Pandemie drückte in der ersten Jahreshälfte auf die Stimmung der Bevölkerung. Dabei war das Ansehen der damaligen Bundesregierung und besonders der führenden Regierungspartei CDU/CSU in der Krise zunächst deutlich gestiegen. So bescheinigten im April 2020 75 Prozent der vom Institut für Demoskopie Allensbach Befragten der Regierung eine sehr gute oder gute Arbeit, ein Urteil in dem sich die Anhänger von Regierungs- und Oppositionsparteien bemerkenswert wenig unterschieden: 90 Prozent der Anhänger von CDU und CSU sowie 81 Prozent der SPD-Anhänger sagten, die Regierung mache in der Coronakrise eine gute Arbeit, aber auch 75 Prozent der FDP-, 84 Prozent der Grünen- und 71 Prozent der Linken-Anhänger waren in der angeführten Umfrage derselben Ansicht. Lediglich die Anhänger der AfD zeigten sich mit nur 38 Prozent Zustimmung deutlich unzufriedener.[9] Auch in den Folgemonaten blieben die Ergebnisse im Kern unverändert: Zwischen Mai und August 2020 pendelte der Anteil der Befragten, die auf die Frage »Wie bewerten Sie die Arbeit der Bundesregierung in der Corona-Krise?« antworteten, sie leiste sehr gute oder gute Arbeit, stets zwischen 73 Prozent und 78 Prozent.[10] Das schlug sich auch in den Parteistärken nieder. Von März bis

8 Vgl. Allensbacher Archiv, IfD-Umfrage Nr. 043.
9 Vgl. Allensbacher Archiv, IfD-Umfragen Nr. 8233/I, 8233/II.
10 Vgl. Allensbacher Archiv, IfD-Umfragen Nr. 8239, 12 018, 12 019, 12 022.

April 2020, zu Beginn der Pandemie, schnellte der Anteil derjenigen, die in den Allensbacher Umfragen angaben, sie würden mit ihrer Zweitstimme die CDU/CSU wählen, wenn schon am kommenden Sonntag Bundestagswahl wäre, von 29 auf 38 Prozent in die Höhe und verharrte danach fast ein ganzes Jahr auf diesem Niveau.[11]

Die Regierung wurde also im Zuge der Coronakrise mit wachsender Zustimmung und einem sehr positiven öffentlichen Bild belohnt – und das, obwohl sie den Bürgern bis dahin unbekannte Einschränkungen im Alltag auferlegte. Dies mag auf den ersten Blick als Widerspruch erscheinen, entspricht im Grunde aber dem, was in der öffentlichen Diskussion unter dem Schlagwort der »Stunde der Exekutive« öfter betont worden und in der überwiegend englischsprachigen Forschungsliteratur der Politikwissenschaft als »Rally-'round-the-Flag«-Effekt bekannt ist: Krisenzeiten bieten für Regierungen die Chance, ihre Tatkraft unter Beweis zu stellen, damit ihr Ansehen bei der Bevölkerung zu verbessern und als Folge davon schließlich die eigenen Popularitätswerte – wenn oft auch nur vorübergehend – sprunghaft in die Höhe schnellen zu lassen. Der ehemalige Bundestagspräsident Norbert Lammert wies in diesem Zusammenhang darauf hin, »dass die Bevölkerung ein berechtigtes Interesse und den nachvollziehbaren Wunsch hat, dass die Aktivitäten der Regierung Erfolge zeitigen und sie die Krise in den Griff bekommt«.[12] Und der Publizist Albrecht von Lucke verwies darauf, dass »[d]ie Sehnsucht nach starker autoritärer, aber auch bewährter Führung […] durch die Corona-Krise stark zugenommen« habe.[13]

Doch zur Jahreswende 2020/21 ging diese Phase, in der sich die Bevölkerung hinter der Regierung versammelte, zu Ende. Im Dezember 2020 wurde zum ersten Mal deutlich, dass der Rückhalt, den die Bundesregierung bei den Bürgern in den Monaten zuvor genossen hatte, schwächer wurde. In den Monaten danach verstärkte sich die Tendenz. Im Frühjahr 2021 schließlich, wahrscheinlich befördert durch die anfänglichen Probleme bei der Beschaffung von Impfstoffen gegen das Coronavirus, überwog dann die Unzufriedenheit der Bevölkerung mit der Coronapolitik deutlich, mit entsprechenden Aus-

11 Vgl. Allensbacher Archiv, IfD-Umfragen Nr. 12 016, 12 017.

12 Norbert Lammert, Zuspruch und Zumutungen. Zu den politischen Folgen der Corona-Pandemie, in: Die Politische Meinung, 65. Jg. (2020), Nr. 563, S. 16–21, hier S. 18.

13 So Albrecht von Lucke, zitiert nach: Gudrun Dometeit et al., Heißer Herbst, in: Focus, Nr. 40, 26. September 2020, S. 30–34, hier S. 32.

wirkungen auf die Popularität der Bundesregierung.[14] Die Wahlabsicht für die CDU/CSU fiel so plötzlich, wie sie ein Jahr zuvor gestiegen war, von 37 Prozent im Februar auf 29 Prozent im März und damit exakt auf den gleichen Wert wie im März 2020, unmittelbar vor Einsetzen des »Rally-'round-the-Flag«-Effekts.

Zudem wuchs bei der Bevölkerung auch der Unmut über die Einschränkungen und Verbote, die die Regierung zur Bekämpfung der Ausbreitung des Virus angeordnet hatte. Lange waren sie von der Mehrheit der Bevölkerung mitgetragen, ja befürwortet worden, trugen wahrscheinlich sogar zum zwischenzeitlich großen Ansehen der Regierung bei, aber nun, im Frühjahr 2021, setzte sich bei vielen der Eindruck durch, über Gebühr gegängelt und bevormundet zu werden. Im April 2020 war zum ersten Mal in einer Umfrage des Instituts für Demoskopie Allensbach die Frage gestellt worden: »Was würden Sie sagen: Sollte man zur Sicherheit die Corona-Beschränkungen möglichst lange aufrechterhalten, auch wenn die Wirtschaft dadurch Schaden nimmt und die Arbeitslosenzahlen deutlich ansteigen, oder sollte man mit Blick auf die Wirtschaft die Beschränkungen nicht zu lange aufrechterhalten, auch wenn dadurch die Infektionszahlen weiter steigen?« Die Befragten hatten sich damals gespalten gezeigt: 36 Prozent hatten geantwortet, man sollte die Beschränkungen möglichst lange aufrechterhalten, 34 Prozent hatten widersprochen. Die verbliebenen 30 Prozent hatten sich unentschieden gezeigt.[15] Ein solches Antwortmuster: Ein Drittel der Befragten befürwortet etwas und jeweils ein weiteres Drittel ist dagegen und unentschieden, ist typisch für eine Situation, in der die Bevölkerung unsicher, noch orientierungslos ist. Auch bei einem gefestigten Meinungsklima ist nicht immer eine klare Mehrheit für die eine oder andere Position zu erkennen, aber die Zahl der Unentschiedenen ist in aller Regel deutlich kleiner.[16]

Ein Jahr später hatte sich ein deutlicheres Meinungsbild herauskristallisiert: Im April 2021 sagten noch 34 Prozent, also etwas weniger als im April 2020, die Coronamaßnahmen sollten möglichst lange aufrechterhalten werden. Vor allem aber war die Zahl derjenigen, die sagten, diese sollten nicht zu lange aufrechterhalten werden, deutlich von 32 auf 43 Prozent gestiegen. Der Anteil derer, die unentschieden waren, lag nun noch bei 23 Prozent. Das

14 Vgl. Renate Köcher, Verheerende Vertrauenskrise für Union und Regierung, in: Frankfurter Allgemeine Zeitung, 23. März 2021 (online unter: www.faz.net/aktuell/politik/inland/corona-pandemie-staat-versagt-laut-buergern-bei-krisenbewaeltigung-17259527.html?premium – letzter Zugriff: 09.04.2024).

15 Vgl. Allensbacher Archiv, IfD-Umfrage Nr. 8233.

16 Vgl. Thomas Petersen, *Der Fragebogen in der Sozialforschung*, Konstanz 2014, S. 155–157.

war immer noch ein recht hoher, aber nun nicht mehr auffallend hoher Wert. Diese Verschiebungen waren nicht sehr groß, und nach wie vor fanden die Maßnahmen, wie sich auch an anderen Fragen des Instituts für Demoskopie Allensbach zeigte, noch immer die Zustimmung eines erheblichen Bevölkerungsanteils, doch man erkennt, wie doch Ungeduld und Unzufriedenheit zu überwiegen begannen.[17]

Bemerkenswert ist dabei, dass die Ungeduld bei Befragten mit einfacher Schulbildung am größten war: Sie sagten nur zu 22 Prozent, man sollte die Coronabeschränkungen möglichst lange aufrechterhalten, während eine Mehrheit von 50 Prozent widersprach. Auch bei den Befragten mit mittlerer und höherer Schulbildung überwogen die Anteile derjenigen, die sagten, man solle die Beschränkungen nicht zu lange aufrechterhalten, doch hier war der Abstand zwischen den beiden Meinungslagern wesentlich geringer, bei den Befragten mit Abitur oder Hochschulbildung sogar so gering, dass er auch als statistische Zufallsschwankung gedeutet werden konnte.[18] Ein so deutliches Auseinanderklaffen des Meinungsbildes zwischen den Befragten aus verschiedenen Bildungsgruppen ist selten und deswegen umso ernster zu nehmen, wenn es auftritt. Es deutet auf einen grundlegenden gesellschaftlichen Konflikt hin, der in der Zeit der Coronakrise erkennbar wurde, aber weit darüber hinaus reicht und auch das politische Klima in Deutschland und damit die Wahlen beeinflusst.

3. Das Gefühl, bevormundet zu werden

Seit einigen Jahren schon zeigt sich in den Allensbacher Umfragen, dass ein gewachsener Teil der Bevölkerung den Eindruck hat, man könne zu bestimmten Themen seine Meinung nicht mehr frei äußern. Seit dem Jahr 1953 wurde immer wieder die Frage gestellt »Haben Sie das Gefühl, dass man heute in Deutschland seine politische Meinung frei sagen kann, oder ist es besser, vorsichtig zu sein?« Stets antwortete eine klare Mehrheit, sie glaube, man könne seine Meinung frei äußern. Von den 1960er-Jahren bis ins vergangene Jahrzehnt hinein vertraten regelmäßig mehr als zwei Drittel der Befragten diese Ansicht. Seitdem aber haben sich die Antworten dramatisch verändert.

17 Vgl. Allensbacher Archiv, IfD-Umfrage Nr. 12 033.
18 Vgl. Allensbacher Archiv, IfD-Umfrage Nr. 12 033.

Abbildung 1: Freie Meinungsäußerung. Frage: »Haben Sie das Gefühl, dass man heute in Deutschland seine politische Meinung frei sagen kann, oder ist es besser, vorsichtig zu sein?« (Angaben in Prozent)

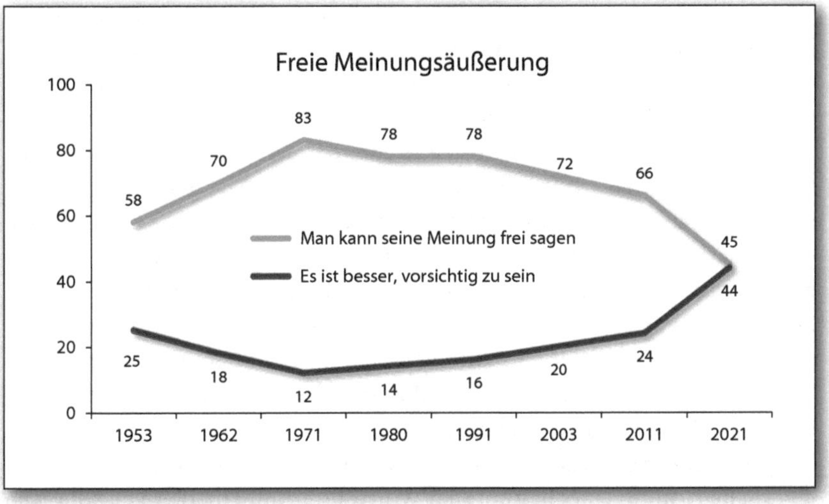

Quelle: eigene Darstellung, Daten: Allensbacher Archiv, IfD-Umfragen Nr. 061, 1069, 2076, 3089, 5055, 10 077, 12 036.

Im Juni 2021 sagten gerade noch 45 Prozent, man könne seine Meinung frei sagen, praktisch gleich viele, 44 Prozent, widersprachen (Abbildung 1).

Dabei fällt auf, wie unterschiedlich stark die Anhänger der verschiedenen Parteien den Eindruck bekundeten, sie könnten ihre Meinung nicht frei äußern. Unter den AfD-Anhängern waren 62 Prozent dieser Ansicht, aber auch die Anhänger der FDP und der Linken meinten mehrheitlich, man müsse bei seinen Meinungsäußerungen vorsichtig sein. Anhänger der SPD zeigten sich in dieser Hinsicht gespalten, die der CDU/CSU fühlten sich in ihrer Meinungsäußerung etwas überdurchschnittlich häufig frei. Mit Abstand am wenigsten Meinungsklimadruck empfanden die Grünen-Anhänger. Sie sagten nur zu 31 Prozent, man könne seine politische Meinung nicht frei äußern.[19]

Man kann annehmen, dass die allermeisten Menschen, die darüber klagen, man könne seine Meinung nicht frei äußern, durchaus wissen, dass es kein Gesetz gibt, dass ihnen die Meinungsäußerung verbietet. Darum sind in

19 Vgl. Allensbacher Archiv, IfD-Umfrage Nr. 12 036.

diesem Zusammenhang auch Verweise auf die im Grundgesetz festgeschriebene Meinungsfreiheit sinnlos. Stattdessen bezieht sich die Klage auf die gesellschaftlichen Sanktionen, die drohen, wenn man gegen die Regeln der »Political Correctness« verstößt. Wie sehr sich in dieser Hinsicht das Klima in den letzten zwei Jahrzenten gewandelt hat, zeigen die Antworten auf eine Frage, bei der die Interviewer eine Liste mit gesellschaftspolitischen Themen vorlegten. Die Befragten wurden gebeten anzugeben, welche davon »heikle Themen« seien, bei denen man sich leicht »den Mund verbrennen« könne. Gegenüber dem Jahr 1996, als die Frage zum ersten Mal gestellt wurde, hat die Häufigkeit, mit der verschiedene Themen als »heikel« bezeichnet werden, geradezu dramatisch zugenommen. Dass es heikel sei, über Muslime beziehungsweise den Islam zu sprechen, meinten 1996 15 Prozent der Befragten, 2021 waren es 59 Prozent. Dass Vaterlandsliebe und Patriotismus heikel seien, glaubten im Jahr 1996 16 Prozent, 2021 38 Prozent. Beim Thema Frauenbewegung beziehungsweise Gleichberechtigung der Frauen war ein Anstieg von drei auf 19 Prozent zu verzeichnen.[20]

Wie sehr der empfundene Druck, sich in der Öffentlichkeit zu bestimmten Themen nur in einer bestimmten Wortwahl zu äußern, den Vorstellungen der meisten Bürger entgegensteht, lässt sich gut am Beispiel der »gendergerechten Sprache« illustrieren, die seit einiger Zeit an vielen Universitäten, öffentlichen Institutionen und auch in einigen Medien verwendet wird. Ebenfalls im Juni 2021 wurde die Frage gestellt: »Wenn jemand sagt: ›Man sollte in persönlichen Gesprächen immer darauf achten, dass man mit seinen Äußerungen niemanden diskriminiert oder beleidigt. Daher sollte man z. B. neben der männlichen auch immer die weibliche Form benutzen.‹ Sehen Sie das auch so, oder finden Sie das übertrieben?« Die Antworten der Befragten auf diese Frage waren eindeutig: Nur 20 Prozent sagten, sie sähen das auch so, 71 Prozent hielten ein solches Verhalten für übertrieben. Frauen sprachen sich zu 65 Prozent gegen die »gendergerechte Sprache« aus. Die Einstellung zum »Gendern« ist auch keine Frage der Generation: Unter-30-Jährige waren zu 65 Prozent der Ansicht, ein solcher Sprachgebrauch sei übertrieben. Diese Haltung zieht sich auch durch alle politischen Lager: Am relativ größten war der Anteil der Befürworter der »gendergerechten Sprache« noch unter den Anhängern der Grünen – doch auch bei ihnen betrug er nur 25 Prozent. 65 Prozent der Grünen-Anhänger sprachen sich dagegen aus.[21]

20 Vgl. Allensbacher Archiv, IfD-Umfragen Nr. 6027, 12 036.
21 Vgl. Allensbacher Archiv, IfD-Umfrage Nr. 12 036.

Das Beispiel steht nicht allein. Im Jahr 2020 hatte das Allensbacher Institut gefragt, ob man heute noch »Zigeunerschnitzel« bestellen oder Schaumküsse »Negerkuss« oder »Mohrenkopf« nennen dürfe. Sehr deutliche Mehrheiten antworteten mit »Ja«. Mehr als zwei Drittel, 68 Prozent, meinten, man könne auch heute noch von »Mohrenköpfen« sprechen, das »Zigeunerschnitzel« fanden 77 Prozent noch zeitgemäß.[22]

Eine interessante Frage ist, wie die Diskrepanz zwischen den Sprach- und Verhaltensnormen der Bürger und der Wahrnehmung dessen, was gesellschaftlich geduldet wird und was nicht, zustande kommt. Wer im persönlichen Umfeld Zigeunerschnitzel bestellt, von Indianerhäuptlingen spricht und es sich erspart, im privaten Gespräch »Gendersternchen« mitzusprechen, wird kaum jemals auf den Unmut seiner Mitmenschen stoßen. Woher kommt also der Eindruck, man dürfe dies nicht tun? Dies ist nur erklärbar, wenn man die Rolle der Massenmedien in diesem Prozess mitberücksichtigt. Ohne sie könnte ein solcher öffentlicher Druck gegen die Einstellungen der Mehrheit nicht aufgebaut werden. Es spricht einiges dafür, dass sich die intellektuellen Diskussionen um solche Themen – einschließlich der Diskussionen in maßgeblichen Massenmedien – weitgehend von der Lebenswirklichkeit der Bürger entkoppelt haben.

Dies aber bedeutet für die Gesellschaft Konfliktpotenzial. Für die beteiligten Medien ist es problematisch, weil Zuspruch und Glaubwürdigkeit in Gefahr sind. Und die Bereitschaft der Bevölkerung, sich sprachlich gängeln zu lassen, ist auch nicht grenzenlos. Es mag ein gewisses Maß an Selbsttäuschung dahinterstecken, dennoch ist es bemerkenswert, dass im Sommer 2021 55 Prozent der Befragten der Aussage zustimmten: »Ich weigere mich mit Absicht, meine Ausdrucksweise anzupassen und mich politisch korrekt auszudrücken, weil es mich nervt, wenn andere versuchen, mir ihre Sprachregelungen aufzudrängen.« Nur 19 Prozent stimmten der Aussage ausdrücklich nicht zu. Und auch hier zog sich diese Haltung durch das gesamte gesellschaftspolitische Spektrum. Lediglich die Grünen-Anhänger zeigten sich in dieser Frage gespalten.[23] Man erkennt, dass sich bei wesentlichen Teilen der Bevölkerung ein latenter Groll aufgestaut hat, das Gefühl, es mit einer zunehmend abgehobenen politischen und intellektuellen Elite zu tun zu haben, die die Sorgen der Bürger nicht mehr versteht und auch nicht willens oder in der Lage ist, sich mit ihnen zu verständigen. Daraus erwächst offensichtlich bei vielen

22 Vgl. Allensbacher Archiv, IfD-Umfrage Nr. 12 022.
23 Vgl. Allensbacher Archiv, IfD-Umfrage Nr. 12 022.

das Bedürfnis nach Protest, es »denen« einmal richtig zu zeigen. Dies hat höchstwahrscheinlich bei der Bundestagswahl 2021 wesentlich zum erneut recht guten Abschneiden der AfD beigetragen, wie es auch zwei Jahre später noch einer der wichtigsten Gründe für viele Wähler war, sich dieser Partei zuzuwenden.[24]

4. Wechselstimmung

Neben der Tatsache, dass sie in die Phase des allmählichen Abklingens der Corona-Pandemie und damit in eine Zeit ungewöhnlicher Grundstimmung fiel, gab es noch einen weiteren Faktor, der die Bundestagswahl 2021 von vorherigen Wahlen unterschied: Zum ersten Mal seit 1949 stellte sich kein amtierender Bundeskanzler zur Wiederwahl. Die Bevölkerung hatte damit keine Möglichkeit, die bestehende Regierung zu bestätigen oder abzuwählen, sondern sie konnte allenfalls die bisher regierenden Parteien bestätigen oder abwählen, dies aber in der Gewissheit, dass sich die Regierung auch dann nach der Wahl von der bisherigen erheblich unterscheiden würde, wenn die bisherigen Koalitionsparteien auch die neue Regierung bilden sollten.

In einer solchen Situation hat auch die Frage, ob man einen Regierungswechsel befürwortet oder nicht, nicht die gleiche Bedeutung wie in Zeiten, in denen sich eine Regierung zur Wiederwahl stellt. Dennoch bleibt bemerkenswert, dass im Mai 2021, als das Institut für Demoskopie Allensbach in einer Umfrage im Auftrag der Bertelsmann-Stiftung das Thema Wechselstimmung vertieft untersuchte, 61 Prozent auf die Frage »Wäre es gut, wenn die Regierung in Berlin wechseln würde, oder wäre es nicht gut?« antworteten, ihrer Meinung nach wäre ein Regierungswechsel gut. Das war der höchste Wert seit dem Jahr 1994, als die Frage zum ersten Mal gestellt worden war. Allerdings lag er nicht weit von den bis dahin höchsten Werten aus den Jahren 1998 (59 Prozent) und 2009 (58 Prozent) entfernt. Dabei ist auffällig, dass sich allein die Anhänger der CDU/CSU nicht mit überwältigender Mehrheit für einen Wechsel aussprachen. Selbst sie sagten zu 26 Prozent, es wäre gut, wenn die Bundesregierung wechseln würde, aber immerhin eine relative Mehrheit von 37 Prozent sagte, sie fände einen Wechsel nicht gut.

24 Vgl. Thomas Petersen, Einwanderung stärkt die AfD, in: Frankfurter Allgemeine Zeitung, 24. August 2023, S. 10.

Abbildung 2: Wechselstimmung. Frage: »Wäre es gut, wenn die Bundesregierung in Berlin (Bonn) wechseln würde, oder wäre es nicht gut?« (Angaben in Prozent; an 100 fehlende Prozent: Unentschieden)

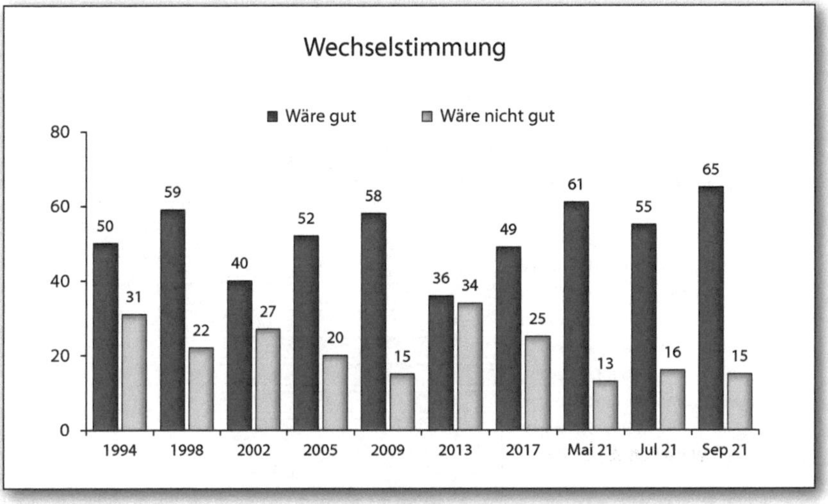

Quelle: eigene Darstellung, Daten: Allensbacher Archiv, IfD-Umfragen Nr. 5095, 6055, 7021, 7071, 10 038, 11 008, 11 070, 12 034, 12 038, 12 043.

Für die Anhänger der führenden Regierungspartei ist es kein besonders beeindruckender Wert, wenn sich gerade etwas mehr als ein Drittel für die Fortführung der bestehenden Regierung ausspricht. Doch noch auffälliger waren die Antworten der Anhänger des Koalitionspartners: Nur 6 Prozent der SPD-Anhänger sagten in der Umfrage, es wäre ihrer Ansicht nach nicht gut, wenn die Regierung in Berlin wechseln würde. Mehr als zwei Drittel, 67 Prozent, befürworteten einen Regierungswechsel. Damit unterschieden sie sich in ihren Antworten auf diese Frage kaum von den Anhängern der Oppositionsparteien FDP, Bündnis 90/Die Grünen und Die Linke. Dieses Grundgefühl, dass die Regierung nach der Wahl wechseln sollte, nahm bis zum Wahltermin am 26. September noch einmal zu: Unmittelbar vor der Wahl vertraten 65 Prozent der Befragten insgesamt diese Ansicht. Damit war die Wechselstimmung deutlich über das Niveau gestiegen, das aus den vorangegangenen Jahrzehnten bekannt gewesen war (Abbidung 2).

Ebenso ausgeprägt war in der Bevölkerung der Wunsch nach einer inhaltlichen Änderung der Regierungspolitik. Bei der Umfrage vom Mai 2021 überreichten die Interviewer eine Liste mit insgesamt 17 verschiedenen

Abbildung 3: Neustart in Politikbereichen. Frage: »Hier auf dieser Liste stehen verschiedene Politikbereiche. Einmal unabhängig davon, ob Sie sich einen Regierungswechsel wünschen oder nicht: Sind hier auf dieser Liste Politikbereiche, in denen Sie sich eine deutlich andere Politik, einen Neustart wünschen?« (Listenvorlage, Angaben in Prozent)

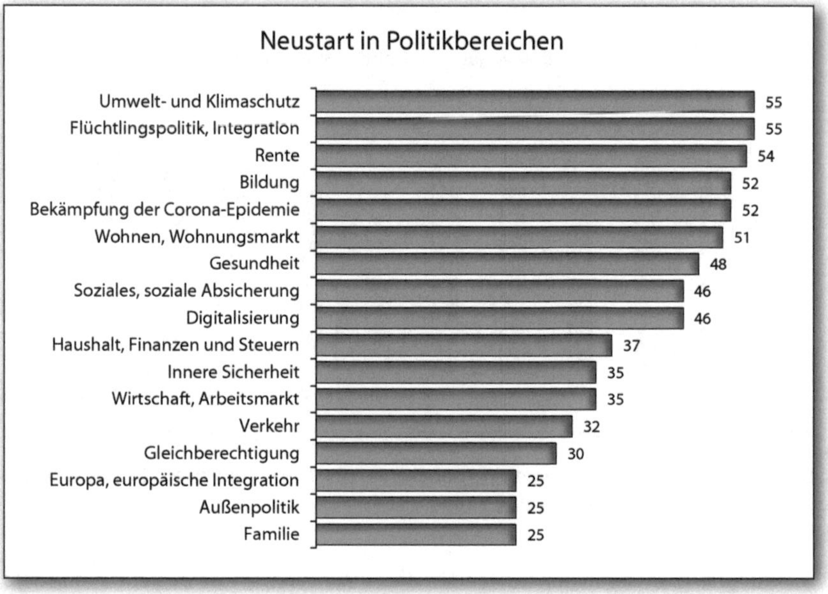

Quelle: eigene Darstellung, Daten: Allensbacher Archiv, IfD-Umfrage Nr. 12 034.

Politikbereichen. Die Befragten wurden gebeten anzugeben, auf welchen dieser Felder sie sich »eine deutlich andere Politik, einen Neustart« wünschten, unabhängig davon, ob sie einen Regierungswechsel befürworten würden oder nicht. Wie Abbildung 3 zeigt, gab es nicht weniger als neun Punkte, bei denen rund die Hälfte der Befragten sagte, sie wünsche sich eine deutlich andere Politik. An erster Stelle, genannt von 55 Prozent, stand das Gebiet Umwelt- und Klimaschutz. Mit minimalem Abstand von einigen Zehntelprozentpunkten dahinter folgte das Thema Flüchtlingspolitik, wiederum knapp gefolgt von den Punkten Rente (54 Prozent), Bildung (52 Prozent), Bekämpfung der Corona-Epidemie (52 Prozent) und Wohnen, Wohnungsmarkt (51 Prozent). Auch die Politikfelder Gesundheit (48 Prozent), Soziales (46 Prozent) und Digitalisierung (46 Prozent) lagen nur geringfügig dahinter.

Es ist bemerkenswert, dass sich unter den Themen, bei denen sich ein erheblicher Teil der Bevölkerung einen Politikwechsel wünschte, solche, die in den Monaten zuvor massiv in der Medienberichterstattung behandelt worden waren,[25] allen voran das Thema Umwelt- und Klimaschutz, das vermutlich deswegen den ersten Platz in der Rangliste einnehmen konnte, gleichauf befinden mit Punkten, die in der Berichterstattung keine große Rolle gespielt hatten, wie die Flüchtlingspolitik. Dass beide Punkte dennoch in der Rangliste der Themen, bei denen sich die Bürger eine Änderung wünschten, gleichauf lagen, zeigt die Grenzen der Medienwirkung. Die Agenda der Bevölkerung ist offensichtlich zumindest in Teilen eine andere als die der führenden Massenmedien. Sie wird durch diese zwar beeinflusst, aber nicht gänzlich geformt. Das ist beim Thema Flüchtlingspolitik besonders auffällig, das für die Bürger seit 2015 immer von großer Bedeutung war, auch in Zeiten, in denen es in den Medien keine Rolle spielte, beispielsweise im Bundestagswahlkampf 2017.[26]

An der Frage, in welchen Politikbereichen man sich eine Änderung wünscht, kann man auch gut erkennen, wie sehr die politischen Prioritäten der Bürger von der jeweiligen eigenen Lebenssituation mitbestimmt werden. Aufschlussreich ist hier eine Betrachtung der Altersgruppen. Während der Punkt Umwelt- und Klimaschutz in der Rangliste der Themen, bei denen ein »Neustart« gewünscht wurde, bei der Gesamtbevölkerung, wenn auch mit äußerst knappem Vorsprung, an erster Stelle stand, war dies nur bei einer Altersgruppe, nämlich der Gruppe der 45- bis 59-jährigen Befragten der Fall. Bei den Unter-30-Jährigen stand dagegen die Digitalisierung an erster Stelle, gefolgt vom Thema Bildung. Erst dann folgte, allerdings mit geringem Abstand, das Thema Umwelt. Bei den 30- bis 44-Jährigen standen die Punkte Bildung und Flüchtlingspolitik an den ersten beiden Positionen, bei den 60-jährigen und älteren Befragten die Rente und ebenfalls das Thema Einwanderung (Tabelle 1). Oft kann man bei der Lektüre der Medienberichterstattung, beispielsweise über die Bewegung »Fridays for Future«, den Eindruck gewinnen, als sei die junge Generation in besonderer Weise auf dem Gebiet des Umwelt- und Klimaschutzes engagiert und dränge die älteren zu Handlungen, zu denen diese sonst nicht bereit wären. Doch angesichts der

25 Vgl. Roland Schatz, Freiheit: Die Mehrzahl der Deutschen fühlt sich eingeschränkt, in: Roland Schatz / Thomas Petersen, *Freiheit: Die Mehrzahl der Deutschen fühlt sich eingeschränkt*, Zürich 2023, S. 6–16, hier S. 10.

26 Vgl. Thomas Petersen, Das politische Klima vor und nach der Bundestagswahl 2017, in: Ursula Münch / Heinrich Oberreuter / Jörg Siegmund (Hrsg.), *Komplexe Farbenlehre. Perspektiven des deutschen Parteiensystems im Kontext der Bundestagswahl 2017*, Frankfurt/New York 2021, S. 117–133, hier S. 117–119, 126–128.

Tabelle 1: Neustart in Politikbereichen. Die in den Altersgruppen am häufigsten genannten Themen. Frage: »Hier auf dieser Liste stehen verschiedene Politikbereiche. Einmal unabhängig davon, ob Sie sich einen Regierungswechsel wünschen oder nicht: Sind hier auf dieser Liste Politikbereiche, in denen Sie sich eine deutlich andere Politik, einen Neustart wünschen?« (Listenvorlage)

Neustart in Politikbereichen				
	Altersgruppen			
	16–29 Jahre	30–44 Jahre	45–59 Jahre	60 Jahre und älter
Platz 1	Digitalisierung (62 Prozent)	Bildung (60 Prozent)	Umwelt- und Klimaschutz (62 Prozent)	Rente (59 Prozent)
Platz 2	Bildung (60 Prozent)	Flüchtlingspolitik, Integration (57 Prozent)	Flüchtlingspolitik, Integration (57 Prozent)	Flüchtlingspolitik, Integration (56 Prozent)
Platz 3	Umwelt- und Klimaschutz (60 Prozent)	Umwelt- und Klimaschutz (53 Prozent)	Rente (57 Prozent)	Bekämpfung der Corona-Pandemie (52 Prozent)

Quelle: Allensbacher Archiv, IfD-Umfrage Nr. 12 034.

vorliegenden Ergebnisse drängt sich – etwas polemisch ausgedrückt – der Verdacht auf, dass solche Berichterstattung vielleicht eher die Vorstellungen der 50- bis 60-jährigen Chefredakteure von der Jugend widerspiegelt als deren tatsächliche Prioritäten.

An dieser Stelle muss darauf hingewiesen werden, dass mit der beschriebenen Frage nicht geklärt werden kann, wie sich die Befragten einen »Neustart« bei den betreffenden Politikfeldern vorstellten. Theoretisch können sich hinter den Antworten der Befragten sehr verschiedene, teils sogar gegensätzliche Vorstellungen verbergen. Wer etwa einen »Neustart« in der Klima- und Umweltpolitik forderte, konnte damit entweder eine Verschärfung der Umweltschutzmaßnahmen im Sinn haben oder aber eine Rücknahme der Beschlüsse zu diesem Thema aus den vorangegangenen Jahren. Einen groben Aufschluss über die Vorstellungen der Befragten bietet hier aber immerhin die Tatsache, dass die Angaben, auf welchen Gebieten man sich andere Politik wünscht, eng mit der Parteiorientierung verknüpft waren. So sagten in der Umfrage Anhänger der Grünen weit überproportional häufig, sie wünschten sich einen Politikwechsel auf dem Gebiet des Umwelt- und Klimaschutzes. Es ist nicht gewagt anzunehmen, dass die meisten davon sich eine Verschärfung von Umweltschutzmaßnahmen wünschen. Änderungen – wie man auch hier annehmen muss, meistens Verschärfungen – der Flüchtlingspolitik forderten dagegen weitaus überdurchschnittlich häufig AfD-Anhänger, Anhänger der Linken wünschten sich besonders oft einen Wechsel der Politik im Bereich Soziales, FDP-Anhänger auf dem Gebiet der Haushalts-, Steuer- und Finanzpolitik.[27]

So zeigten sich bei der Detailanalyse der Antworten auf die Frage nach den Politikbereichen, in denen Änderungen gewünscht sind, letztlich die zu erwartenden parteipolitischen Muster. Die wichtigste Information liegt aber im Gesamtniveau der Antworten: Der Umstand, dass sich rund die Hälfte der Befragten auf neun verschiedenen Politikfeldern einen »Neustart« wünschte, korrespondiert mit dem oben beschriebenen Befund, dass die allgemeine Wechselstimmung in der Bevölkerung sehr ausgeprägt war.

Noch etwas ausgeprägter als das Ausmaß der tatsächlichen Wechselstimmung war der Eindruck der Bevölkerung, es herrsche im Land eine Wechselstimmung. Beides ist nicht das Gleiche. Meist stimmen bei Umfragen der Anteil derjenigen, die eine bestimmte Meinung vertreten, und die Zahl derer, die glauben, dass die Mehrheit in der Bevölkerung die betreffende Meinung vertritt, ungefähr überein. Der Grund dafür ist, dass die meisten Menschen dazu neigen, ihre eigene Position auf die Gesamtbevölkerung zu verallgemeinern. Unter bestimmten Umständen setzt sich jedoch in allen Bevölkerungsgruppen der Eindruck durch, eine bestimmte Meinung sei die Mehrheitsmeinung, auch bei denen, die selbst eine gegenteilige Position vertreten. Im Extremfall kann das sogar dazu führen, dass eine Position, die eigentlich von der Mehrheit geteilt wird, allgemein als die Meinung der Minderheit wahrgenommen wird. In einem solchen Fall spricht man von einer »pluralistischen Ignoranz«, einem Zustand, in dem sich die Mehrheit über die Mehrheit täuscht. Solche Situationen gehen in der Regel mit einem starken Medientenor einher, der die vermeintliche Mehrheitsmeinung stützt.[28]

Im Falle der Frage, ob derzeit in der Bevölkerung Wechselstimmung herrscht, lag zu Beginn des Bundestagswahlkampfes 2021 offensichtlich keine pluralistische Ignoranz vor, aber es gab immerhin einen gewissen Kontrast zwischen dem Ausmaß der tatsächlichen und der wahrgenommenen Wechselstimmung. Erkennbar wird dies an den Antworten auf die Frage »Einmal unabhängig von ihrer eigenen Meinung: Was glauben Sie, was sich die meisten Menschen von der kommenden Bundesregierung wünschen: Dass sie die Politik der aktuellen Bundesregierung in weiten Teilen fortführt, oder dass sie

27 Vgl. Allensbacher Archiv, IfD-Umfrage Nr. 12 034.

28 Vgl. Elisabeth Noelle-Neumann, *Die Schweigespirale. Öffentliche Meinung – unsere soziale Haut*, München 2001, bes. S. 27–40, 243–245.

in vielen Bereichen eine andere Politik macht?« 67 Prozent antworteten auf die Frage, sie glaubten, dass die meisten Menschen sich eine andere Politik wünschen, 14 Prozent meinten, die Mehrheit wünsche sich eine Fortführung der aktuellen Politik. Auf den ersten Blick scheinen diese Zahlen recht gut mit dem Anteil von 61 Prozent derer übereinzustimmen, die sich zum gleichen Zeitpunkt einen Wechsel der Bundesregierung wünschten. Doch interessant sind hier vor allem die Antworten der Anhänger der CDU/CSU. Sie sagten mit einer klaren Mehrheit von 50 zu 27 Prozent, sie glaubten, dass die meisten Bürger sich eine andere Politik wünschten, während sie selbst immerhin mit einer relativen Mehrheit von 37 zu 26 Prozent angaben, sich keinen Regierungswechsel zu wünschen. Dies deutet darauf hin, dass das allgemeine Klima in der Öffentlichkeit auf einen Wechsel in der Politik drängte, und dies auch von den CDU/CSU-Anhängern, die selbst einen solchen Wechsel eher nicht wünschen, wahrgenommen wurde.

5. Ratlose Wähler

So herrschte also vor der Bundestagswahl 2021 eindeutig der Wunsch in der Bevölkerung vor, dass die Regierung in Berlin wechseln sollte, doch bei der Frage, wie denn dieser Wechsel konkret aussehen sollte, zeigten sich die Wähler ratlos. Fragte man etwa diejenigen, die bei der oben beschriebenen allgemein formulierten Frage angaben, dass sie einen Wechsel befürworteten, danach, welche Regierungskonstellation sie sich stattdessen wünschten, erhielt man unklare Antworten. 20 Prozent dieser Befragten sagten im Juli dieses Jahres, ihnen sei eine von der SPD geführte Regierung lieber als die damals amtierende Große Koalition. Ebenfalls 20 Prozent sprachen sich für eine von den Grünen geführte Regierung aus, 18 Prozent für eine andere von der CDU/CSU angeführte Koalition. Eine relative Mehrheit von 31 Prozent derer, die sich einen Regierungswechsel wünschten, sagte, dass ihnen eine ganz andere Konstellation vorschwebe. Man erkennt, dass die Mehrheit in der Bevölkerung zwar mit der amtierenden Regierung unzufrieden war, es aber auch keine eindeutige Alternative gab, die sich den meisten stattdessen aufdrängte.[29]

29 Vgl. Allensbacher Archiv, IfD-Umfrage Nr. 12 038.

Abbildung 4: Kanzlerpräferenz. Frage: »Bei der kommenden Bundestagswahl treten ja Armin Laschet als Kanzlerkandidat für die CDU/CSU, Annalena Baerbock als Kanzlerkandidatin für die Grünen und Olaf Scholz als Kanzlerkandidat für die SPD an. Wen würden Sie als Bundeskanzler bzw. Bundeskanzlerin vorziehen: Armin Laschet, Annalena Baerbock oder Olaf Scholz?« (Angaben in Prozent)

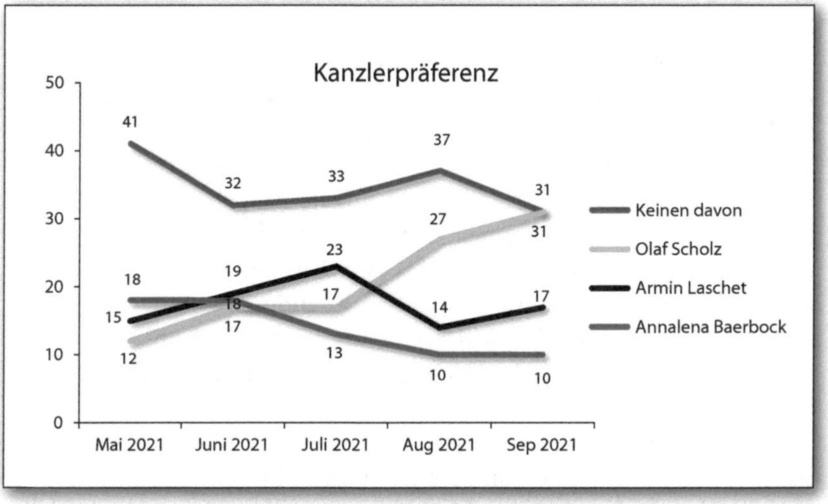

Quelle: eigene Darstellung, Daten: Allensbacher Archiv, IfD-Umfragen Nr. 12 035, 12 036, 12 037, 12 043.

Dies galt auch für die Kanzlerkandidaten. Zwar genoss Olaf Scholz kurz vor dem Wahltermin weitaus mehr Zuspruch bei der Bevölkerung als die beiden anderen Kanzlerkandidaten Armin Laschet und Annalena Baerbock, hatte diesen Vorsprung in den Monaten vor der Wahl auch kontinuierlich herausgearbeitet, doch letztlich konnten alle drei nur einen kleinen Teil der Bevölkerung von sich überzeugen. Auf die Frage »Wen würden Sie als Bundeskanzler bzw. Bundeskanzlerin vorziehen?« antworteten kurz vor dem Wahltermin 31 Prozent, dass ihnen Olaf Scholz als Kanzler am liebsten sei. Für Laschet und Baerbock sprachen sich nur 17 beziehungsweise 10 Prozent aus, aber 31 Prozent sagten, sie wollten keinen der drei Kandidaten als Bundeskanzler sehen (Abbidung 4). Dieses Antwortverhalten war, anders als man auf den ersten Blick annehmen könnte, auch kein Ausdruck allgemeiner Politikverdrossenheit. Die Zustimmung der Bürger zur Demokratie und ihren Institutionen war in den Jahren zuvor deutlich gestiegen und lag 2021 eher auf einem etwas höheren Niveau als noch im Vorfeld der vorangegangenen Bundestagswahl. So lag zum Beispiel der Anteil derjenigen, die sagten, sie seien von allen Parteien enttäuscht, im Sommer 2021 bei 36 Prozent. Im Jahr 2016 waren es noch 50 Prozent gewesen.[30] Stattdessen kann man den Eindruck gewinnen, dass den Wählern die gewohnten Leitplanken abhandengekommen waren. Die über lange Jahre hinweg gewohnte Regierung trat ab, und es drängte sich keine neue Konstellation auf, die die Mehrheit der Bürger überzeugte.

Nach der Wahl schien sich die Bevölkerung mit der sich rasch abzeichnenden Lösung einer »Ampelkoalition« durchaus anfreunden zu können, doch die Zustimmung zu dieser Regierungskonstellation blieb alles andere als überwältigend: Bei der Frage, welche Koalition sie bevorzugen, entschieden sich im Oktober 2021 45 Prozent für die Ampelkoalition aus SPD, Grünen und FDP. Damit erhielt dieses Bündnis deutlich mehr Zuspruch als eine »Jamaika-Koalition« aus CDU/CSU, Grünen und FDP (20 Prozent) oder eine Fortsetzung der Großen Koalition aus SPD und CDU/CSU (9 Prozent), doch die Zahl der Befürworter der »Ampel« war damit zusammengenommen deutlich kleiner als die Zahl der Anhänger der an ihr beteiligten Parteien.[31]

Allgemein ist festzustellen, dass die Bindungen der Bürger an die Parteien schwächer geworden sind, ein Trend, der seit Jahrzehnten anhält und der sich auch bei der Bundestagswahl 2021 fortsetzte. In welchem Ausmaß dies geschehen ist, zeigt sich an den Anteilen der Stammwähler der Volksparteien. Die Gesamtzahl derjenigen, die in den Bevölkerungsumfragen des Instituts für Demoskopie Allensbach angeben, dass sie sich grundsätzlich vorstellen könnten, bei der kommenden Wahl vielleicht die CDU/CSU zu wählen, ist in den letzten Jahrzehnten nicht sehr stark zurückgegangen. 1974 lag sie bei 47 Prozent, 2021 bei 43 Prozent der Wahlberechtigten. Doch der Anteil derjenigen, die sagen, für sie käme keine andere Partei als CDU oder CSU in Frage, hatte sich in der gleichen Zeit von 34 auf 15 Prozent mehr als halbiert. Für die SPD gilt Ähnliches.[32] Die Bereitschaft, sich von Wahl zu Wahl neu zu entscheiden, öfter auch über die Grenzen der traditionellen Parteilager

30 Vgl. Allensbacher Archiv, IfD-Umfragen Nr. 11 050, 12 038; vgl. auch Thomas Petersen, Die Einstellung zu Staat und Institutionen, in: Schatz/Petersen, Freiheit (Anm. 25), S. 35–40.

31 Vgl. Allensbacher Archiv, IfD-Umfrage Nr. 12 044.

32 Vgl. Allensbacher Archiv, IfD-Umfragen, zuletzt Nr. 12 043.

Abbildung 5: Zeitpunkt der Entscheidung. Frage: »Wann haben Sie sich endgültig entschieden: schon viele Wochen vor der Wahl, oder ein, zwei Wochen vor der Wahl, oder in den letzten Tagen vor der Wahl oder erst am Wahltag selbst?« (Angaben in Prozent)

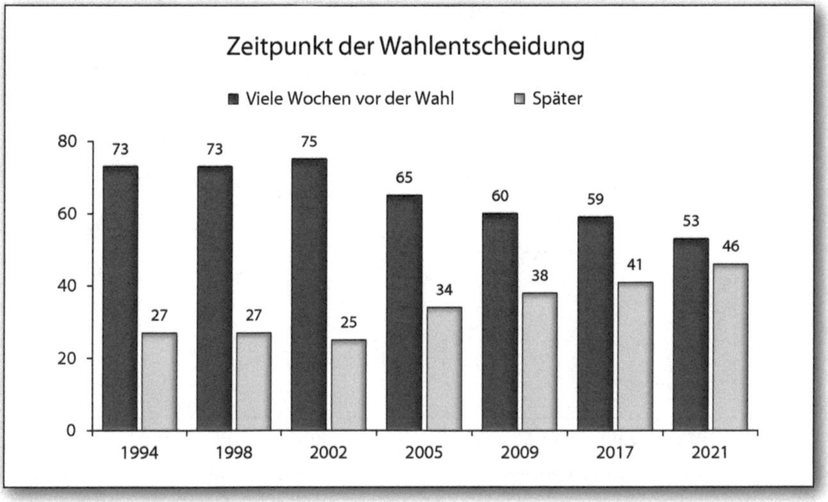

Quelle: eigene Darstellung, Daten: Allensbacher Archiv, IfD-Umfragen Nr. 6008, 6069, 7032, 7079, 10 046 11 077, 12 044.

hinweg, ist deutlich gestiegen. Die Parteien können sich immer weniger auf einen festen Grundstock treuer Anhänger verlassen.[33]

Angesichts dieser Situation ist verständlich, dass sich bei der Bundestagswahl 2021 viele Wähler erst kurz vor der Wahl entschieden. Gerade 53 Prozent sagten im Oktober 2021, in der ersten Allensbacher Umfrage nach der Wahl, sie hätten sich schon viele Wochen vor dem Wahltermin endgültig für eine Partei entschieden. Nicht viel weniger, 46 Prozent gaben an, sich erst wenige Wochen vor der Wahl oder noch später entschieden zu haben. 1994, 1998 und 2002 hatten noch drei Viertel der Befragten gesagt, dass sie sich schon viele Wochen vor der Wahl entschieden hätten (Abbidung 5). Und auf die Frage »Fiel es Ihnen bei dieser Wahl schwer, sich für eine bestimmte Partei zu entscheiden?« antworteten in der Umfrage vom Oktober 2021 38 Prozent der Befragten mit »Ja«, weitaus mehr als bei den anderen Wahlen seit 1994.[34]

33 Vgl. Thomas Petersen, Eine Vor-Nach-Wahlbetrachtung, in: Die Politische Meinung, 66. Jg. (2021), Nr. 570, S. 21–26.

34 Vgl. Allensbacher Archiv, IfD-Umfrage Nr. 12 044.

Abbildung 6: Die Bedeutung des Eindrucks der Einigkeit. Frage: »Glauben Sie, dass die CDU/CSU im Großen und Ganzen einig oder zerstritten ist?« (Angaben in Prozent)

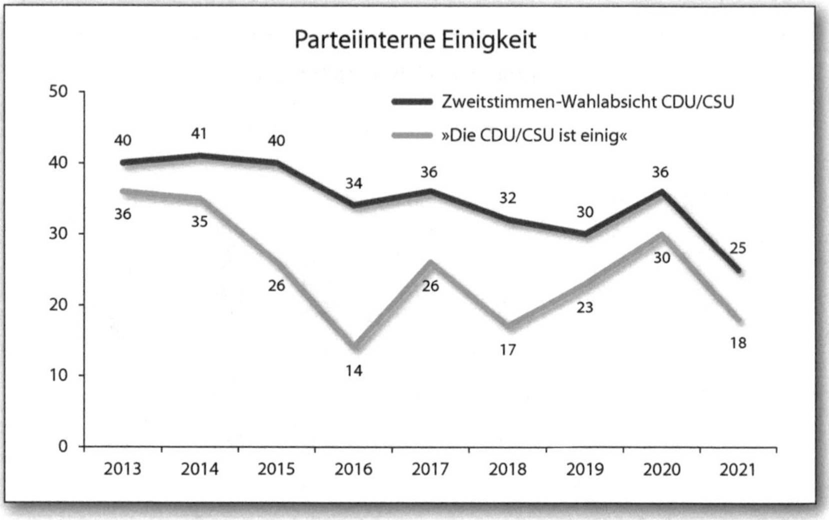

Quelle: eigene Darstellung, Daten: Allensbacher Archiv, IfD-Umfragen. 2013–2020: Jahresdurchschnitte; 2021: Nr. 12 043.

6. Die Bedeutung des Eindrucks der Geschlossenheit

In einer Zeit, in der die Bindungen der Bürger an die Parteien schwächer werden und dementsprechend die Zahl der Wähler steigt, die sich von Wahl zu Wahl neu und erst kurz vor dem Wahltermin spontan entscheiden, wird die »Tagesform« einer Partei, das Erscheinungsbild, das sie in der letzten Phase vor der Wahl abgibt, immer wichtiger. Und eben hier ist wahrscheinlich der Schlüssel zum Verständnis des wohl bedeutendsten Ergebnisses der Wahl, dem historisch schwachen Abschneiden der CDU/CSU, zu suchen.

Die vielleicht sicherste und am besten dokumentierte Erkenntnis der Wahlforschung der letzten sieben Jahrzehnte besagt, dass die Chancen einer Volkspartei, eine Wahl zu gewinnen, eng mit dem Ausmaß verbunden sind, in dem diese Partei von der Bevölkerung als geschlossen wahrgenommen wird.[35]

35 Vgl. das Kapitel »Zerstörung der Wahlchancen einer Volkspartei durch den Eindruck der Zerstrittenheit«, in: Elisabeth Noelle-Neumann / Renate Köcher (Hrsg.), *Allensbacher Jahrbuch der Demoskopie 1993–1997*, München 1997, S. 846–849.

Seit den Tagen Adenauers stellt das Institut für Demoskopie Allensbach seinen Befragten regelmäßig die Frage »Glauben Sie, dass die CDU/CSU im Großen und Ganzen einig oder zerstritten ist?« Die gleiche Frage wird ebenso regelmäßig über die SPD gestellt. Im September 2021 lag der Anteil derjenigen, die die CDU/CSU als geschlossen bezeichneten, bei 18 Prozent. 57 Prozent hielten die Unionsparteien dagegen für zerstritten. Ganz anders sahen die Ergebnisse bei der SPD aus, die zum gleichen Zeitpunkt 39 Prozent als einig und nur 20 Prozent als zerstritten ansahen.[36]

Die Antworten auf diese Frage hängen bemerkenswert eng mit den Angaben der Befragten über ihre Wahlabsicht zusammen: Steigt der Anteil derjenigen, die eine Partei für geschlossen halten, steigt auch in gleichem Maße die Zahl derer, die die Partei wählen wollen. Sinkt der Anteil derer, die die Partei als geschlossen bezeichnen, sinkt auch deren Wählerpotenzial. Abbidung 6 zeigt dies am Beispiel der CDU/CSU für die Jahre von 2013 bis 2021. Sicherlich haben auch programmatische Defizite und die Auswahl ihres Kanzlerkandidaten zur Niederlage der Unionsparteien beigetragen. Doch letztlich war höchstwahrscheinlich der Eindruck der Geschlossenheit entscheidend. Eine Partei, bei der die Bürger den Eindruck haben, dass sie intern zerstritten ist, hat keine Chance, die Mehrheit hinter sich zu versammeln.

36 Vgl. Allensbacher Archiv, IfD-Umfrage Nr. 12 043.

III. Auswirkungen und Perspektiven

Regeln und Risiko

Das reformierte Wahlsystem im Praxistest der Bundestagswahl 2021

Jörg Siegmund

1. Das Wahlverfahren als Stabilitätsgarant und Reformgegenstand

Wenn in den Tagen und Wochen nach einer Bundestagswahl deren Ergebnisse analysiert werden, stehen häufig die Wählerinnen und Wähler im Mittelpunkt des Interesses. Wer hat wen gewählt – und warum? Demoskopen liefern Daten und Deutungen, sezieren das Wahlverhalten bestimmter Bevölkerungsgruppen und verweisen als Erklärungsfaktoren in der Regel auf die programmatischen und personellen Angebote der Parteien sowie auf deren Aktivitäten im Wahlkampf. Es geht um politische Themen, Interessen und Forderungen, um Kandidaten und Kandidatinnen, um die Nutzung bestimmter Kommunikationskanäle und -strategien und deren Wirkungen auf die Wahlberechtigten. Im Fokus der Analyse stehen somit Angebot und Nachfrage im Wahlkampf als die zentralen Einflussgrößen auf das Wahlergebnis.

Was dabei jedoch häufig als Erklärungsfaktor ausgeblendet wird, ist das Wahlsystem und dessen Effekte auf das Wahlverhalten und die Mandatsvergabe. Indem das Wahlsystem die Regeln bereitstellt, nach denen erstens die Wähler ihre jeweiligen politischen Präferenzen für bestimmte Themen und Gestaltungsoptionen in Stimmen für Parteien oder Kandidaten ausdrücken können und zweitens diese Stimmen in Mandate übertragen werden,[1] bildet es einen wichtigen Teil des institutionellen Rahmens, innerhalb dessen sich Angebot und Nachfrage erst entfalten können. Das Wahlsystem ist dabei keineswegs ergebnisneutral. Es übt »psychologische Effekte« auf die Wahlberechtigten aus, indem es bestimmte Formen der Stimmabgabe als

1 Vgl. Dieter Nohlen, *Wahlrecht und Parteiensystem. Zur Theorie und Empirie der Wahlsysteme*, 7. Aufl., Opladen/Toronto 2014, S. 67.

besser geeignet erscheinen lässt, um die eigenen Präferenzen tatsächlich im künftigen politischen Entscheidungsprozess zur Geltung zu bringen. Und es entfaltet »mechanische Effekte« bei der Mandatsvergabe, weil eine gegebene Stimmverteilung auf ganz unterschiedliche Weise in Sitze übertragen werden kann.[2] Das Wahlsystem entscheidet folglich mit über die künftige Verteilung politischer Macht – und Wahlsystemfragen sind immer auch Machtfragen.

Aus diesem Grund sind das Wahlsystem und andere Elemente des Wahlrechts im weiteren Sinne in vielen Staaten verfassungsrechtlich verankert und somit dem einfachen Zugriff der jeweiligen Parlamentsmehrheit entzogen. Nicht so in Deutschland. Weil die Ausgestaltung des Wahlsystems für den Deutschen Bundestag schon im Parlamentarischen Rat äußerst umstritten war und auch zwischen diesem und den Militärgouverneuren und Ministerpräsidenten Meinungsverschiedenheiten bestanden,[3] wurde das Bundeswahlrecht nicht im Grundgesetz festgeschrieben, sondern nur einfachgesetzlich geregelt. Diese verfassungsrechtliche Offenheit in wahlrechtlichen Fragen einschließlich der Entscheidung für ein bestimmtes Wahlsystem räumt dem Gesetzgeber bis heute einen weitgehenden, auch vom Bundesverfassungsgericht immer wieder anerkannten Gestaltungsspielraum ein.[4]

Anders als man vor diesem Hintergrund vermuten könnte, wurde das Bundestagswahlsystem in den ersten Jahrzehnten der Bundesrepublik jedoch nur selten zum Spielball parteipolitischer Interessen. Nach einigen Änderungen des 1949 verabschiedeten Bundeswahlgesetzes in den Jahren 1953 und 1956 galten die entsprechenden Regelungen bis in die erste Dekade des

---

2 Dieter Nohlen, Zur Reform von Wahlsystemen. Internationale Erfahrungen und der deutsche Fall, in: Zeitschrift für Politik, 58. Jg. (3/2011), S. 310–323, hier S. 310.

3 Zur Entstehung des Bundeswahlgesetzes vgl. Jörg Siegmund, Scheitern mit Ansage: Das Wahlsystem für den Deutschen Bundestag, in: Ursula Münch / Heinrich Oberreuter / Jörg Siegmund (Hrsg.), *Komplexe Farbenlehre. Perspektiven des deutschen Parteiensystems im Kontext der Bundestagswahl 2017*, Frankfurt/New York 2021, S. 33–79, hier S. 36f. sowie Florian Grotz / Robert Vehrkamp, Das Wahlsystem von 2013: Entstehung, Funktionsweise und Reformbedarf, in: Joachim Behnke / Frank Decker / Florian Grotz Robert Vehrkamp / Philipp Weinmann (Hrsg.), *Reform des Bundestagswahlsystems. Bewertungskriterien und Reformoptionen*, Gütersloh 2017, S. 15–39, hier S. 16f.; Gerd Strohmeier, Vergangene und zukünftige Reformen des deutschen Wahlsystems, in: Ders. (Hrsg.), *Wahlsystemreform* (= ZPol-Sonderband 2009), Baden-Baden 2009, S. 11–44, hier S. 13–15.

4 BVerfGE 95, 335 (349), BVerfGE 131, 316 (334f.). Kritisch hingegen Hans Meyer, § 45 Demokratische Wahl und Wahlsystem, in: Josef Isensee / Paul Kirchhof (Hrsg.), *Handbuch des Staatsrechts der Bundesrepublik Deutschland, Bd. 3,* 3. Aufl., Heidelberg 2005, S. 521–542, hier Rn. 35f.

21. Jahrhunderts weitegehend unverändert.[5] Das Wahlsystem für den Bundestag hatte sich damit – anders als seine von Kontroversen und Zufälligkeiten geprägte Entstehungsgeschichte nahegelegt hätte – über einen sehr langen Zeitraum als ein institutioneller Stabilitätsanker des politischen Systems der Bundesrepublik erwiesen.

Diese Situation hat sich inzwischen jedoch dramatisch gewandelt. Verantwortlich hierfür sind die veränderten gesellschaftlichen Rahmenbedingungen, unter denen das Wahlsystem seine Wirkungen entfaltet, wobei zwei Ebenen unterschieden werden können. Zum einen führen die Veränderungen unserer Gesellschaft – hierzu zählen etwa deren zunehmende Ausdifferenzierung und die damit einhergehende größere Fragmentierung des Parteiensystems – dazu, dass bestimmte Effekte des Wahlsystems heute häufiger und stärker eintreten als früher. Und zum anderen wirkt sich der gesellschaftliche Wandel auch auf die Erwartungen aus, die die Gesellschaft an die Funktionsweise des Wahlsystems richtet. Effekte, die über einen langen Zeitraum als akzeptabel erschienen, werden nunmehr mitunter anders bewertet und geraten auch unter verfassungsrechtlichen Rechtfertigungsdruck. Hierzu zählt etwa die Verzerrung des Parteienproporzes im Bundestag oder die Tatsache, dass sich ein mehr als nur marginaler Teil der abgegebenen Stimmen nicht auf die Mandatsverteilung auswirkt, weil die entsprechenden Parteien an den Sperrhürden scheitern.

Die Folge dieser gesellschaftlichen Veränderungen ist eine Reformkaskade, der das Bundestagswahlsystem seit dem Jahr 2008 ausgesetzt ist.[6] Auslöser für die einzelnen Reformschritte waren einerseits verschiedene Entscheidungen des Bundesverfassungsgerichts, mit denen es Regelungen des Bundeswahlgesetzes für verfassungswidrig erklärte und damit gesetzgeberischen Handlungsbedarf auslöste. Andererseits gingen Reformimpulse auch von der Wissenschaft, vor allem aber von den Parteien selbst aus, die zunehmend gewillt erscheinen, die eigenen politischen Interessenlagen bei der Gestaltung des Wahlrechts zur Geltung zu bringen. Hierauf deutet die Tatsache hin, dass mehrere Änderungen des Bundeswahlgesetzes in der letzten Zeit – entgegen einer jahrzehntelangen bundesdeutschen Tradition – nur von der jeweiligen Parlamentsmehrheit gegen das Votum der Opposition durchgesetzt wurden.

5 Vgl. ausführlich Nohlen, Wahlrecht (Anm. 1), S. 367–402.
6 Vgl. im Einzelnen Siegmund, Scheitern (Anm. 3), S. 43–57.

In Gang gesetzt wurde der Reformprozess im Jahr 2008 durch ein Urteil des Bundesverfassungsgerichts.[7] Dieses hatte im Rahmen von Wahlprüfungsbeschwerden festgestellt, dass die Regelungen des Bundeswahlgesetzes, die den Effekt des negativen Stimmgewichts ermöglichten,[8] verfassungswidrig waren. Die Richter urteilten, dass das negative Stimmgewicht gegen die Gleichheit und Unmittelbarkeit der Wahl verstoße, weil ein Wähler vor der Stimmabgabe nicht in jedem Fall erkennen könne, ob sich seine Stimmabgabe vor- oder nachteilig auf eine bestimmte Partei auswirkt.[9] Die großzügige Frist bis zum 30. Juni 2011, die das Bundesverfassungsgericht dem Parlament für die Neuregelung des Wahlsystems gesetzt hatte, verstrich jedoch weitgehend ungenutzt.

Der Bundestag verabschiedete daher erst Ende September 2011 die erforderliche Änderung des Bundeswahlgesetzes – nur mit den Stimmen der damaligen Regierungskoalition aus CDU/CSU und FDP und gegen die Stimmen der drei Oppositionsparteien SPD, Die Linke und Bündnis 90/Die Grünen.[10] Die Neuregelung, die am 3. Dezember 2011 in Kraft trat,[11] gestaltete das Verfahren der Mandatsvergabe grundlegend um – und wurde bereits kurz

7 BVerfGE 121, 266. Bei aller Zustimmung im Ergebnis erfuhr das Urteil auch deutliche Kritik wegen der ausschließlichen Verengung auf das Phänomen des negativen Stimmgewichts. Vgl. Dieter Nohlen, Erfolgswertgleichheit als fixe Idee oder: zurück zu Weimar? Zum Urteil des Bundesverfassungsgerichts über das Bundeswahlgesetz vom 3. Juli 2008, in: Zeitschrift für Parlamentsfragen, 40. Jg. (1/2009), S. 179–195; Strohmeier, Reformen (Anm. 3), S. 34f.

8 Das negative Stimmgewicht bezeichnet einen Effekt, bei dem ein Zugewinn an Stimmen für eine Partei zu einem Verlust an Mandaten genau dieser Partei führt beziehungsweise umgekehrt ein Stimmenverlust einen Zugewinn an Mandaten für diese Partei bewirkt. Vgl. Thomas Wolf, *Das negative Stimmgewicht als wahlgleichheitswidriger Effekt – Auswirkungen, Bewertung und Chancen einer Neuregelung. Staatsrechtliche Determinanten für ein verfassungskonformes Wahlsystem*, Berlin 2016, S. 33–36; Sophie-Charlotte Lenski, Paradoxien der personalisierten Verhältniswahl, in: Archiv des öffentlichen Rechts, 134. Jg. (4/2009), S. 473–512, hier S. 490–495.

9 BVerfGE 121, 266 (299, 307).

10 Deutscher Bundestag, Plenarprotokoll 17/130, S. 15320–15322. Der Gesetzentwurf von CDU/CSU und FDP datiert vom 28. Juni 2011 (Deutscher Bundestag, Drucksache 17/6290). Bündnis 90/Die Grünen hatten hingegen schon 2009, noch vor der Bundestagswahl in jenem Jahr, einen eigenen Gesetzentwurf eingebracht (Deutscher Bundestag, Drucksache 16/11885). Diese Fraktion legte auch in der folgenden Legislaturperiode im Februar 2011 den ersten Gesetzentwurf zur Änderung des Bundeswahlgesetzes vor, auf den die Gesetzentwürfe der SPD und der Linken folgten (Deutscher Bundestag, Drucksache 17/4694; Drucksache 17/5895, Drucksache 17/5896).

11 Bundesgesetzblatt 2011, Teil I, Nr. 60 vom 2. Dezember 2011, S. 2313.

darauf im Rahmen mehrerer miteinander verbundener Verfahren wiederum dem Bundesverfassungsgericht zur Prüfung vorgelegt.

Das Gericht stellte daraufhin am 25. Juli 2012 fest, dass mehrere Regelungen des geänderten Wahlgesetzes gegen das Grundgesetz verstießen, weil auch sie die Grundsätze der Gleichheit und Unmittelbarkeit der Wahl sowie der Chancengleichheit der Parteien verletzten.[12] Maßgeblich hierfür war, dass auch das von Union und FDP beschlossenen Sitzzuteilungsverfahren den Effekt des negativen Stimmgewichts nicht vollständig verhindern konnte. Außerdem urteilten die Richter, dass die auf Wunsch der FDP vorgesehene Verwertung von Reststimmen nichtig war und dass die von der Union befürwortete Möglichkeit, auch künftig sogenannte Überhangmandate ohne Ausgleich für die anderen Parteien zuzulassen, zumindest dann gegen das Grundgesetz verstieß, wenn dadurch der Proporz zwischen den Parteien über ein gewisses Maß hinaus verzerrt wird. Dieses Urteil hatte gravierende Folgen: Weil das Gericht bestimmte Regelungen des Bundeswahlgesetzes für nichtig erklärt hatte, gab es fortan auf Bundesebene kein gültiges Wahlrecht mehr – und das nur ein gutes Jahr vor der kommenden Bundestagswahl. Vor diesem Hintergrund war Eile geboten, wobei die abermalige Neuregelung der Vorschriften im Konsens aller Parteien angestrebt wurde.

Dies gelang auch fast, sodass die Fraktionen von CDU/CSU, SPD, Bündnis 90/Die Grünen und FDP am 11. Dezember 2012 einen gemeinsamen Gesetzentwurf vorlegten,[13] der Anfang 2013 im Bundestag beraten wurde. Angesichts des großen Zeitdrucks schied dabei eine umfassende Reform des Wahlsystems, die das Entstehen von Überhangmandaten als Auslöser des negativen Stimmgewichts bereits im Ansatz verhindert hätte, aus.[14] Die angestrebte Änderung des Bundeswahlgesetzes zielte vielmehr darauf ab, Überhangmandate durch sogenannte Ausgleichsmandate zu neutralisieren. Nachdem der Gesetzentwurf das parlamentarische Verfahren durchlaufen hatte, konnte die Neuregelung am 9. Mai 2013 in Kraft treten.[15] Sie bildete die Grundlage für die Bundestagswahlen 2013 und 2017, deren Ergebnisse allerdings fortbestehende Schwächen des Wahlsystems offenbarten. Hier ist

12 BVerfGE 131, 316.

13 Deutscher Bundestag, Drucksache 17/11819. Die Linke hatte einen eigenen Gesetzentwurf eingebracht (Deutscher Bundestag, Drucksache 17/11821).

14 Zu den Einflussfaktoren auf die Reform vgl. Florian Grotz, Reform der Reform? Eine kritische Würdigung des neuen Bundestagswahlsystems, in: Tobias Mörschel (Hrsg.), *Wahlen und Demokratie. Reformoptionen des deutschen Wahlrechts*, Baden-Baden 2016, S. 77–99, hier S. 94.

15 Bundesgesetzblatt 2013, Teil I, Nr. 22 vom 8. Mai 2013, S. 1082.

vor allem die Vergrößerung des Bundestages zu nennen, dessen Mitgliederzahl nach den genannten Wahlen auf 631 beziehungsweise 709 Abgeordnete anwuchs und damit die gesetzliche Anzahl von 598 Abgeordneten jeweils deutlich überstieg. Angesichts dieser unerwünschten Effekte bestand nach der Wahl 2017 ein parteiübergreifendes Einvernehmen, das Bundeswahlgesetz nochmals zu ändern, um vor allem die Zunahme der Mandate einzudämmen.

Allerdings verging erneut sehr viel Zeit, ehe die Mehrheitsfraktionen von Union und SPD am 15. September 2020 einen gemeinsam getragenen Gesetzentwurf vorlegten.[16] Er zielte darauf ab, schon das Entstehen von Überhangmandaten teilweise zu verhindern, und rückte ansonsten vom erst 2013 eingeführten vollständigen Ausgleich der Überhangmandate wieder ab. Außerdem reduzierte er die Anzahl der Wahlkreise, allerdings erst aber dem Jahr 2024. Dieser Entwurf wurde nach einem äußerst zügig durchgeführten Gesetzgebungsverfahren bereits wenige Wochen später vom Bundestag verabschiedet und trat am 19. November 2020 in Kraft,[17] sodass auf seiner Grundlage die Bundestagswahl 2021 stattfinden konnte. Ein gegen diese Neuregelung erhobener abstrakter Normenkontrollantrag von 216 Mitgliedern des Deutschen Bundestages aus den Fraktionen Bündnis 90/Die Grünen, Die Linke und FDP wurde 2023 vom Bundesverfassungsgericht als unbegründet zurückgewiesen.[18]

Die hier nur kursorisch skizzierten Reformbemühungen seit dem Jahr 2008 zeigen, dass es sich jeweils um minimalinvasive, am Status quo orientierte Änderungen des Wahlsystems gehandelt hat. Das Versäumnis, die problematischen Effekte des Wahlverfahrens nicht nur symptomatisch zu beheben, sondern ursächlich zu verhindern, war einerseits dem – auch durch das Zögern der Parteien selbst verursachten – Zeitdruck geschuldet, unter dem die Wahlrechtsreformen standen. Es ist andererseits aber auch auf die Interessengegensätze der Parteien bei der Ausgestaltung des Wahlsystems zurückzuführen, bei der es wie eingangs erläutert stets auch um politische Machtfragen geht. Diese für Wahlsystemreformen durchaus typische Pfadab-

16 Deutscher Bundestag, Drucksache 19/22504. Zuvor hatten bereits FDP, Linke und Bündnis 90/Die Grünen einen eigenen Gesetzentwurf vorgelegt (Deutscher Bundestag, Drucksache 19/14672), die AfD folgte ebenfalls mit einem Gesetzentwurf (Deutscher Bundestag, Drucksache 19/22894).

17 Bundesgesetzblatt 2020, Teil I, Nr. 52 vom 18. November 2020, S. 2395.

18 BVerfG, Urteil des Zweiten Senats vom 29. November 2023 – 2 BvF 1/21. Zu den weiteren Änderungen des Wahlsystems aus dem Jahr 2023 siehe unten Abschnitt 4.

hängigkeit[19] führte im Falle des Bundeswahlgesetzes zu einer hochgradigen Komplexität der Regelungen, die nicht nur schwer verständlich sind.[20] Das Regelungsgeflecht ist vielmehr auch hinsichtlich seiner Auswirkungen mitunter kaum vorhersehbar. Ansgar Heveling, Justiziar der CDU/CSU-Fraktion im Deutschen Bundestag, brachte all diese Vorbehalte bei einer Plenardebatte 2020 auf den Punkt: »Unser Wahlrecht hat sich grundsätzlich bewährt. Aber durch Änderungen, zu denen wir uns auch durch Entscheidungen des Bundesverfassungsgerichts veranlasst sahen, [...] ist das geltende Wahlrecht zum Risikofaktor geworden.«[21]

2. Das Wahlsystem für die Bundestagswahl 2021

2.1 Grundsätzliche Systematik der personalisierten Verhältniswahl

Die Abgeordneten des Deutschen Bundestages werden gemäß § 1 Absatz 1 Satz 2 Bundeswahlgesetz »nach den Grundsätzen einer mit der Personenwahl verbundenen Verhältniswahl gewählt.« Diese Formulierung verdeutlicht, dass das Bundestagswahlsystem zwei unterschiedliche Wahlverfahren miteinander verbindet, was auf Ebene der Stimmvergabe seit 1953 auch dadurch zum Tragen kommt, dass es sich um ein Zweistimmensystem handelt.

Die *Erststimme* verwirklicht dabei die Personenwahl, denn mit ihr votiert jeder Wähler für einen Kandidaten in seinem Wahlkreis. Das Bundesgebiet ist hierfür in 299 Wahlkreise eingeteilt, in denen jeweils ein Direktmandat vergeben wird. Dieses Direktmandat erringt in jedem Wahlkreis derjenige Kandidat, der mehr Erststimmen auf sich vereint als jeder seiner Mitbewerber. Die Mandatsvergabe mit der Erststimme erfolgt somit nach dem Verfahren der relativen Mehrheitswahl in Einerwahlkreisen. Auf diesem Wege werden folglich 299 Abgeordnete gewählt, also genau die Hälfte der gesetzlichen Mitgliederzahl des Bundestages.

19 Vgl. Jonathan Klatt, Die Abkehr vom etablierten Wahlsystem. Ein Vergleich der Reformbestrebungen in Italien, Japan, Neuseeland und Kanada, in: Zeitschrift für Parlamentsfragen, 47. Jg. (1/2016), S. 156–175, hier S. 158.

20 Kritisch schon zur Ausgangslage 2008 das Bundesverfassungsgericht, BVerfGE 121, 266 (316). Vgl. auch die entsprechenden Anmerkungen des Abgeordneten Volker Beck, Deutscher Bundestag, Plenarprotokoll 17/222, S. 27598.

21 Deutscher Bundestag, Plenarprotokoll 19/171, S. 21438.

Demgegenüber trägt die *Zweitstimme* der Verhältniswahl Rechnung. Sie wird an die Landesliste einer Partei vergeben, bei der es sich um eine geschlossene Liste handelt. Das bedeutet, dass der Wähler eine Liste nur in der vorgegebenen Form wählen kann und keine Möglichkeit hat, auf die Reihenfolge der Kandidaten Einfluss zu nehmen. Damit unterscheidet sich die Bundestagswahl von vielen Kommunalwahlen oder auch von der Wahl des Bayerischen Landtags, bei denen die Wähler die Reihung der Kandidaten auf den offenen Listen durch Ankreuzen einzelner Bewerber verändern können. Die Tatsache, dass es sich um Landeslisten der Parteien und nicht um deren Bundeslisten handelt, spiegelt wiederum den föderalen Aufbau der Bundesrepublik wider und soll auch im Rahmen der Verhältniswahl eine regional ausgewogene Repräsentanz der Bevölkerung im Bundestag sicherstellen. Der Charakter der Verhältniswahl wird bei der Zweitstimme dadurch verwirklicht, dass sie über den Mandatsanteil entscheidet, den eine Partei im Bundestag erringt. Der Anteil, den eine Partei mit ihren verschiedenen Landeslisten an allen bundesweit abgegebenen und für die Mandatsverteilung relevanten Zweitstimmen erringt, bestimmt dabei den Anteil, den diese Partei an allen zu vergebenden 598 Mandaten erhält. Die Stärke einer Partei im Bundestag richtet sich somit grundsätzlich nach ihrem bundesweiten Zweitstimmenanteil.

Allerdings dürfen nicht alle Parteien an dieser Mandatsvergabe anhand des Zweitstimmenanteils teilnehmen, weil sonst sehr viele Parteien Sitze erringen würden, was die Regierungsbildung und Entscheidungsfindung im Bundestag möglicherweise erschweren könnte. Mandatsberechtigt sind folglich nur diejenigen Parteien, die mindestens eine der beiden *Sperrhürden* überwinden konnten. Dabei handelt es sich einerseits um die Fünfprozenthürde und andererseits um die Grundmandatsklausel.[22] Eine Partei erhält somit nur dann Mandate entsprechend ihrem Zweitstimmenanteil, wenn sie entweder mindestens 5 Prozent der bundesweit abgegebenen gültigen Zweitstimmen erringen konnte oder mindestens drei Direktmandate in den Wahlkreisen gewonnen hat. Parteien, die an beiden Sperrhürden scheitern, sind nicht im Bundestag vertreten – es sei denn, sie haben ein oder zwei Direktmandate errungen, die sie auch dann besetzen können.

Die im Bundeswahlgesetz ausdrücklich angesprochene Verbindung der beiden Wahlverfahren – der Personenwahl mit der Erststimme und der

22 Die Grundmandatsklausel galt bei der Bundestagswahl 2021 in unveränderter Form und wurde erst im Zuge der Wahlrechtsreform 2023 für künftige Bundestagswahlen abgeschafft; siehe dazu unten Abschnitt 4.

Parteienwahl mit der Zweitstimme – wird im Rahmen der Sitzzuteilung hergestellt, und zwar auf Ebene der Länder. Mandate, die einer Partei aufgrund ihres Zweitstimmenanteils in einem Land zustehen, werden zuerst mit den in diesem Land mit den Erststimmen gewählten Wahlkreissiegern, also den Gewinnern der Direktmandate, dieser Partei besetzt. Wenn der Partei dann immer noch Mandate verbleiben, weil sie in diesem Land weniger Direktmandate errungen hat, als ihr Sitze nach dem Zweitstimmenanteil zustehen, kommen die Kandidaten der entsprechenden Landesliste zum Zuge. Die mit der Erststimme gewählten Abgeordneten beeinflussen also grundsätzlich nicht die Stärkeverhältnisse der Parteien im Bundestag, sondern nur die personelle Zusammensetzung der jeweiligen Fraktionen. Aufgrund der Verbindung dieser beiden Wahlverfahren wird zudem erkennbar, dass es sich bei der personalisierten Verhältniswahl genau darum handelt: um eine Variante der Verhältniswahlsysteme, nicht aber um ein Grabenwahlsystem oder sonstige Kombination aus Verhältnis- und Mehrheitswahl.[23]

Problematisch kann diese Verbindung der beiden Wahlverfahren in den Fällen werden, in denen eine Partei in einem Land mit den Erststimmen mehr Direktmandate gewinnt, als ihr Sitze aufgrund des Zweitstimmenanteils zustehen. Verbleiben dieser Partei alle gewonnenen Direktmandate, entstehen ohne weitere Vorkehrungen im Sitzzuteilungsverfahren sogenannte Überhangmandate.[24] Bei diesen Überhangmandaten handelt es sich folglich um zusätzliche Sitze, die den Proporz zwischen den Parteien verzerren, der mit der Vergabe der Mandate aufgrund der Zweitstimmenanteile grundsätzlich angestrebt wird. Parteien, die Überhangmandate erhalten, sind somit im Bundestag überrepräsentiert.

23 Vgl. Nohlen, Wahlrecht (Anm. 1), S. 397; Hans Meyer, § 46 Wahlgrundsätze, Wahlverfahren, Wahlprüfung, in: Josef Isensee / Paul Kirchhof (Hrsg.), *Handbuch des Staatsrechts der Bundesrepublik Deutschland, Bd. 3,* 3. Aufl., Heidelberg 2005, S. 543–603, Rn. 75. Zu den Grundwahlsystemen Verhältnis- und Mehrheitswahl vgl. Joachim Behnke / Florian Grotz / Christof Hartmann, *Wahlen und Wahlsysteme,* Berlin/Boston 2017, S. 88–93. Zur Bezeichnung »personalisierte Verhältniswahl« auch BVerfGE 6, 84 (96) und ständige Rechtsprechung.

24 Die Regelungen zur Vergabe der Direktmandate wurden mit der Wahlrechtsreform 2023 grundlegend geändert, um das Entstehen von Überhangmandaten zu verhindern; siehe dazu unten Abschnitt 4. Vgl. zu den Überhangmandaten nach der bis 2013 gültigen Rechtslage Joachim Behnke, *Das Wahlsystem der Bundesrepublik Deutschland. Logik, Technik und Praxis der Verhältniswahl,* Baden-Baden 2007, S. 182–195.

2.2 Der Umgang mit Überhangmandaten

Mit den Überhangmandaten entsteht daher ein Dilemma zwischen zwei Zielvorgaben für das Wahlsystem, die ohne weitere Maßnahmen nicht miteinander in Einklang zu bringen sind. Dabei handelt es sich um die Vorgaben, dass

- (V1) die in den Wahlkreisen gewonnenen Direktmandate vollständig erhalten bleiben;
- (V2) die Parteien proportional zu ihrem jeweiligen Anteil am Zweitstimmenaufkommen aller Parteien im Bundestag repräsentiert werden (Interparteienproporz).

Sie werden ergänzt um zwei weitere Zielvorgaben für das Wahlsystem, die fordern dass

- (V3) auch die Landeslisten einer Partei proportional zu ihren Anteilen am bundesweiten Zweitstimmenaufkommen der Partei Mandate erhalten (Intraparteienproporz);
- (V4) der Bundestag die Regelgröße von 598 Mitgliedern einhält.

Diese vier Zielvorgaben benennen die Ansatzpunkte, mit deren Hilfe das aus den Überhangmandaten resultierende Dilemma gelöst werden kann.[25] Alle vier Vorgaben einzuhalten, ist nicht möglich, sodass eine Entscheidung getroffen werden muss, welches dieser vier Kriterien eingeschränkt beziehungsweise aufgegeben werden soll, um die anderen zu verwirklichen. Dabei sind die eingangs skizzierten Reformansätze seit 2011 sehr unterschiedliche Wege gegangen.

Die bis zum Urteil des Bundesverfassungsgerichts von 2012 gültigen Regelungen räumten dem Erhalt der gewonnenen Direktmandate (V1) oberste Priorität ein, weil sie das Entstehen von *Überhangmandaten ohne Ausgleich* für die anderen Parteien zuließen. Damit einher ging eine deutliche Verletzung des Interparteienproporzes (V2), wobei die Überhangmandate, die eine Partei in einzelnen Ländern erzielte, auch deren Intraparteienproporz (V3) verzerrten und zu einer mehr oder minder deutlichen Überschreitung der gesetzlichen Regelgröße des Bundestages (V4) führten.

Mit der 2013 erfolgten Änderung des Bundeswahlgesetzes, auf deren Grundlage die Bundestagswahlen 2013 und 2017 stattfanden, wurde ein

25 Zu den vier Zielvorgaben vgl. Joachim Behnke, Die Unausweichlichkeit der Reform des Wahlsystems nach seinem offenkundigen Scheitern bei der Bundestagswahl 2017, in: Jahrbuch des öffentlichen Rechts der Gegenwart, 67. Jg. (2019), S. 23–49, hier S. 40.

grundsätzlicher Wandel vollzogen. Da Überhangmandate bei beiden Wahlen *vollständig mit Ausgleichsmandaten* für die anderen Parteien aufgewogen wurden, konnten sowohl alle gewonnenen Direktmandate erhalten (V1) als auch der Interparteienproporz bestmöglich eingehalten (V2) werden, womit die Erfolgswertgleichheit der Zweitstimmen verwirklicht wurde. Diese Ausgleichslösung ging allerdings erkennbar zulasten der Regelgröße des Bundestages (V4), die in beiden Wahlen deutlich überschritten wurde, und auch der Intraparteienproporz konnte aufgrund des gewählten Sitzzuteilungsverfahrens nicht eingehalten werden (V3).

Die vor diesem Hintergrund 2020 vorgenommen Änderungen des Wahlsystems, mit denen die Regelungen für die Bundestagswahl 2021 geschaffen wurden, haben die Einschränkungen der oben genannten Vorgaben neu justiert, indem bis zu *drei Überhangmandate nicht mehr ausgeglichen* wurden. Somit blieben weiterhin alle von einer Partei errungenen Direktmandate erhalten (V1), der Interparteienproporz wurde immerhin weitgehend, aber nicht mehr vollständig eingehalten (V2) und die Regelgröße des Bundestages wurde nicht mehr ganz so deutlich überschritten wie vor dieser Modifikation (V4). Aufgrund einer zusätzlich vorgenommenen Änderung des Sitzzuteilungsverfahrens, die zu einer *teilweisen parteiinternen Kompensation von Überhangmandaten* mit Sitzansprüchen der betroffenen Partei aus anderen Ländern führte, wurde der Intraparteienproporz zudem besser gewahrt als noch unter der bis 2020 geltenden Rechtslage (V3).[26]

Die skizzierten Änderungen des Wahlsystems verdeutlichen erneut den inkrementalistischen Ansatz, der bei allen Wahlrechtsreformen bis 2020 verfolgt wurde. Es ging stets um das Austarieren unterschiedlicher Zielvorgaben und um das Beheben unerwünschter Effekte durch minimalinvasive Veränderungen. Die einzige Konstante in diesem mehrjährigen Reformprozess war das Festhalten an der Vergabe der Direktmandate an den Kandidaten, der im jeweiligen Wahlkreis die meisten Erststimmen erringen konnte, auch wenn daraus Überhangmandate für seine Partei resultierten. Eine Einschränkung der entsprechenden Zielvorgabe (V1) stand damit bis 2020 nie zur Diskussion.

---

26 Hinzu kommt die moderate Reduzierung der Anzahl der Wahlkreise von 299 auf 280, die allerdings erst ab 2024 umgesetzt werden sollte und durch die Wahlrechtsreform 2023 bereits wieder abgeschafft wurde.

2.3 Das Sitzzuteilungsverfahren für die Bundestagswahl 2021

Bei dem 2013 mit der Einführung der Ausgleichsmandate grundlegend geänderten Sitzzuteilungsverfahren, das 2020 durch den Verzicht auf den Ausgleich von bis zu drei Überhangmandaten und der teilweisen Verrechnung von Überhangmandaten mit Listenmandaten derselben Partei in anderen Ländern nochmals modifiziert wurde, handelt es sich um ein mehrstufiges und recht komplexes Verfahren. Sein Verständnis wird auch dadurch erschwert, dass die Darstellung in der wissenschaftlichen Literatur, in Veröffentlichungen staatlicher Stellen, Materialien der politischen Bildungsarbeit oder in der Rechtsprechung einer unterschiedlichen Systematik folgt und dabei uneinheitliche Begriffe verwendet werden.[27] Die folgende Übersicht orientiert sich an der Terminologie und Systematik, die vielen wissenschaftlichen Publikationen zugrunde liegt.

Im Rahmen der *Ausgangsverteilung* werden zunächst alle 598 Sitze, die der gesetzlichen Regelgröße des Bundestages entsprechen,[28] auf die Länder verteilt. Dabei erfolgt die Zuweisung der Mandate an jedes Land proportional zu seinem Anteil an der deutschen Bevölkerung. Anschließend wird das Sitzkontingent eines jeden Landes auf die dortigen Landeslisten der Parteien verteilt, und zwar proportional zu deren Zweitstimmenanteilen. Wichtig ist festzuhalten, dass es sich dabei um eine rein rechnerische Zuordnung von Mandaten an die Landeslisten handelt, die für die späteren Schritte der Sitzzuteilung wichtig ist. Eine tatsächliche Vergabe von Mandaten an die Parteien beziehungsweise deren Landeslisten erfolgt in der Ausgangsverteilung noch nicht.

Anhand der Ergebnisse der Ausgangsverteilung können die *Mindestsitzansprüche* der verschiedenen Parteien im Bundestag berechnet werden. Dazu wird für jede Landesliste die Mandatszahl aus der Ausgangsverteilung mit der

---

27 Vgl. beispielhaft Behnke/Grotz/Hartmann, Wahlen (Anm. 23), S. 184, die ein dreistufiges Verfahren beschreiben. Anders hingegen die Bundeswahlleiterin, die von »zwei Verteilungsstufen, welche jeweils wiederum zwei Rechenschritte beinhalten« spricht. Siehe Bundeswahlleiterin (Hrsg.), *Wiederholung der Wahl zum 20. Deutschen Bundestag am 11. Februar 2024 in Teilen Berlins, Heft 3: Endgültige Ergebnisse nach Wahlkreisen*, Wiesbaden 2024 (online unter: www.bundeswahlleiterin.de/dam/jcr/83f70eba-4616-490b-8aba-0c3e90715885/w-btw21_heft3.pdf – letzter Zugriff: 13.05.2024), S. 408.

28 In seltenen, hier nicht relevanten Ausnahmefällen werden weniger als 598 Mandate zugrunde gelegt, siehe § 6 Absatz 1 Satz 3 Bundeswahlgesetz in der Fassung vom 19. November 2020.

Zahl der Direktmandate verglichen, die die entsprechende Partei in dem Land gewonnen hat. Ist die Zahl der Direktmandate höher – und drohen somit Überhangmandate[29] –, wird die Zahl der Direktmandate der Landesliste für die Berechnung der Mindestsitzansprüche zugeordnet. Ist hingegen die Mandatszahl aus der Ausgangsverteilung höher, dann wird der gerundete Mittelwert aus dieser Mandatszahl und der Zahl der gewonnenen Direktmandate berücksichtigt. In diesem Fall bringt eine Landesliste – anders als noch bis zur Wahlrechtsreform 2020 – also nicht mehr alle Mandate aus der Ausgangsverteilung in die Berechnung des Mindestsitzanspruchs ein, sondern weniger. Dieser Mittelwert spielt bei der späteren tatsächlichen Sitzverteilung auf die Landeslisten im Rahmen der Unterverteilung noch eine Rolle und ermöglicht die teilweise Kompensation von Überhangmandaten der Partei aus anderen Ländern.

Der bundesweite Mindestsitzanspruch einer Partei ergibt sich aus der Summe der auf diese Weise für jede ihrer Landeslisten festgestellten Werte. Sollte allerdings die Summe der Mandatsansprüche für die Landeslisten der Partei aus der Ausgangsverteilung höher sein, so ist dieser Wert der bundesweite Mindestsitzanspruch der Partei.

Auf Grundlage der Mindestsitzansprüche aller Parteien kann nun die tatsächliche Mandatsvergabe erfolgen. Dazu werden im Rahmen der *Oberverteilung* alle zu vergebenden Mandate auf die Parteien entsprechend ihrer bundesweiten Zweitstimmenanteile verteilt. Dabei wird die Gesamtzahl der zu vergebenden Sitze so lange erhöht, bis jede Partei bei dieser proportionalen Verteilung anhand der Zweitstimmenanteile tatsächlich mindestens so viele Mandate erhält, wie ihr aufgrund ihres Mindestsitzanspruchs zustehen.

Allerdings bleiben bei der Erhöhung der Gesamtzahl der Mandate seit der Wahlrechtsreform 2020 bis zu drei Überhangmandate, die in die Berechnung der Mindestsitzansprüche eingeflossen sind, unberücksichtigt.

---

29 In der Literatur wird für diese drohenden Überhangmandate auch der Begriff »Quasi-Überhangmandate« verwendet, weil sie zum Teil nur wegen der Bildung der Sitzkontingente der Länder bei der Ausgangsverteilung anhand der Bevölkerungszahlen entstehen. Würden die Sitzkontingente der Länder hingegen anhand ihres Anteils am bundesweiten Zweitstimmenaufkommen berechnet, würden diese drohenden Überhänge unter Umständen nicht anfallen. Umgekehrt kann es auch vorkommen, dass Überhangmandate, die bei Berechnung der Sitzansprüche allein anhand des Zweitstimmenanteils entstehen würden, in der Ausgangsverteilung auf Basis der Bevölkerungszahlen verdeckt werden. Vgl. Joachim Behnke, Das neue Wahlgesetz im Test der Bundestagswahl 2013, in: Zeitschrift für Parlamentsfragen, 45. Jg. (1/2014), S. 17–37, hier S. 20; Behnke, Unausweichlichkeit (Anm. 25), S. 28.

Die Gesamtzahl der zu vergebenden Mandate wird also nur so lange erhöht, bis die Parteien insgesamt bei der Verteilung der Mandate bis zu drei Sitze weniger erhalten, als sich aus den Mindestsitzansprüchen ergibt, sofern es sich bei diesen bis zu drei Sitzen um Überhangmandate handelt. Im Ergebnis erhält die Partei, die bei den Mindestsitzansprüchen gemessen an den Zweitstimmenanteilen am stärksten überrepräsentiert war, genau die Anzahl der Mandate aus ihrem Mindestsitzanspruch. Allen anderen Parteien werden bei der Oberverteilung hingegen mehr Sitze als ihre Mindestsitzansprüche zugewiesen – sie erhalten sogenannte Ausgleichsmandate.

Bei der anschließenden *Unterverteilung* werden die Sitzkontingente jeder Partei auf ihre Landeslisten proportional zu deren Zweitstimmenaufkommen verteilt. Eine Partei erhält in jedem Land aber mindestens so viele Sitze, wie ihrer Landesliste bei der Berechnung der Mindestsitzzahlen zugeordnet wurden – also entweder die Zahl ihrer Direktmandate oder der gerundete Mittelwert aus der Zahl der Direktmandate und der Mandatszahl, die im Rahmen der Ausgangsverteilung ermittelt wurde. Damit sind jeder Landesliste einerseits alle gewonnenen Direktmandate garantiert. Andererseits ermöglicht diese Mittelwertbildung, dass bestimmte Landeslisten weniger Sitze als nach ihrem Zweitstimmenanteil bekommen, um Überhangmandate derselben Partei in anderen Ländern auszugleichen. Der innerparteiliche Proporz (Intraparteienproporz) wird in diesem Fall verzerrt.

Wie schon die grundlegende Reform des Wahlsystems im Jahr 2013, so sind auch die erneuten Änderungen des Sitzzuteilungsverfahrens aus dem Jahr 2020 auf überwiegend sehr deutliche Kritik gestoßen.[30] Bereits die überbordende Komplexität und mangelnde Verständlichkeit der Regelungen im Bundeswahlgesetz mit ihren vielen Querverweisen und unbestimmten Formulierungen verstießen laut zahlreicher Experten gegen das Gebot der Normenklarheit.[31] Zwar verneinte der zuständige Zweite Senat des Bundesverfassungsgerichts in seinem Urteil vom 29. November 2023 mit fünf zu drei Richterstimmen einen entsprechenden Verstoß, aber die drei unterlegenen Richter machten in einem lesenswerten Sondervotum gravierende verfassungsrechtliche Bedenken geltend und resümierten, dass die entsprechenden

30 Vgl. Behnke, Wahlgesetz (Anm. 29) mit weiteren Nachweisen sowie für die 2020 erfolgten Änderungen Joachim Behnke, Das neue Bundeswahlgesetz der Großen Koalition von 2020. Eine Risikoanalyse, in: Zeitschrift für Parlamentsfragen, 51. Jg. (4/2020), S. 764–784.

31 Deutscher Bundestag, Ausschuss-Drucksache 19-4-584-B, S. 4f.

wahlrechtlichen Regelungen »ein für die Wählerinnen und Wähler undurchdringliches und unklares Regelungsgeflecht« darstellten.[32]

Mehr noch als diese mangelnde Verständlichkeit und Nachvollziehbarkeit des Sitzzuteilungsverfahrens stehen jedoch dessen Auswirkungen im Fokus der Kritik. An erster Stelle ist dabei die erhebliche Vergrößerung des Bundestages zu nennen, dessen Mitgliederzahl seit 2013 deutlich von der Normgröße abweicht. Besonders irritierend ist dabei, dass die Vergrößerung zum Teil auch schlicht auf nicht erforderliche Regelungen zum Beispiel bei der Ausgangsverteilung zurückzuführen ist, bei der die Sitzkontingente der Länder nach deren Bevölkerungszahlen und nicht nach deren Zweitstimmenaufkommen gebildet werden. Damit beeinflusst auch die unterschiedliche Höhe der Wahlbeteiligung in den Ländern oder der unterschiedlich hohe Stimmenanteil der Parteien, die an den Sperrhürden scheitern, die Überrepräsentation einzelner Parteien in der Ausgangsverteilung, was zu einer Vergrößerung des Bundestages führt.[33] Die 2020 vorgenommenen Änderungen haben diese Unzulänglichkeiten des Sitzzuteilungsverfahrens nicht beseitigt und sind auch darüber hinaus schon im Ansatz nicht geeignet, bei einem im Wesentlichen gleichbleibenden Wahlverhalten die Anzahl der Abgeordneten des Bundestages wieder in Richtung Normgröße zurückzuführen. Noch dazu greift diese Reform im Bemühen, ein weiteres Anwachsen der Mandatszahl zu verhindern, auf Mittel zurück, die ihrerseits unerwünschte Wirkungen entfalten. So führen die bis zu drei nicht ausgeglichenen Überhangmandate zu einer Verzerrung des Parteienproporzes im Bundestag und damit der Erfolgswertgleichheit der Zweitstimmen.

3. Die Bundestagswahl 2021 als Praxistest

Bei der Bundestagswahl 2021 konnten insgesamt acht Parteien entsprechend ihrem Zweitstimmenanteil in den Bundestag einziehen. Sechs Parteien – CDU, CSU, SPD, Bündnis 90/Die Grünen, FDP und AfD – errangen dabei bundesweit jeweils mehr als 5 Prozent der gültigen Zweitstimmen, während die Linke mit 4,9 Prozent der Zweitstimmen an der Fünfprozenthürde schei-

32 BVerfG, Abweichende Meinung der Vizepräsidentin König und der Richter Müller und Maidowski zum Urteil des Zweiten Senats vom 29. November 2023 – 2 BvF 1/21, Rn. 47.

33 Vgl. hierzu näher Siegmund, Scheitern (Anm. 3), S. 56f.

terte und nur deshalb an der Mandatsverteilung teilnehmen konnte, weil sie drei Direktmandate erzielte und so die Grundmandatsklausel überwunden hatte. Hinzu kommt ein Abgeordneter des Südschleswigschen Wählerverbandes (SSW), der als Partei einer nationalen Minderheit von den Sperrhürden ausgenommen ist.[34] Das Gesamtzweitstimmenaufkommen dieser acht Parteien bildet damit die Referenzgröße für alle Berechnungen, die sich auf den Zweitstimmenanteil beziehen.

Aufgrund gravierender Unregelmäßigkeiten bei der Durchführung der Bundestagswahl im Land Berlin musste die Abstimmung dort am 11. Februar 2024 wiederholt werden. Die folgende Darstellung bezieht diese Wiederholungswahl nicht ein, sondern berücksichtigt lediglich die Ergebnisse der Hauptwahl vom 26. September 2021. Die Ergebnisse der Wiederholungswahl in Berlin weichen jedoch nicht so gravierend von den Ergebnissen der Hauptwahl ab, dass sie zu anderen Bewertungen führen würden.[35]

3.1 Die Mandatsvergabe

Tabelle 1 enthält die Ergebnisse der *Ausgangsverteilung*. Die dabei den Ländern aufgrund ihrer Bevölkerungsanteile zugewiesenen Sitzkontingente sind in der Gesamt-Spalte »PM« ausgewiesen. Auf Bayern entfallen demnach zum Beispiel 93 Mandate. Die Verteilung dieser Landessitzkontingente auf die jeweiligen Landeslisten anhand deren Zweitstimmenanteilen kann den Partei-Spalten »PM« entnommen werden. So entfallen beispielsweise 34 Mandate aus dem bayerischen Sitzkontingent auf die CSU, während 20 der bayerischen Sitze der SPD-Landesliste zugeordnet werden. Die in den einzelnen Ländern vergebenen beziehungsweise von den Parteien in den Ländern gewonnenen Direktmandate sind hingegen aus der Gesamt-Spalte beziehungsweise den Partei-Spalten »DM« ersichtlich. So hat die CSU 45 Direktmandate in Bayern errungen, während die dortigen Grünen ein Direktmandat gewinnen konnten.

Für die Berechnung der bundesweiten *Mindestsitzansprüche* wird, wie oben ausgeführt, die Zahl der gewonnenen Direktmandate (Partei-Spalten »DM«) mit dem gerundeten Mittelwert aus der Zahl der Direktmandate und der Mandatszahl, die im Rahmen der Ausgangsverteilung ermittelt

34 § 6 Absatz 3 Satz 2 Bundeswahlgesetz in der Fassung vom 19. November 2020.

35 Zu den Ergebnissen der Bundestagswahl unter Einbeziehung der Wiederholungswahl in Berlin vgl. Bundeswahlleiterin, Wiederholung (Anm. 27).

Tabelle 1: Ausgangsverteilung und Berechnung der Mindestsitzansprüche bei der Bundestagswahl 2021

	Gesamt		SPD			CDU			CSU			Grüne			FDP			AfD			Linke			SSW		
	PM	DM	PM	DM	MS	PM	DM	MS	PM	DM	MS	PM	DM	MS	PM	DM	MS	PM	DM	MS	PM	DM	MS	PM	DM	MS
Baden-Württemberg	77	38	18	1	10	**21**	**33**	**33**	–	–	–	14	4	9	13	–	7	8	–	4	3	–	2	–	–	–
Bayern	93	46	20	–	10	–	–	–	**34**	**45**	**45**	15	1	8	11	–	6	10	–	5	3	–	2	–	–	–
Berlin	24	12	6	4	5	4	3	4	–	–	–	6	3	5	3	–	2	2	–	1	3	2	3	–	–	–
Brandenburg	20	10	**7**	**10**	**10**	3	–	2	–	–	–	2	–	1	2	–	1	4	–	2	2	–	1	–	–	–
Bremen	5	2	2	2	2	1	–	1	–	–	–	1	–	1	1	–	1	–	–	–	–	–	–	–	–	–
Hamburg	13	6	4	4	4	2	–	1	–	–	–	3	2	3	2	–	1	1	–	1	1	–	1	–	–	–
Hessen	43	22	**13**	**14**	**14**	11	7	9	–	–	–	7	1	4	6	–	3	4	–	2	2	–	1	–	–	–
Mecklenburg-Vorpommern	13	6	**4**	**6**	**6**	2	–	1	–	–	–	1	–	1	1	–	1	3	–	2	2	–	1	–	–	–
Niedersachsen	59	30	**21**	**22**	**22**	15	8	12	–	–	–	10	–	5	6	–	3	5	–	3	2	–	1	–	–	–
Nordrhein-Westfalen	127	64	40	30	35	35	30	33	–	–	–	22	4	13	15	–	8	10	–	5	5	–	3	–	–	–
Rheinland-Pfalz	30	15	10	8	9	8	7	8	–	–	–	4	–	2	4	–	2	3	–	2	1	–	1	–	–	–
Saarland	7	4	**3**	**4**	**4**	2	–	1	–	–	–	–	–	–	1	–	1	1	–	1	–	–	–	–	–	–
Sachsen	32	16	7	1	4	6	4	5	–	–	–	3	–	2	4	–	2	**9**	**10**	**10**	3	1	2	–	–	–
Sachsen-Anhalt	17	9	5	4	5	4	3	4	–	–	–	1	–	1	2	–	1	3	2	3	2	–	1	–	–	–
Schleswig-Holstein	22	11	**6**	**8**	**8**	5	2	4	–	–	–	4	1	3	3	–	2	2	–	1	1	–	1	1	–	1
Thüringen	16	8	4	3	4	3	1	2	–	–	–	1	–	1	2	–	1	4	4	4	2	–	1	–	–	–
Summe	598	299	170	121	152	122	98	120	34	45	45	94	16	59	76	–	42	69	16	46	32	3	21	1	–	1
Mindestsitzanspruch (absolut)	609		170			122			45			94			76			69			32			1		
Mindestsitzanspruch (Prozent)	100		27,91			20,03			7,39			15,44			12,48			11,33			5,25			0,16		
Zweitstimmen (absolut)	42 436 276		11 955 434			8 775 471			2 402 827			6 852 206			5 319 952			4 803 902			2 270 906			55 578		
Zweitstimmen (Prozent)	100		28,17			20,68			5,66			16,15			12,54			11,32			5,35			0,13		
Über-/Unterrepräsentation			0,991			0,969			1,305			0,956			0,995			1,001			0,982			1,254		

PM: Proporzmandate – Mandate, die sich bei Verteilung proportional zu den Zweitstimmenanteilen ergeben; DM: Direktmandate; MS: Mindestsitzzahl – Anzahl der Sitze, die in die Berechnung der bundesweiten Mindestsitzansprüche einfließen; Quelle: eigene Darstellung, Daten: Bundeswahlleiterin.

wurde (Partei-Spalten »PM«), verglichen. Der höhere der beiden Werte wird jeder Landesliste für die Ermittlung der Mindestsitzansprüche zugeordnet (Partei-Spalten »MS«). Für die CSU werden daher alle 45 gewonnenen Direktmandate angesetzt, während der Landesliste der bayerischen SPD der entsprechende Mittelwert von zehn Sitzen zugewiesen wird.

Der bundesweite Mindestsitzanspruch einer Partei ergibt sich anschließend wiederum aus dem Vergleich zweier Werte, nämlich der Summe der Mandate, die jeder ihrer Landeslisten aus dem im letzten Absatz skizzierten Berechnungsverfahren zugewiesen wurden (Partei-Spalten »MS«, Summe-Zeile), und der Summe der Mandate, die jeder Landesliste schon in der Ausgangsverteilung zugeordnet wurden (Partei-Spalten »PM«, Summe-Zeile). Die höhere dieser beiden Summe entspricht dem bundesweiten Mindestsitzanspruch einer Partei [Zeile »Mindestsitzanspruch (absolut)«]. Im Falle der SPD ist der Mandatsanspruch aus dem vorgenannten Berechnungsverfahren mit 152 Sitzen niedriger als die Summe aller aus der Ausgangsverteilung resultierenden Sitzansprüche in Höhe von 170 Mandaten, sodass diese 170 Mandate den bundesweiten Mindestsitzanspruch der SPD darstellen. Bei der CSU hingegen ist – als einziger Partei – die Summe aus dem Berechnungsverfahren größer als die Summe aus der Ausgangsverteilung, sodass die CSU mindestens 45 Mandate beanspruchen kann.

Wie aus Tabelle 1 ersichtlich wird (Fettdruck), ergeben sich aus der Ausgangsverteilung 34 drohende Überhangmandate. Davon entfallen zwölf auf die CDU (in Baden-Württemberg), elf auf die CSU (in Bayern), zehn auf die SPD (in Brandenburg, Hessen, Mecklenburg-Vorpommern, Niedersachsen, Saarland und Schleswig-Holstein) sowie eins auf die AfD (in Sachsen). Aufgrund des 2020 geänderten Sitzzuteilungsverfahrens fließen allerdings nur die elf drohenden Überhangmandate der CSU in die Berechnung der Mindestsitzansprüche ein. Bei den anderen Parteien werden die drohenden Mandatsüberhänge hingegen durch die Verrechnung mit Ansprüchen auf Listenmandate derselben Partei in anderen Ländern intern kompensiert. Diese parteiinterne Kompensationslösung, die im Zuge der Wahlrechtsreform 2020 eingeführt wurde, verfehlt allerdings ihre Wirkung, solange auf die CSU weiterhin drohende Überhangmandate entfallen, da diese Partei nur in Bayern antritt und somit über keine weiteren Landeslisten verfügt, die für eine parteiinternen Kompensation zur Verfügung stehen würden.

Im Ergebnis belaufen sich die bundesweiten Mindestsitzansprüche auf insgesamt 609 Mandate, die sich aus den 598 regulär zu vergebenden Sitzen und den elf drohenden Überhangmandaten der CSU zusammensetzen. Die

Erhöhung der Gesamtsitzzahl des Bundestages für die folgenden Verteilungsschritte orientiert sich daher an der CSU, die mit Blick auf ihren Zweitstimmenanteil bei den bundesweiten Mindestsitzansprüchen am deutlichsten überrepräsentiert ist (Zeile »Über-/Unterrepräsentation«). Auf sie entfallen 7,39 Prozent der Mindestsitzansprüche (45 von 609 Mandaten), während sie nur 5,66 Prozent der mandatsrelevanten Zweitstimmen errungen hat [Zeilen »Mindestsitzanspruch (Prozent)« beziehungsweise »Zweitstimmen (Prozent)«]. Bemerkenswert ist jedoch, dass auch der SSW bei den Mindestsitzansprüchen deutlich überproportional abschneidet – obwohl er kein einziges Direktmandat errungen hat und folglich auch nicht von drohenden Überhangmandaten betroffen ist. Die Überrepräsentation des SSW liegt daran, dass er in Schleswig-Holstein nur denkbar knapp die Anzahl der Zweitstimmen überschritten hat, die erforderlich ist, um ein Mandat aus dem entsprechenden Landessitzkontingent zu erhalten. Das bedeutet aber, dass auch ohne ein einziges drohendes Überhangmandat der CSU oder einer anderen Partei die Gesamtzahl der Mandate deutlich hätte angehoben werden müssen, um die Überrepräsentation des SSW auszugleichen. Und auch im Falle des SSW führt die parteiinterne Kompensationslösung ins Leere, da auch diese Partei nur in einem Land antritt und somit nicht über weitere kompensationsfähige Landeslisten verfügt.

Tabelle 2: Ermittlung der Gesamtsitzzahl des Bundestages

Sitze Bundestag	Sitze CSU laut Zweitstimmenanteil	
	ungerundet	gerundet
(...)	(...)	(...)
731	41,39	41
732	41,45	41
733	41,50	42
734	41,56	42
(...)	(...)	(...)
784	44,39	44
785	44,45	44
786	44,50	45
787	44,56	45
(...)	(...)	(...)

Quelle: eigene Darstellung, Daten: Bundeswahlleiterin.

Bei der *Oberverteilung*, dem zweiten Schritt der Mandatsvergabe, wird die Gesamtsitzzahl solange erhöht, bis bei proportionaler Verteilung der Sitze auf die Parteien anhand ihrer Zweitstimmen jede Partei mindestens die Mandatszahl aus ihrem bundesweiten Mindestsitzanspruch erhält, wobei bis zu drei Überhangmandate nicht ausgeglichen werden müssen. Dieses Ergebnis wird im Fall der Bundestagswahl 2021 bei 733 Sitzen erreicht, bei deren Verteilung auf die Parteien die CSU 42 Mandate erhält. Zuzüglich der ihr noch verbleibenden drei nicht ausgeglichenen Überhangmandate kommt die CSU damit auf 45 Sitze, was ihrem Mindestsitzanspruch entspricht (Tabelle 2). Der Bundestag umfasst daher insgesamt 736 Mandate. Ohne die 2020 eingeführte Regelung zu den drei nicht ausgeglichenen Überhangmandaten hätte der Bundestag sogar aus 786 Abgeordnete bestehen müssen, von denen dann wiederum 45 auf die CSU entfallen wären.

Tabelle 3 gibt das Ergebnis der Oberverteilung aller Mandate auf die Parteien wieder. Daraus wird ersichtlich, dass CSU und SSW aufgrund ihrer Überrepräsentation bei den Mindestsitzansprüchen keine Ausgleichsmandate erhalten haben, während die anderen Parteien über entsprechende zusätzliche Mandate verfügen. Sie bewirken die deutliche Vergrößerung des Bundestages, der mit der Wahl 2021 seinen Titel als »das weltweit größte Parlament einer demokratisch regierten Nation«[36] souverän verteidigen konnte.

Tabelle 3: Oberverteilung der Sitze bei der Bundestagswahl 2021

	Gesamt	SPD	CDU	CSU	Grüne	FDP	AfD	Linke	SSW
Sitze	736	206	152	45	118	92	83	39	1
– Sitze nach Sitzkontingenten aus der Ausgangsverteilung	598	170	122	34	94	76	69	32	1
= Erhöhung um … Sitze; davon:	138	36	30	11	24	16	14	7	–
nicht ausgeglichene Überhangmandate	3	–	–	3	–	–	–	–	–
ausgeglichene drohende Überhangmandate	31	10	12	8	–	–	1	–	–
Ausgleichsmandate	104	26	18	–	24	16	13	7	–

Quelle: eigene Darstellung, Daten: Bundeswahlleiterin.

36 Behnke, Unausweichlichkeit (Anm. 25), S. 25.

Die Sitze der Parteien aus der Oberverteilung werden schließlich im Rahmen der *Unterverteilung* auf deren Landeslisten entsprechend des jeweiligen Zweitstimmenanteils verteilt. Dabei muss aber jeder Landesliste mindestens die Sitzzahl zugewiesen werden, die für die Berechnung der bundesweiten Sitzansprüche maßgeblich war. Jede Landesliste erhält somit auch bei der Unterverteilung Sitze in Höhe entweder der gewonnenen Direktmandate oder des gerundeten Mittelwerts aus den Direktmandaten und der ihr im Rahmen der Ausgangsverteilung zugewiesenen Mandatszahl, je nachdem welcher dieser beiden Werte höher ist. Um diese Bedingung einzuhalten, kann es erforderlich sein, nicht das gesamte bundesweite Sitzkontingent einer Partei auf deren Landeslisten proportional zu den Zweitstimmen zu verteilen, sondern weniger Mandate, sodass diese Partei auch bei Erhalt aller gewonnenen Direktmandate insgesamt nur über die in der Oberverteilung errechnete Sitzzahl verfügt. Der Interparteienproporz zwischen den Parteien auf Bundesebene ist damit gewahrt, allerdings zulasten des Intraparteienproporzes zwischen den Landeslisten der betroffenen Partei.

Um es am Beispiel der SPD zu erläutern (Tabelle 4): Bei Verteilung ihres gesamten Sitzkontingents aus der Oberverteilung in Höhe von 206 Mandaten auf ihre Landeslisten entsprechend deren Zweitstimmenanteilen würde die SPD in Brandenburg acht Sitze und in Nordrhein-Westphalen 50 Sitze erhalten (Spalte »PM 1«). Tatsächlich hat die SPD in Brandenburg aber allein schon zehn Direktmandate errungen, sodass ihr in diesem Land nach der Unterverteilung zwei Überhangmandate verbleiben würden. Das würde jedoch den angestrebten Proporz zwischen den Parteien untergraben. Daher werden nicht alle 206 Sitze aus der Oberverteilung auf die Landeslisten der SPD verteilt, sondern lediglich 203 Sitze (Spalte »PM 2«). Auf Brandenburg entfallen damit zwar immer noch nur acht Mandate, in Nordrhein-Westphalen erhält sie aber einen Sitz weniger als zuvor, nämlich 49 Sitze. Auch in Hessen und in Niedersachsen entfallen dann auf die jeweiligen Landeslisten der SPD ein Mandat weniger als bei Verteilung aller 206 Sitze. Diese drei »eingesparten« Mandate werden nun verwendet, um die drohenden Überhänge in Brandenburg und Mecklenburg-Vorpommern (zwei beziehungsweise ein Mandat) zu kompensieren (Tabelle 4, Fettdruck). Auch bei Beibehaltung aller Direktmandate erhält die SPD somit bundesweit exakt die 206 Sitze, die ihr laut Oberverteilung zustehen (Spalte »Sitze«). Der bundesweite Interparteienproporz bleibt folglich gewahrt, allerdings entsendet die SPD aus Brandenburg und Mecklenburg-Vorpommern mehr Abgeordnete in den Bundestag, als ihr bei proportionaler Verteilung aller 206 Mandate in diesen beiden Ländern zustehen würden. Diese Verzerrung des innerparteilichen Proporzes geht zulasten der SPD-Landeslisten in Hessen, Niedersachsen und Nordrhein-Westfalen, die mit je einem Mandat zu wenig im Bundestag vertreten sind (Spalte »Differenz«).

Tabelle 4: Unterverteilung der Sitze der SPD bei der Bundestagswahl 2021

	SPD					
	Zweitstimmen	**PM 1**	**PM 2**	**MS**	**Sitze**	**Differenz**
Baden-Württemberg	1 287 934	22	22	10	22	–
Bayern	1 361 242	23	23	10	23	–
Berlin	428 289	7	7	5	7	–
Brandenburg	450 573	8	8	**10**	10	**2**
Bremen	103 224	2	2	2	2	–
Hamburg	298 342	5	5	4	5	–
Hessen	910 035	16	**15**	14	15	**-1**
Mecklenburg-Vorpommern	267 368	5	5	**6**	6	**1**
Niedersachsen	1 498 500	26	**25**	22	25	**-1**
Nordrhein-Westfalen	2 880 226	50	**49**	35	49	**-1**
Rheinland-Pfalz	685 534	12	12	9	12	–
Saarland	213 777	4	4	4	4	–
Sachsen	474 804	8	8	4	8	–
Sachsen-Anhalt	305 085	5	5	5	5	–
Schleswig-Holstein	494 055	8	8	8	8	–
Thüringen	296 446	5	5	4	5	–
Bund	11 955 434	206	203	152	206	0

PM 1 = Verteilung aller 206 Sitze proportional zu den Zweitstimmenanteilen der Landeslisten; PM 2 = Verteilung von 203 Sitzen proportional zu den Zweitstimmenanteilen der Landeslisten; MS = Mindestsitzzahl jeder Landesliste aus der Berechnung der bundesweiten Mindestsitzansprüche laut Tabelle 1; Differenz = Sitze – PM 1; Quelle: eigene Darstellung, Daten: Bundeswahlleiterin.

3.2 Kritische Würdigung

Die 2013 vorgenommenen Änderungen des Wahlsystems für den Deutschen Bundestag zielen darauf ab, die Stärkeverhältnisse der Parteien im Parlament allein an ihren Zweitstimmenanteilen auszurichten, also den Interparteienproporz zu wahren. Damit soll dem Grundanliegen eines Verhältniswahlsystems Rechnung getragen und die Erfolgswertgleichheit der Zweitstimmen sichergestellt werden. Trotz dieses anerkennenswerten Ziels der Wahlrechtsreform 2013 weist das gegenwärtige Wahlsystem noch zahlreiche kritikwürdige Aspekte auf, die auch bei der Bundestagswahl 2021 deutlich zutage getreten sind. Vier Kritikpunkte fallen dabei besonders ins Auge.

Erstens zielen die Reformen lediglich darauf ab, Verzerrungen des Interparteienproporzes symptomatisch auszugleichen. Ihrem Entstehen schon kausal entgegenzuwirken, wurde hingegen weder mit den Änderungen des Bundeswahlgesetzes 2013 noch 2020 angestrebt (abgesehen von der 2020 beschlossenen, aber 2023 wieder gestrichenen Reduzierung der Wahlkreiszahl). Der lediglich symptomatische Ausgleich der entstandenen Verzerrungen führt aber zu einer deutlichen *Vergrößerung des Bundestages*, was sich auch bei der Bundestagswahl 2021 eindrucksvoll gezeigt hat. Besonders kritisch muss mit Blick auf die Ursachen der Verzerrungen des Stärkeverhältnisses der Parteien angemerkt werden, dass hierzu nicht nur Überhangmandate zählen, die man mit etwas gutem Willen noch als Folge der Verbindung einer Personenwahl mit einer Parteienwahl nach Landeslisten bezeichnen könnte. Vielmehr resultiert die Überrepräsentation einzelner Parteien in bestimmten Fällen auch aus völlig entbehrlichen Regelungen des Sitzzuteilungsverfahrens wie der Bildung von Landessitzkontingenten aufgrund der Bevölkerungszahlen anstelle der Zweitstimmenanteile, was bei der Wahl 2013 der CSU zugutekam.

Die Wahlrechtsreform von 2020 kann angesichts des zentralen Reformanliegens von 2013, den Interparteienproporz zu stärken, allenfalls als halbe Rolle rückwärts charakterisiert werden. So hat, zweitens, die Einführung von bis zu drei *nicht ausgeglichenen Überhangmandaten* zwar ein nochmaliges Anwachsen des Bundestages bei der jüngsten Wahl um weitere 50 auf dann 786 Mandate verhindert – aber zu welchem Preis? Die Erfolgswertgleichheit der Zweitstimmen wird durch diese Maßnahme erneut untergraben und die CSU ist im aktuellen Bundestag gemessen an ihrem Zweitstimmenergebnis überrepräsentiert. Dass die nicht ausgeglichenen Überhangmandate eine Vergrößerung des Bundestages auch nur dann verhindern können, wenn Überhangmandate deren Ursache sind, liegt auf der Hand. Einen Aufwuchs der Mandatszahl aufgrund der Überrepräsentation des SSW hätte diese Reform 2021 ebenso wenig verhindert wie die Vergrößerung des Bundestages aufgrund der Mandatsansprüche der CSU nach der Wahl von 2013. Und am

Abend der Bundestagswahl 2021 sah es zwischenzeitlich so aus, als könnten die Unionsparteien allein aufgrund der drei nicht ausgeglichenen Überhangmandate der CSU noch vor der SPD als stärkste Fraktion in das Parlament einziehen. Am Ende landete die SPD mit 206 Mandaten zwar recht eindeutig vor der Unionsfraktion mit 197 Sitzen, aber ein möglicher Einfluss dieser nicht ausgeglichenen Überhangmandate auf die Reihenfolge der Fraktionen im Bundestag mit Auswirkungen auf die Wahl des Bundestagspräsidenten, die Zugriffsrechte der Fraktionen auf die Ausschussvorsitze oder auch auf die Regierungsbildung ist unübersehbar.

Drittens kann auch die 2020 gestärkte *parteiinterne Kompensation von Überhangmandaten* allenfalls als kleineres Übel angesichts der sonst drohenden weiteren Vergrößerung des Bundestages gekennzeichnet werden. Sie trägt zwar dazu dabei, einen Mandatszuwachs abzuschwächen und gleichzeitig den Interparteienproporz zu wahren, aber eben zulasten des Intraparteienproporzes. Vor allem aber bleibt die parteiinterne Kompensationslösung auf die Fälle beschränkt, in denen überhaupt Landeslisten der betroffenen Partei aus anderen Ländern für eine solche Verrechnung zur Verfügung stehen. Dies ist, wie dargelegt, bei der CSU und auch beim SSW nicht der Fall, wodurch diese Regelung aktuell keinen dämpfenden Effekt auf die Bundestagsgröße entfalten kann.

Viertens schließlich fallen auch die Defizite der *Wahl von Direktmandaten* in den Wahlkreisen angesichts der Ergebnisse der Bundestagswahl 2021 überdeutlich ins Auge.[37] Lediglich in einem der 299 Wahlkreise konnte der siegreiche Kandidat mehr als die Hälfte der Erststimmen auf sich vereinen. Demgegenüber genügten im Mittel (Median) aller Wahlkreise bereits 33,1 Prozent der Erststimmen, um das Direktmandat zu gewinnen. Und im Wahlkreis Dresden II – Bautzen II setzte sich der siegreiche Bewerber mit nicht mehr als 18,6 Prozent der Erststimmen durch. Was sagen diese Befunde aus über die Legitimation der jeweiligen direkt gewählten Abgeordneten? Und inwiefern können sie beanspruchen, ihren Wahlkreis substanziell zu repräsentieren? Hinzu kommt, dass viele Wahlkreiskandidaten zugleich auch auf den Landeslisten ihrer Parteien kandidieren und auch als Unterlegene im Wahlkreis über die Liste in den Bundestag einziehen. So erhielten bei der

37 Vgl. zu den folgenden Angaben die Daten aus Bundeswahlleiter (Hrsg.), *Wahl zum 20. Deutschen Bundestag am 26. September 2021, Heft 3: Endgültige Ergebnisse nach Wahlkreisen*, Wiesbaden 2021 (online unter: www.bundeswahlleiterin.de/dam/jcr/cbceef6c-19ec-437b-a894-3611be8ae886/btw21_heft3.pdf – letzter Zugriff: 13.05.2024).

jüngsten Bundestagswahl aus 35 Wahlkreisen jeweils vier Kandidaten ein Mandat im Bundestag, aus fünf Wahlkreisen gelang dies sogar jeweils fünf Kandidaten. Und nur 15 der 437 Abgeordnete, die über die Landeslisten in den Bundestag einzogen, waren nicht zugleich auch in einem Wahlkreis angetreten. Die Selektionswirkung der Personenwahl mit der Erststimme ist damit äußerst gering, sodass sie nur einen marginalen Einfluss auf die personelle Zusammensetzung des Bundestages ausübt.

Insgesamt kann das Ergebnis der Bundestagswahl 2021 als Aufforderung an die Parteien gelesen werden, die Reform des Wahlsystems nicht von der politischen Agenda zu streichen. Insbesondere die Ursachen für die Vergrößerung des Bundestages sollten dabei in den Blick genommen werden. Die Überhangmandate sind hierbei ebenso einbezogen wie die anderen im Wahlsystem angelegten Mechanismen, die zu einer Überrepräsentation einzelner Parteien führen können.

4. Nachtrag und Ausblick: Die Wahlrechtsreform 2023

In Erfüllung eines entsprechenden Auftrags aus § 55 Bundeswahlgesetz wurde bereits am Mitte März 2022 auf Antrag der neuen Regierungsfraktionen SPD, Bündnis 90/Die Grünen und FDP eine Reformkommission vom Bundestag eingesetzt, der 13 Abgeordnete und 13 Sachverständige angehörten.[38] Zentraler Auftrag dieser Kommission zur Reform des Wahlrechts und zur Modernisierung der Parlamentsarbeit war es, »sich auf der Grundlage der Prinzipien der personalisierten Verhältniswahl mit Vorschlägen [zu] befassen, die eine effektive Verkleinerung des Bundestages in Richtung der gesetzlichen Regelgröße bewirken und nachhaltig das Anwachsen des Bundestages verhindern.«[39] Darüber hinaus sollte dieses Gremium Empfehlungen für eine gleichberechtigte Repräsentanz von Frauen und Männern im Deutschen Bundestag und für die Modernisierung der Parlamentsarbeit – hierunter fallen unter anderem die Digitalisierung und die stärkere Bürgerbeteiligung – erarbeiten. Und schließlich wurde der Kommission aufgetragen, sich mit der Absenkung des aktiven Wahlalters auf 16 Jahre, mit der Dauer der Legisla-

38 Der entsprechende Antrag datiert vom 15. März 2022 (Deutscher Bundestag, Drucksache 20/1023); er wurde bereits am Folgetag vom Bundestag angenommen (Deutscher Bundestag, Plenarprotokoll 20/20, S. 1464–1474).

39 Deutscher Bundestag, Drucksache 20/1023, S. 2.

turperiode, einer Begrenzung von Amts- und Mandatszeiten, der Bündelung von Wahlterminen auf verschiedenen politischen Ebenen und dem Wahlrecht für im Ausland lebende Deutsche zu befassen. Der Abschlussbericht dieser Kommission sollte bereits zum 30. Juni 2023 vorliegen, sodass noch genügend Zeit verbleiben würde, um vor der kommenden Bundestagswahl über die erforderlichen Maßnahmen zu beraten und die entsprechenden Gesetzgebungsverfahren durchzuführen. Ein ambitioniertes Vorhaben.

Tatsächlich hat die Reformkommission bereits Anfang April 2022 ihre Arbeit aufgenommen und am 1. September 2022 einen Zwischenbericht zu den Themenkomplexen Verkleinerung des Bundestages, Absenkung des aktiven Wahlalters und geschlechtergerechte Repräsentation vorgelegt, der auch zahlreiche Sondervoten enthält.[40] Der Abschlussbericht wurde nach insgesamt 15 Kommissionssitzungen Ende April 2023 beschlossen und dem Bundestag am 12. Mai 2023 zugeleitet.[41]

Empfehlungen zur Verkleinerung des Bundestages – also zum zentralen Auftrag für die Reformkommission – sucht man in diesem Abschlussbericht allerdings vergebens. Was nicht am Unwillen oder Unvermögen der Kommission lag, sondern an der gesetzgeberischen Eile, die die Regierungsfraktionen in dieser Frage bereits zu Jahresbeginn 2023 entfaltet hatten. Für viele Beobachter überraschend hatten die Fraktionen SPD, Bündnis 90/ Die Grünen und FDP schon am 21. Januar 2023 einen Gesetzentwurf in den Bundestag eingebracht, der im Wesentlichen drei Änderungen am bisherigen Wahlrecht vorsah.[42] Erstens sollten die beiden *Stimmen künftig umbenannt* werden: die Erststimme in Wahlkreisstimme und die Zweitstimme in Hauptstimme, womit ihrem Charakter als für die Sitzverteilung im Bundestag maßgeblicher Stimme Rechnung getragen worden wäre – ein Schritt hin zu einer größeren Transparenz des Wahlverfahrens, der aus Sicht der politischen Bildung unbedingt zu begrüßen wäre. Zweitens sollte die *Anzahl der Wahlkreise* – anders als bei der Reform 2020 beschlossen – nicht auf 280 abgesenkt, sondern auch künftig bei 299 konstant gehalten werden. Diese Maßnahme zielte darauf ab, die räumliche Größe der einzelnen Wahlkreise nicht auszudehnen, was bei der Reduzierung der Wahlkreiszahl unvermeidlich gewesen wäre. Außerdem garantiert die Beibehaltung von 299 Wahlkreisen bei einer Regelgröße des Bundestages von 598 Mandaten, dass grundsätzlich die Hälfte aller Abgeordneten als Repräsentanten der Wahlkreise in das

40 Vgl. Deutscher Bundestag, Drucksache 20/3250.
41 Vgl. Deutscher Bundestag, Drucksache 20/6400.
42 Vgl. Deutscher Bundestag, Drucksache 20/5370.

Parlament einziehen. Drittens schließlich sah der Gesetzentwurf die sogenannte »Hauptstimmendeckung«[43] der in den Wahlkreisen zu vergebenden Direktmandate vor – diese *Hauptstimmendeckung* war der zentrale Ansatz der Ampelfraktionen, um die Vergrößerung des Bundestages wirksam zu verhindern.

Der Gesetzentwurf nahm dabei eine deutliche Vereinfachung des Sitzzuteilungsverfahrens vor und schaffte die Ausgangsverteilung wieder ab. Im ersten Schritt der Mandatsvergabe werden somit im Rahmen der Oberverteilung alle 598 Sitze auf die Parteien entsprechend deren Hauptstimmenanteilen verteilt. Innerhalb der Parteien werden die Sitze sodann in der Unterverteilung den Landeslisten proportional zu deren Hauptstimmenanteilen zugeordnet. Wie bislang auch werden die den Landeslisten zustehenden Mandate anschließend vorrangig mit den erfolgreichen Wahlkreiskandidaten der jeweiligen Partei besetzt. Die gravierende Änderung bestand darin, dass nicht mehr jeder Wahlkreiskandidat, der die relative Mehrheit der Wahlkreisstimmen erringt, automatisch ein Direktmandat erhält. Vielmehr wird die Vergabe eines Direktmandats zusätzlich an die Bedingung geknüpft, dass dieses Direktmandat durch den Sitzanspruch der Partei aufgrund ihrer Hauptstimmen auch gedeckt ist. Direktmandate sollen also nur noch vergeben werden, solange das Sitzkontingent der Partei beziehungsweise ihrer Landesliste nicht erschöpft ist. Um festzustellen, welches Direktmandat durch Hauptstimmen der Partei gedeckt ist und welches nicht, ist Folgendes vorgesehen: Die Wahlkreiskandidaten der Partei werden entsprechend ihren Wahlkreisstimmenanteilen in eine Reihenfolge gebracht. In dieser Reihenfolge, beginnend mit dem höchsten Wahlkreisstimmenanteil, werden dann die Direktmandate vergeben. Überhang- und Ausgleichsmandate können bei diesem Vorgehen nicht mehr entstehen. Der Gesetzentwurf beanspruchte folglich, mit diesem Verfahren »den vom Bundesverfassungsgericht für das geltende Wahlrecht anerkannten ›Grundcharakter‹ der Verhältniswahl […] konsequent« weiterzuführen.[44]

Im Ergebnis der Ausschussberatungen, in deren Rahmen auch eine Anhörung von Sachverständigen stattfand, empfahl der federführende Innenausschuss dem Bundestag die Annahme des Gesetzentwurfs – allerdings in einer geänderten Fassung. So sollte nunmehr die bisherige Bezeichnung der Stimmen als Erst- und Zweitstimme beibehalten werden, wozu

43 Deutscher Bundestag, Drucksache 20/5370, S. 3.
44 Deutscher Bundestag, Drucksache 20/5370, S. 2.

die Beschlussempfehlung lediglich vermerkt: »Diese Bezeichnung hat sich bewährt.«[45] Weiterhin festgehalten wurde hingegen an der Zahl von 299 Wahlkreisen und dem geänderten Sitzzuteilungsverfahren, dessen zentrale Komponente nun jedoch wegen der unterbliebenen Umbenennung der Stimmen als Zweitstimmendeckung bezeichnet wird. Darüber hinaus empfahl der Innenausschuss jedoch, die *gesetzliche Mitgliederzahl des Bundestages* auf 630 Mandate zu erhöhen. Diese Maßnahme »soll die Wahrscheinlichkeit erhöhen, dass Wahlkreisbewerber, auf die die meisten Erststimmen entfallen, einen Sitz erhalten.«[46] Dieser Effekt tritt ein, weil durch die gesetzliche Vergrößerung des Bundestages auf 630 Sitze bei weiterhin 299 Wahlkreisen der Anteil der Direkt- an allen Mandaten sinkt und damit die Wahrscheinlichkeit steigt, dass der Anspruch auf die (relativ wenigen) Direktmandate tatsächlich von einer ausreichenden Anzahl an Mandatsansprüchen aufgrund der Zweitstimmenanteile abgedeckt wird. Schließlich votierte der Innenausschuss mit der Mehrheit der Koalitionsvertreter für den *Wegfall der Grundmandatsklausel*, sodass künftig allein diejenigen Parteien Mandate erhalten, die die Fünfprozenthürde überspringen. Begründet wurde diese Änderung als notwendige Folge der Einführung der Zweitstimmendeckung, weil »die Wahl in den Wahlkreisen […] der vorrangigen Besetzung der von den Parteien nach ihrem Zweitstimmenergebnis errungenen Sitze und nicht wie bisher der Personenwahl« diene.[47] Die Grundmandatsklausel würde bei diesem Sitzzuteilungsverfahren einen Systembruch darstellen und sei daher verfassungsrechtlich nur schwer zu rechtfertigen. Schließlich wurde der Gesetzentwurf in der Fassung der Beschlussempfehlung des Innenausschusses mit den oben genannten Änderungen am 17. März 2023 angenommen.[48] Das entsprechende Gesetz ist nach seiner Veröffentlichung im Bundesgesetzblatt am 14. Juni 2023 in Kraft getreten und stellt damit das aktuell gültige Bundeswahlrecht dar.[49]

Wie sich diese Reform des Wahlsystems für den Deutschen Bundestag bei der nächsten Wahl auswirken wird, ist im Detail nicht vorhersehbar, weil das Wahlsystem auch das Wahlverhalten beeinflussen kann und Wähler möglicherweise anders abstimmen werden, als sie es unter dem alten Wahlrecht getan hätten. Außerdem ist das Parteiensystem weiterhin starken Veränderun-

45 Deutscher Bundestag, Drucksache 20/6015, S. 12.
46 Deutscher Bundestag, Drucksache 20/6015, S. 11.
47 Deutscher Bundestag, Drucksache 20/6015, S. 12.
48 Vgl. Deutscher Bundestag, Plenarprotokoll 20/92, S. 11050.
49 Bundesgesetzblatt 2023, Teil I, Nr. 147 vom 13. Juni 2023.

gen unterworfen, wie die Abspaltung des Bündnis Sahra Wagenknecht (BSW) von der Linken zeigt. Lässt man all dies außer Acht, so kann die Berechnung der Sitzverteilung aufgrund der Stimmenergebnisse bei der Bundestagswahl 2021 anhand der geänderten Regelungen aber zumindest einen Hinweis auf deren Auswirkungen geben.[50]

So wäre die Linke nicht mehr im aktuellen Bundestag vertreten, da sie lediglich 4,9 Prozent der bundesweit gültigen Zweitstimmen errungen hat und somit an der Fünfprozenthürde gescheitert wäre. Die drei Wahlkreise, in denen die Kandidaten der Linken die relative Mehrheit der Erststimmen geholt haben, hätten aufgrund der Streichung der Grundmandatsklausel daran nichts geändert. Diese drei Wahlkreise wären schlicht nicht mit direkt gewählten Abgeordneten im Bundestag vertreten. Und der Anteil der Zweitstimmen, die auf die Mandatsverteilung im Bundestag keinen Einfluss ausgeübt hätten, wäre von 8,6 auf 13,5 Prozent aller bundesweit gültigen Zweitstimmen gestiegen.

Der CSU wäre hingegen auch unter dem geänderten Wahlrecht der Einzug in den Bundestag gelungen, wenn auch mit nur 5,2 Prozent der bundesweit gültigen Zweitstimmen recht knapp. Die CSU würde sich damit nahe der Grenze bewegen, die über die parlamentarische Existenz oder Nicht-Existenz einer Partei entscheidet. Hätte sie 84 975 Zweitstimmen weniger erhalten, wäre auch ihr der Einzug in den Bundestag verwehrt geblieben – unabhängig davon, in wie vielen Wahlkreisen ihre Kandidaten die meisten Erststimmen errungen hätten. Die genannte Zahl an Zweitstimmen mag immer noch recht hoch und ihr Verlust damit unwahrscheinlich erscheinen – doch handelt es sich dabei lediglich um 3,5 Prozent der Zweitstimmen, die die CSU bei der Bundestagswahl 2021 tatsächlich erhalten hat. Ein Sicherheitspolster für künftige Wahlen ist das gewiss nicht.

Die Verteilung der 630 Mandate im Bundestag auf die verbleibenden sieben Parteien kann Tabelle 5 entnommen werden. Daraus wird ersichtlich, dass alle Parteien außer dem SSW Sitze eingebüßt hätten, am meisten davon die SPD als unverändert größte Fraktion.

---

50 Vgl. die Berechnungen der Bundeswahlleiterin in: Bundeswahlleiterin (Hrsg.), *Musterberechnung: Sitzverteilung nach dem Bundeswahlgesetz (BWG), zuletzt geändert durch Artikel 2 des Gesetzes vom 8. Juni 2023 (BGBl. I S. 147) mit dem Ergebnis der Bundestagswahl 2021*, 22. Juni 2023 (online unter: www.bundeswahlleiterin.de/en/dam/jcr/05f98632-634d-4582-8507-ab3267d66c01/bwg2025_sitzberechnung_erg2021.pdf – letzter Zugriff: 13.05.2024), ergänzt um eigene Berechnungen des Verfassers.

Tabelle 5: Vergleich der Mandatszahlen aufgrund der Stimmergebnisse der Bundestagswahl 2021 nach dem Wahlrecht 2020 und 2023

	Gesamt	SPD	CDU	CSU	Grüne	FDP	AfD	Linke	SSW
tatsächliche Sitzverteilung nach Bundestagswahl 2021	736	206	152	45	118	92	83	39	1
rechnerische Sitzverteilung nach geändertem Bundeswahlgesetz 2023	630	188	138	38	107	83	75	–	1
Differenz	-106	-18	-14	-7	-11	-9	-8	-39	0

Quelle: eigene Darstellung, Daten: Bundeswahlleiterin.

Tabelle 6: Nicht zu vergebende Wahlkreismandate bei der Bundestagswahl 2021 nach dem Wahlrecht 2023 (nach Ländern)

Land	Wahlkreise mit Erststimmenmehrheit ohne Zweitstimmendeckung
Baden-Württemberg	10
Bayern	7
Berlin	2
Brandenburg	3
Bremen	–
Hamburg	–
Hessen	–
Mecklenburg-Vorpommern	2
Niedersachsen	–
Nordrhein-Westfalen	–
Rheinland-Pfalz	–
Saarland	1
Sachsen	2
Sachsen-Anhalt	–
Schleswig-Holstein	–
Thüringen	–
Summe	27

Quelle: eigene Darstellung, Daten: Bundeswahlleiterin.

Das neu eingeführte Verfahren der Zweitstimmendeckung hätte bei der Bundestagswahl 2021 in 27 Wahlkreisen dazu geführt, dass der Kandidat mit den meisten Stimmen aufgrund eines zu geringen Sitzanspruchs seiner Partei im jeweiligen Land kein Direktmandat erhalten hätte. Man spricht hier auch von 27 »verwaisten Wahlkreisen«, deren Verteilung auf die Länder und Parteien den Tabellen 6 und 7 entnommen werden kann. Betroffen wären sieben Länder, unter denen Baden-Württemberg mit zehn verwaisten Wahlkreisen hervorsticht, die alle zulasten von Wahlkreiskandidaten der CDU gegangen wären. Aber auch die CSU, SPD, AfD und natürlich die Linke hätten nicht alle Direktmandate besetzen können, die ihnen noch unter dem alten Wahlrecht tatsächlich zugestanden haben.

Hinsichtlich der Bewertung dieser jüngsten Reform des Bundestagswahlsystems besteht über die politischen Lager hinweg zumindest Einvernehmen, dass es sich um eine grundlegende Reform handelt, die auch die Ursachen zentraler Defizite des bisherigen Wahlrechts beseitigen soll. Vertreter der Ampelfraktionen haben den zugrundeliegenden Gesetzentwurf denn auch als »Systemwechsel« bezeichnet,[51] während ihn Thorsten Frei, Erster Parlamentarischer Geschäftsführer der Unionsfraktion im Bundestag, als »die umfangreichste, die tiefgreifendste Wahlrechtsreform in der Geschichte unserer Republik« etikettierte.[52]

Tabelle 7: Nicht zu vergebende Wahlkreismandate bei der Bundestagswahl 2021 nach dem Wahlrecht 2023 (nach Parteien)

Partei	Wahlkreise mit Erststimmenmehrheit ohne Zweitstimmendeckung
SPD	6
CDU	10
CSU	7
Grüne	–
FDP	–
AfD	1
SSW	–
Linke	3
Summe	27

Quelle: eigene Darstellung, Daten: Bundeswahlleiterin.

51 Deutscher Bundestag, Drucksache 20/6015, S. 14.
52 Deutscher Bundestag, Plenarprotokoll 20/92, S. 11037.

Inhaltlich gehen die Bewertungen aber weit auseinander. Während aus den Reihen von SPD, Bündnis 90/Die Grünen und FDP naturgemäß umfassende Zustimmung zu vernehmen ist, sparen Vertreter von CDU und CSU, aber auch der Linken nicht mit Fundamentalkritik. Der Generalsekretär der CSU, Martin Huber, ließ beispielsweise verlauten, dass die Ampel »mit ihrem Vorschlag zur Wahlrechtsreform organisierte Wahlfälschung« betreibe.[53] Kritik ziehen dabei vor allem die Zweitstimmendeckung der Direktmandate und die Abschaffung der Grundmandatsklausel auf sich. Die Einführung der Zweitstimmendeckung verleitete Martin Huber zu einem Vergleich mit »Schurkenstaaten«,[54] während Alexander Dobrindt als Vorsitzender der CSU-Landesgruppe im Bundestag bei der Zweiten Lesung des Gesetzentwurfs immerhin noch von einem »großen Schurkenstück« sprach.[55] Jan Korte wiederum, zur Zeit der Gesetzesberatung Erster Parlamentarischer Geschäftsführer der Linken im Bundestag, brandmarkte die Abschaffung der Grundmandatsklausel als einen »Anschlag auf die Demokratie«.[56]

Positiv ist immerhin festzuhalten, dass die Neuregelungen geeignet sind, die Regelgröße des Bundestages von nunmehr 630 Abgeordneten einzuhalten, indem sie schon das Entstehen von Überhangmandaten verhindern und auch die Ursachen für die bisherige überhanglose Überrepräsentation durch die Abschaffung der Ausgangsverteilung beseitigen. Gleichzeitig wahrt das neue Wahlsystem das Stärkeverhältnis der Parteien im Bundestag proportional zu deren Zweitstimmenanteilen (Interparteienproporz) und damit die Erfolgswertgleichheit dieser Stimmen. Darüber hinaus verbessert es auch den föderalen Proporz beziehungsweise das Verhältnis der Landeslisten zueinander (Intraparteienproporz).

Demgegenüber bricht das neue Wahlsystem mit dem jahrzehntealten Grundsatz, dass ein Kandidat mit der relativen Mehrheit in einem Wahlkreis das Direktmandat ohne weitere Bedingungen erhält und dass dadurch alle Wahlkreise mit einem direkt gewählten Abgeordneten im Bundestag vertreten sind. Problematisch daran ist nicht in erster Linie, dass mit dem Prinzip der Zweitstimmendeckung der Begriff des Wahlkreissiegers neu definiert wurde, denn auch der tradierte Grundsatz, dass ein Direktmandat mit der relativen

---

53 Zitiert nach Tagesschau, Entwurf für Wahlrechtsreform: CSU nennt Pläne »organisierte Wahlfälschung«, 16. Januar 2023 (online unter: www.tagesschau.de/inland/innenpolitik/wahlrechtsrechtsreform-csu-101.html – letzter Zugriff: 04.01.2024).

54 Zitiert nach Tagesschau, CSU (Anm. 53).

55 Deutscher Bundestag, Plenarprotokoll 20/92, S. 11019.

56 Deutscher Bundestag, Plenarprotokoll 20/92, S. 11026.

Mehrheit im Wahlkreis gewonnen wird, ist willkürlich gesetzt und nicht alternativlos. Bei der absoluten oder romanischen Mehrheitswahl würde die relative Mehrheit im Wahlkreis beispielsweise auch nicht für den Gewinn des entsprechenden Mandats genügen. Der Wahlgesetzgeber hat insofern durchaus einen Spielraum, die Bedingungen, unter denen ein Mandat vergeben wird, anzupassen.

Kritikwürdig erscheint hingegen die Tatsache, dass mit der Einführung der Zweitstimmendeckung künftig nicht mehr alle Wahlkreise gleichermaßen mit einem direkt gewählten Abgeordneten im Bundestag vertreten sein könnten. Wenn die Koalitionsfraktionen hierzu in der Begründung des Gesetzentwurfs anmerken, dass die »grundsätzlich gewünschte Repräsentation der Wahlkreise [...] aber auch im Fall einer Nichtzuteilung von Wahlkreismandaten wahrscheinlich [bleibt], weil typischerweise mehrere Abgeordnete aus einem Wahlkreis kommen, auch wenn diese nicht über die Wahlkreisstimme gewählt sind«,[57] so wird die gleichmäßige regionale Repräsentation der Bevölkerung von Wahrscheinlichkeiten und Zufälligkeiten abhängig gemacht. Hinzu kommt, dass es sich bei den sogenannten »verwaisten Wahlkreisen« um diejenigen Wahlkreise handelt, in denen relativ viele in etwa gleich starke Kandidaten miteinander konkurrieren, sodass der erfolgreichste unter ihnen den Wahlkreis nur mit einem relativ niedrigen Erststimmenanteil gewinnt. Dabei handelt es sich regelmäßig um Wahlkreise in Großstädten, die zwischen den Parteien besonders umkämpft sind, sodass deren spezifische Interessen im Bundestag künftig häufiger unterrepräsentiert sein werden. Zu den sieben verwaisten Wahlkreisen in Bayern hätten 2021 zum Beispiel drei der vier Münchner Wahlkreise gehört.

Unabhängig von der einerseits in Zweifel gezogenen, andererseits demonstrativ betonten Verfassungsmäßigkeit der Neuregelungen stellt sich zudem die Frage, auf welche Akzeptanz sie in der Bevölkerung stoßen werden. Welche Legitimationswirkung entfaltet ein Wahlsystem, das dazu führen könnte, dass bei der kommenden Bundestagswahl eine Partei – die CSU – im Bundestag nicht mehr vertreten ist, weil sie knapp an der Fünfprozenthürde scheitert. Sollte die CSU trotzdem wie bislang in der weit überwiegenden Zahl der bayerischen Wahlkreise mit ihren Kandidaten die relative Mehrheit erringen, blieben all diese Wahlkreise verwaist. Wäre das den Wählerinnen und Wählern vermittelbar?

57 Deutscher Bundestag, Drucksache 20/5370, S. 11.

Das geltende Wahlrecht ist somit nach wie vor mit zahlreichen Risiken behaftet. Die 2023 vorgenommenen Änderungen des Bundeswahlgesetzes sind inzwischen Gegenstand mehrerer Verfahren vor dem Bundesverfassungsgericht – zwei Normenkontrollverfahren, drei Organstreitverfahren und zwei Verfassungsbeschwerden von mehr als 4 000 Personen –, das in absehbarer Zeit über die Verfassungsmäßigkeit der Regelungen entscheiden wird. Angesichts der politischen Divergenzen in der Bewertung der jüngsten Wahlrechtsänderungen steht jedoch zu befürchten, dass die Debatten über das Wahlsystem damit nicht abschließend befriedet werden. Ein Konsens scheint nach wie vor in weiter Ferne.

Die Agenda der Bundesregierung oder: Wenn Wunsch auf Wirklichkeit trifft

Julia Reuschenbach

1. Einleitung

Am 6. Februar 2022 habe ich im Rahmen der Tagung, der diese Publikation gewidmet ist, den Vortrag »Die Agenda der neuen Bundesregierung« präsentiert. Wäre dieser Text unmittelbar nach der Tagung entstanden, hätte er das Bild einer neuartigen, ambitionierten Bundesregierung gezeichnet, die sich viel – womöglich sich selbst und für das Land zu viel – vorgenommen hat. Dieser Text entsteht nun jedoch im Spätsommer 2023. Knapp zwei Jahre nach der Tagung, nach dem Beginn des russischen Angriffskrieges gegen die Ukraine, einem Energiekrisewinter und tektonischen Verschiebungen in der Prioritätensetzung der Politik, könnte die Beschreibung kaum andersartiger ausfallen. Die Leitfrage des Textes muss daher sein, was passiert, wenn Wünsche und Vorhaben neuer Koalitionen auf die politische Wirklichkeit treffen. Was macht der Realitätscheck mit den Ambitionen und Projekten der »Ampelkoalition«, wie sie im Koalitionsvertrag miteinander vereinbart wurden und was ist angesichts der aktuellen Lage für die verbleibende Zeit der Legislaturperiode zu erwarten?

2. Erinnern Sie sich noch?

Kehren wir kurz zurück in den Spätsommer 2021. Da erzählte der FDP-Bundesvorsitzende Christian Lindner, dass ihm für ein »Ampel-Bündnis« auf der Bundesebene jede Fantasie fehle. Er bezeichnete ein solches Bündnis als ein »inhaltlich und rechnerisch abwegiges Szenario«.[1] Wenige Wochen und

1 Vgl. Christian Lindner, »Theoretisches Konstrukt«, Interview mit N-TV, 31. August 2021 (online unter: www.n-tv.de/politik/Lindner-fehlt-die-Fantasie-fuer-Ampel-Koalition-article22774970.html – letzter Zugriff: 06.05.2024).

eine Bundestagswahl mit einige Zäsuren später formulierte die nun neue Bundesregierung in ihrem Koalitionsvertrag: »Wir sind eine Konstellation, die Parteien mit unterschiedlichen Traditionen und unterschiedlichen Sichtweisen zu einem innovativen Bündnis zusammenbringen kann. Wir können einen Beitrag leisten, politische Frontstellungen aufzuweichen und neue politische Kreativität entfachen. So schaffen wir einen neuen gesellschaftlichen Aufbruch auf Höhe der Zeit. Als Fortschrittskoalition können wir die Weichen für ein Jahrzehnt der sozialen, ökologischen, wirtschaftlichen, digitalen und gesellschaftlichen Erneuerung stellen.«[2]

2.1 Keine Liebesheirat

Ein Bündnis von SPD, Bündnis 90/Die Grünen und FDP war für keine der beteiligten Parteien die erste Präferenz. Die Koalition war keine Liebesheirat und das muss eine solche in der Politik auch nicht sein. Entscheidend ist, ob die Zusammenarbeit von einer gemeinsamen Idee und der Überzeugung getragen wird, dass die Beteiligten zusammen etwas bewegen können.

Die FDP hätte wohl eine Regierung mit der Union bevorzugt, was schon rechnerisch nicht möglich war. Die SPD und die Grünen präferierten zwar einander, fremdelten jedoch mit der Zusammenarbeit mit der FDP. Lange Zeit schienen mit Blick auf eine Ampelkoalition die inhaltlichen, elektoralen sowie personellen Differenzen zu groß.[3] Die gemeinsamen positiven Erfahrungen, etwa die Zusammenarbeit auf Landesebene in Rheinland-Pfalz, entfalteten bislang keine große Strahlkraft auf Bundesebene, blieben in länderspezifischen Besonderheiten behaftet. Nicht zuletzt lag eine Koalition der drei Parteien während des Wahlkampfes auch arithmetisch außerhalb jeder Vorstellung, da die drei Parteien sehr lange gemeinsam über keine Mehrheit verfügten.

Kurz vor der Bundestagswahl 2021 bewerteten 37 Prozent der Befragten ein Ampelbündnis positiv, 39 Prozent negativ. Die größte Zustimmung fand

2 Siehe das Ergebnispapier »Ergebnis der Sondierungen zwischen SPD, Bündnis 90/Die Grünen und FDP«, S. 1 (online unter: www.wiwo.de/downloads/27710038/2/sondierungspapier_wiwo.pdf – letzter Zugriff: 06.05.2024).

3 Vgl. Wolfgang Schroeder, Das Narrativ der Ampel. Vom Projekt ungleicher Partner zu einer selbstbestimmten Kraft des Aufbruchs, in: Neue Gesellschaft / Frankfurter Hefte, 19. November 2021 (online unter: www.frankfurter-hefte.de/artikel/das-narrativ-der-ampel-3318/ – letzter Zugriff: 06.05.2024).

ein solches Bündnis zu diesem Zeitpunkt unter den Anhängerinnen und Anhängern der Grünen. Gemeinsam war den Parteiaktiven am Ende der langen Kanzlerschaft Angela Merkels eine starke Abneigung gegen eine Große Koalition aus Union und SPD, die nicht fortgesetzt werden dürfe. Im Unterschied dazu traf das Format Große Koalition in der Bevölkerung weiterhin auf Sympathien, sodass die Zusammenarbeit in einem Dreierbündnis als zwangloser Zwang, als Kombination aus »fremdbestimmten Zwängen und selbstbestimmten Chancen« charakterisiert werden kann.[4]

Von Beginn an war die Koalition von neuartigen Faktoren der Zusammenarbeit geprägt. Das Bündnis war für die Bundesebene neuartig. Mit Ausnahme des heute in Vergessenheit geratenen Dreierbündnisses aus CDU/CSU, FDP und DP von 1949 bis 1953, gab es auf der Bundesebene noch keine Dreierkoalition. Damit einher gehen gesteigerte Erfordernisse von Kompromissfähigkeit, komplexere Aushandlungsprozesse und die Fähigkeit zur wechselseitigen Wahrnehmung und Akzeptanz parteipolitischer Profile und Profilierungsbedürfnisse. Daneben bildet die aktuelle Koalition erstmals eine – politikwissenschaftlich gesprochen – lagerübergreifende Zusammenarbeit ab. Hatten bislang die politischen Lager Schwarz-Gelb und Rot-Grün zusammengearbeitet, sind diese nun verbunden. Die Besonderheit besteht hier aus zwei Teilen: Erstens, aus der Zusammenarbeit von Grünen und FDP auf Bundesebene, nachdem SPD und FPD bereits von 1969 bis 1982 sozialliberale Bündnisse auf Bundesebene bildeten. Zweitens aus der Tatsache, dass die FPD lagerübergreifend die Zusammenarbeit mit gleich zwei Parteien links der politischen Mitte einging.

Noch eine Neuerung prägt das Bündnis. Anders als in früheren Koalitionen vereinen die beiden kleineren Koalitionspartner Bündnis 90/Die Grünen und FDP gemeinsam etwas mehr Stimmen auf sich als die führende Regierungspartei SPD. Das alte Prinzip von »Koch und Kellner« wird damit nahezu obsolet und stellt die Frage – darauf wird noch näher zu kommen sein – inwieweit die Richtlinienkompetenz des Bundeskanzlers damit neuen machtpolitischen Bedingungen ausgesetzt ist.[5] Nicht zuletzt zeigten auch die Verhandlungen auf dem Weg zur Koalitionsbildung Neuerungen. Unvergessen – zumindest in der Politikwissenschaft – sind die Vorsondierungen, die Grüne und FDP ohne die SPD initiierten, bei denen das legendäre »Zitrus-Selfie« entstand. Damit verbunden war ein eindeutiges Signal an Olaf Scholz

4 Schroeder, Narrativ der Ampel (Anm. 3).
5 Vgl. Schroeder, Narrativ der Ampel (Anm. 3).

und die SPD, die beiden potenziellen Partner auf Augenhöhe zu behandeln. Zugleich ermöglichten die Vorsondierungen auszuloten, wo die erwartbar großen Gräben zwischen Grünen und FDP im Detail verlaufen würden. Zynisch könnte man an dieser Stelle sagen: Genützt hat das nicht.

Doch diese Erklärung greift zu kurz. Schlussendlich sei darauf verwiesen, dass die künftigen Koalitionäre ihre Verhandlungen in neuem Stil führen wollten. Diskretion und Vertraulichkeit, so die Annahme, seien entscheidend für den Aufbau einer Zusammenarbeit und müssten auch im Anschluss für diese gelten. Die Hintergrundfolie dieses Vorhabens bildeten die gescheiteren Verhandlungen eines Bündnisses aus Union, Grünen und FDP nach der Bundestagswahl 2017, bei der Durchstechereien und eine Art Liveticker die Verhandlungen nachhaltig geschädigt hatten. Wolfgang Schroeder weist zu Recht darauf hin, dass für die Ampelkoalition wohl mehr als für frühere Bündnisse galt und gilt:

> »Da die Ergebnisse modernen Regierens meist hinter den großen Herausforderungen herhinken, weil faktische Probleme größer, medial geschürte Erwartungen dynamischer und die Vermittlungsfähigkeit der Parteien zu schwach ist, bedarf es eines überzeugenden Narrativs, also eines bildhaften, einbettenden Erwartungsmanagements, um gesellschaftliche Loyalität zu entwickeln [...]. Das bedeutet auch, dass es darum gehen muss, die anderen Akteure aus Wirtschaft und Gesellschaft mit ins Boot zu holen, um eine stärker selbstbestimmte Regierung der unterschiedlichen Herkünfte zu ermöglichen.«[6]

Zur Halbzeit der Legislatur deutet sich an, dass es der Koalition nicht ausreichend gelungen ist, mit ihrem Narrativ der »Fortschrittskoalition« in der Breite der Gesellschaft Loyalität zu entwickeln.

2.2 Die Fortschrittsagenda der Bevölkerung

Die geplante Zusammenarbeit von SPD, Grünen und FDP löste in der Bevölkerung ein geteiltes Echo aus. In Befragungen des Instituts für Demoskopie Allensbach sagten im November 2021 32 Prozent der Befragten, ein solches Bündnis sei gut für das Land, 48 Prozent gaben an, dahingehend Zweifel zu haben. Die Zahl der Zweifler war dabei im Osten mit 66 Prozent deutlich größer, als im Westen mit 44 Prozent. Nur 18 Prozent der Befragten

6 Schroeder, Narrativ der Ampel (Anm. 3).

in Ostdeutschland betrachteten das Bündnis als gut für das Land.[7] Während also die neue Koalition auf wenig Euphorie traf, wurde der generelle Regierungswechsel von einer Mehrheit positiv bewertet.[8] Diese Veränderung findet Zustimmung. Anders hingegen die Frage, ob die Ampelkoalition die Probleme des Landes lösen werde. Eine Mehrheit hat hier Zweifel. Der Vertrauensvorschuss für die Koalition fällt also schon während der noch laufenden Koalitionsverhandlungen überschaubar aus. Aus Sicht der Bevölkerung kann die Fortschrittsagenda im November 2021 wie folgt umrissen werden. Auf die Frage, wo die neue Koalition das Land voranbringen und Fortschritt initiieren muss, nennen 75 Prozent das Thema bezahlbarer Wohnraum. Es folgen Klimaschutz mit 69 Prozent, die Sicherung der Renten mit 68 Prozent, die Themen Digitalisierung, Bildung und Schulen mit jeweils 63 Prozent sowie der Abbau von Bürokratie mit 62 Prozent und die Verringerung von Vermögensungleichheiten mit 61 Prozent.[9] Weit abgeschlagen finden sich die Themen Gleichstellung und die Steigerung der Leistungsfähigkeit der deutschen Wirtschaft mit jeweils 36 Prozent.

Vergleicht man diese Ergebnisse mit der Frage, in welchen Bereichen die Menschen der neuen Bundesregierung am ehesten Fortschritte zutrauen, entsteht ein etwas anderes Bild. Hier liegt das Thema Klimaschutz mit 57 Prozent an erster Stelle, gefolgt von der Digitalisierung mit 45 Prozent und der Gleichstellung von Mann und Frau mit 27 Prozent. Ein Viertel der Befragten traut der Regierung Fortschritte bei den Themen Bildungssystem, Schule und bezahlbarer Wohnraum zu. Lediglich 15 Prozent trauen der Regierung Fortschritte bei Bürokratieabbau zu und nur 11 Prozent solche beim Abbau von Vermögensunterschieden zwischen Arm und Reich.

Wunsch und Wirklichkeit finden sich also auch in der Wahrnehmung der Bevölkerung. Das Zutrauen in die neue Bundesregierung, die dringendsten Probleme wirklich zu lösen, ist also nur sehr gering ausgeprägt. Dieser Zustand hat sich bis heute – zur Halbzeit der Legislaturperiode – nicht verbessert, sondern im Gegenteil in Teilen sogar verschlechtert.

---

7 Vgl. Allensbacher Archiv, IfD-Umfrage Nr. 12 046.

8 Vgl. ARD-Deutschlandtrend Oktober 2021 (online unter: www.infratest-dimap.de/fileadmin/user_upload/ARD-DeutschlandTREND_Oktober_2021_-_vollstaendiger_Bericht.pdf – letzter Zugriff: 06.05.2024).

9 Vgl. Allensbacher Archiv, IfD-Umfrage Nr. 12 046.

2.3 Die Fortschrittskoalition: »Bündnis für Freiheit, Gerechtigkeit und Nachhaltigkeit«

Schauen wir an dieser Stelle genauer darauf, was die Koalitionäre sich selbst vorgenommen haben. Der 144 Seiten starke Koalitionsvertrag, am 7. Dezember 2021 von allen Beteiligten unterzeichnet, verdeutlicht, was aufmerksame Beobachter der drei Parteien bereits bei Aufnahme der Verhandlungen ahnten. Zum einen ein hohes Reform- und Fortschrittspotenzial insbesondere bei gesellschaftspolitischen Themen, bei denen die drei Parteien viele Gemeinsamkeiten haben und nur wenig Streit erwartbar ist. Zum anderen viele offene, vage Formulierungen in jenen Themenfeldern, die aus Sicht der Koalitionäre Konfliktpotenzial erwarten lassen. Hierzu zählen Maßnahmen zum Klimaschutz, Fragen der Transformation der Wirtschaft und Industrie sowie vor allem Fragen nach der Finanzierbarkeit und Finanzierung dieser und weiterer Vorhaben. Gerade im letzten Punkt treffen gänzlich unterschiedliche Steuerungsvorstellungen innerhalb der Koalition aufeinander. Die Fragen danach, wo und wie weitreichend der Staat steuert, reguliert, aber womöglich auch fördert, unterstützt oder subventioniert, werden gerade von Grünen und FDP fundamental unterschiedlich beantwortet und prägen die Konflikte der Koalition bis in die Gegenwart. Der schlanke Fuß, den sich die SPD als Regierungspartei in diesen Debatten gelegentlich macht, verstärkt den zuletzt dominierenden Außeneindruck einer uneinigen, konfliktbehafteten und wenig geschlossenen Koalition. Doch zunächst zurück zum Koalitionsvertrag.

In der Gesellschaftspolitik hat sich die neue Koalition viel vorgenommen und davon in den ersten zwei Jahren bereits einiges umgesetzt – die Abschaffung des § 219a StGB zum Werbeverbot für Schwangerschaftsabbrüche, die Legalisierung von Cannabis und vereinfachte Einbürgerungen. Die Absenkung des Wahlalters bei Bundestagswahlen hingegen benötigt im Bundestag eine Zweidrittelmehrheit für die notwendige Grundgesetzänderung. Interessant ist dabei, dass gerade jene Themen, die zwischen den Parteien auf viele Gemeinsamkeiten stoßen, in der Bevölkerung keineswegs unumstritten sind. So äußerten in einer Umfrage des Meinungsforschungsinstitutes Infratest dimap gerade einmal 47 Prozent Zustimmung (versus 40 Prozent Ablehnung) zur Abschaffung des § 219a StGB. Und die Legalisierung von Cannabis lehnten 47 Prozent ab, nur 43 Prozent befürworteten diese.[10]

10 Vgl. ARD-Deutschlandtrend Dezember 2021 (online unter: www.infratest-dimap.de/fileadmin/user_upload/DT2112_Bericht.pdf – letzter Zugriff: 06.05.2024).

Andere Vorhaben der Koalition treffen hingegen auf überwältigende Zustimmung. Hierzu zählen die Anhebung des gesetzlichen Mindestlohnes – eines der zentralen Wahlversprechen der SPD –, die Einführung einer Kindergrundsicherung, der Ausbau erneuerbarer Energien und der vorgezogene Kohleausstieg. Für Letzteren liegt die Zustimmung im Dezember 2021 immerhin bei 56 Prozent im Vergleich zu 37 Prozent Ablehnung. Die anderen drei genannten Maßnahmen treffen sogar auf 86 Prozent beziehungsweise 80 Prozent und 83 Prozent Zustimmung.[11]

Deutlich wird im Themenkomplex Gesellschaftspolitik, dass hier vielfach Themen auf der Agenda standen und stehen, die in einem Bündnis mit der Union in Zeiten der Großen Koalition nicht umsetzbar waren und auch in einem »Jamaika-Bündnis« aus Union, Grünen und FDP wohl nicht durchsetzbar gewesen wären. Dies gilt auch für weitere Vorhaben, die über die Gesellschaftspolitik hinausreichen. Hierzu zählen etwa die schnellere Einbürgerung nach fünf oder bereits nach drei Jahren, die Vereinfachung der Mehrfachstaatsangehörigkeit, die Stärkung von Patchwork- und Regenbogen-Familien, die Abschaffung von Hartz IV und Einführung eines neuen Bürgergeldes sowie die Verankerung von Kinderrechten im Grundgesetz, die in der vorangehenden Legislatur am Widerstand der Union gescheitert war.

3. Lackmustest: Klimaschutz und Finanzen

Für den Bereich Klimaschutz beinhaltet der Koalitionsvertrag eine Fülle verschiedener Maßnahmen. Der Kohleausstieg soll idealerweise bis zum Jahr 2030 erfolgen, 15 Millionen Elektroautos und ein massiver Ausbau der Ladesäuleninfrastruktur sollen bis dahin stattfinden. Die Koalitionäre wollen 2 Prozent der Landfläche für den Ausbau von Windkraft vorsehen und eine Solarpflicht für das Gewerbe einführen sowie mit einer starken Förderung versehen. Weiterhin sollen alle Vorhaben der Regierung künftig einem sogenannten Klima-Check unterzogen werden, der jedoch kein (wie die Grünen es ursprünglich gefordert hatten) Vetorecht umfasst. Zudem soll der Ausbau des ÖPNV und des überregionalen Bahnverkehrs forciert werden. Für das gesamte Staatswesen sieht der Koalitionsvertrag eine Modernisierung in Form

11 Vgl. ARD-Deutschlandtrend Dezember 2021 (Anm. 10).

von Bürokratieabbau und Planungs- und Verfahrensbeschleunigung vor. So weit so gut, könnte man sagen.[12] Denn gerade diese Vorhaben, alle Vorhaben an der Schnittstelle von Klimaschutz, Energie- und Umweltpolitik wurden mit besonderer Intensität von den Folgen des russischen Krieges gegen die Ukraine getroffen.

Die Regierung sah sich ab dem Frühsommer 2022 vor der Aufgabe, eine akute Energiekrise als Folge des Krieges zu managen. Von einer Politik des Agierens, wie man sie sich vorgenommen hatte, geriet man nun in erheblich stärkerem Maße wieder in eine Politik des Reagierens in akuten Krisensituationen. In einer vorsichtigen Rückschau aus dem Herbst 2023 kann man konstatieren, dass der Regierung dieses Management bislang in weiten Teilen gelungen ist. Horrorszenarien, wie die Notwendigkeit öffentlicher Wärmeräume in einem »Wut-Winter« und Zehntausender Haushalte, die das Heizen nicht mehr zahlen können, sind nicht eingetreten. Schon am 6. Dezember 2021 sagte völlig richtig der SPD-Generalsekretär Kevin Kühnert (damals mit Blick auf das Thema Steuergerechtigkeit) im Deutschlandfunk, dass sich die Realität leider manchmal nicht an Koalitionsverträge halte. Parteien, so seine wichtige Schlussfolgerung, müssten auf diese Situation intellektuell vorbereitet sein.[13] Wie Recht er doch hatte. Von Debatten über Steuergerechtigkeit ist die Koalition derzeit eher weit entfernt.

Im Kontext der energiepolitischen Transformation und der Erfordernisse des Klimaschutzes hat die Regierung sich auf dem Boden politischer Realitäten weit von ihren einstigen Fortschrittsvorhaben entfernt. Die ursprünglich geforderten Klimaschutzverschärfungen im Gebäudesektor wurden national abgeschwächt und nun auf europäischer Ebene, anders als geplant, von Deutschland nicht mehr mitgetragen.[14] Das Erreichen der sektorspezifischen Klimaziele im Verkehrsbereich ist offenbar auch auf lange Sicht schlichtweg utopisch. Die Einführung eines Tempolimits gaben die Grünen schon in den

12 Vgl. Koalitionsvertrag »Mehr Fortschritt wagen – Bündnis für Freiheit, Gerechtigkeit und Nachhaltigkeit«, Berlin 2021, S. 7, 10 sowie S. 20–42 (online unter: www.spd.de/fileadmin/Dokumente/Koalitionsvertrag/Koalitionsvertrag_2021-2025.pdf – letzter Zugriff: 06.05.2024).

13 Vgl. Kevin Kühnert, »Realität hält sich leider manchmal nicht an Koalitionsverträge«, Interview mit dem Deutschlandfunk, 6. Dezember 2021 (online unter: www.deutschlandfunk.de/ampel-koalitionsvertrag-100.html – letzter Zugriff: 06.05.2024).

14 Vgl. Jan Diesteldorf, Genug gedämmt, in: Süddeutsche Zeitung, 19. September 2023 (online unter: www.sueddeutsche.de/politik/klimaschutz-eu-gebaeuderichtlinie-altbauten-bundesregierung-plaene-1.6241851 – letzter Zugriff: 06.05.2024).

Sondierungsverhandlungen preis. Beide Nachrichten behalten ihre Wahrheit, auch vor der ohnehin vorgesehenen Abschaffung der sektorspezifischen Klimaziele (ein Vorgang, der angeblich – so wird kolportiert – ausgerechnet von den Grünen in den Koalitionsvertrag hineinverhandelt wurde).

Umsetzung fand der schon lange beschlossene Atomausstieg, mit der kurzfristigen, wenige Monate umfassenden Laufzeitverlängerung der noch verbliebenen drei Atomkraftwerke, ebenso wird der Ausbau erneuerbarer Energien erheblich vorangetrieben. Während die Luft nach oben bei Windkraftanlagen im wahrsten Sinne immer noch recht groß ist, scheint vor allem der Solarausbau aus Sicht der Branchen eine sehr gute Entwicklung zu nehmen. All dies reicht weiterhin und angesichts des Urteils des Bundesverfassungsgerichts zum Klimaschutz und künftigen Generationen[15] jedoch bei Weitem nicht aus, um die anvisierten Klimaschutzziele zu erreichen. Vom kurzfristig und in erster Linie pandemiebedingten Rückgang des CO_2-Ausstoßes ist nichts mehr zu sehen. Vielmehr beschäftigen nun konstant hohe Energie-, vor allem Strompreise die Politik und Deutschland debattiert über einen staatlich subventionierten Industriestrompreis und die nun schon seit Längerem stark schwächelnde deutsche Wirtschaft.[16]

Jüngst geriet auch der Gebäudesektor wieder stärker in den Blick, denn auch das im Koalitionsvertrag vereinbarte Ziel, 400 000 neue Wohnungen jährlich zu bauen, flankiert von der Wiedereinrichtung eines eigenen Bauministeriums auf Bundesebene unter Führung der SPD-Ministerin Klara Geywitz, wird die Regierung – das ist bereits jetzt klar – nicht erreichen. Hintergrund sind auch hier die gestiegenen Kosten, die hohe Inflation und die Unsicherheiten der Branche mit Blick auf künftig geltende Energiestandards.[17] Zwar hat das Thema Bauen und Wohnen den früheren Status als

15 Vgl. BVerfG, Beschluss vom 24. März 2021, 1 BvR 2656/18 und andere; lesenswert dazu auch der Beitrag »Es geht um die Zukunft«, in Legal Tribune Online, 29. April 2021 (online unter: www.lto.de/recht/nachrichten/n/bverfg-1bvr2656-18-verfassungsbeschwerde-klimaschutz-teilweise-erfolgreich-freiheiten-kuenftige-generationen/ – letzter Zugriff: 06.05.2024).

16 Vgl. Bundesministerium für Wirtschaft und Klimaschutz, Die wirtschaftliche Lage in Deutschland im September 2023. Pressemitteilung, 13. September 2023 (online unter: www.bmwk.de/Redaktion/DE/Pressemitteilungen/Wirtschaftliche-Lage/2023/20230913-die-wirtschaftliche-lage-in-deutschland-im-september-2023.html – letzter Zugriff: 06.05.2024).

17 Vgl. Stephan Radomsky, Am Abgrund in bester Lage, in: Süddeutsche Zeitung, 25. September 2023.

»Wanderpokal«[18] zwischen unterschiedlichsten Ressorts verlassen und eine Stärkung erfahren. Zugleich bleiben die Probleme – konstant hohe und teils steigende Mieten, zu wenige Neubauten und viel zu wenig sozialer Wohnungsbau – bestehen.

Über alledem schwebt die Frage nach den finanzpolitischen Vorstellungen und Instrumentarien der Koalition. Nirgendwo anders sind die unterschiedlichen Steuerungsvorstellungen der drei Parteien so sichtbar wie hier. Während SPD und Grüne beide im Wahlkampf antraten mit den Forderungen nach einer stärkeren Spitzenbesteuerung, einer Erhöhung der Erbschaftssteuer, machte die FDP die Einhaltung der grundgesetzlichen Schuldenbremse und die Rückkehr zur »schwarzen Null« zu ihren zentralen Wahlversprechen. Sie folgte damit einem Beschluss der Vorgängerregierung, zu der bekanntlich auch die SPD und der damaligen Bundesfinanzminister Olaf Scholz gehörten, der da lautete, dass man nach der Aussetzung der Schuldenbremse angesichts der Pandemie bereits 2023 zu dieser zurückkehren wolle. So wundert es wenig, dass innerhalb der SPD der einstige Finanzminister Scholz dem jetzigen Finanzminister Linder in diesen Fragen häufig beipflichtet, während sich zumindest Teile der SPD-Fraktion im Deutschen Bundestag und weite Teile der Grünen eine Aussetzung der Schuldenbremse für Transformations- und zukunftsorientierte Vorhaben sehr gut vorstellen können. Das Credo der FDP besteht hierbei aus zwei Punkten: Geld, welches man ausgeben wolle, müsse zunächst erwirtschaftet werden. Zudem seien Schulden von heute eine Belastung für die nachkommenden Generationen. Beide Annahmen haben einen berechtigen und wahren Kern. Zur Wahrheit zählt zugleich auch, dass die Regierung schlussendlich auch unter Finanzminister Linder ein hohes Maß finanzpolitischer Kreativität an den Tag gelegt hat. So monierte der Bundesrechnungshof bereits mehrfach, dass sowohl das im Kontext des russichen Krieges gegen die Ukraine eingerichtete Sondervermögen von 100 Milliarden für die Bundeswehr sowie der Klima- und Transformationsfonds, mit dem etwa die Strom- und Gaspreisbremse finanziert werden, im Grunde nichts anderes als Nebenhaushalte seien.[19]

18 So Manja Schreiner (CDU), damals Hauptgeschäftsführerin der Fachgemeinschaft Bau Berlin und Brandenburg sowie stellvertretende CDU-Landesvorsitzende in Berlin, im Interview mit dem Deutschlandfunk, 25. November 2021 (online unter: www.deutschlandfunk.de/ampel-koalitionsvertrag-100.html – letzter Zugriff: 06.05.2024).

19 Vgl. Manfred Schäfers, Bundesrechnungshof zerpflückt Lindners Haushalt, in: Frankfurter Allgemeine Zeitung, 1. September 2023 (online unter: www.faz.net/aktuell/wirtschaft/bundesrechnungshof-zerpflueckt-christian-lindners-haushalt-19143895.html – letzter Zugriff: 06.05.2024).

4. Kontinuitätslinien im Realitätscheck

Das ausgerechnet das Bündnis aus SPD, Grünen und FDP jenes sein würde, das 100 Milliarden Euro für die Bundeswehr bereitstellt, hätten vermutlich auch die Koalitionäre selbst im Herbst 2021 noch für unmöglich gehalten. Bereits im Februar 2022, drei Monate nach Amtsantritt der Regierung, wurde dies jedoch Realität. Mit der »Zeitenwende-Rede« des Bundeskanzlers wurde die Regierung zum Taktgeber eines neuen Aufbruchs in der deutschen Sicherheits- und Verteidigungspolitik. Bis dahin hätte man die außen-, sicherheits- und verteidigungspolitischen Vorhaben der Koalition gemäß des Koalitionsvertrages gut und gerne als Kontinuitätslinien zu vorangegangenen Regierungen einordnen können. Man strebe weiterhin eine starke europäische und transatlantische Zusammenarbeit an, man arbeite auf eine »höhere strategische Souveränität« Europas hin und wolle Europa weiterentwickeln, zu einem »föderalen europäischen Bundesstaat«. Daneben bekannte sich die Koalition zu den Grundpfeilern der bisherigen Politik: Die nukleare Teilhabe Deutschlands innerhalb der Nato, die Sicherheit Israels als deutsche Staatsräson sowie der Einsatz für eine Zwei-Staaten-Lösung im Nahost-Konflikt und eine auf Dialog und Diplomatie basierende Außenpolitik.

Die Grünen hatten schon während des Wahlkampfes nuancierte Positionen in der Außen-, Sicherheits- und Verteidigungspolitik erkennen lassen, die in Teilen Eingang in Formulierungen des Koalitionsvertrages fanden. So kritisierte Annalena Baerbock die Abhängigkeit Deutschlands von russischem Gas mit Blick auf die Nord-Stream-Pipelines, daneben forderte die Partei (im Einklang mit der FDP) zum Beispiel eine stärkere Beachtung und Thematisierung der Menschenrechte in China und Hongkong. Beide Themen sind in den letzten Jahren stark ins öffentliche Interesse geraten. Vor allem im Kontext des russischen Krieges gegen die Ukraine, aber auch mit Blick auf öffentliche Äußerungen der Bundesaußenministerin Annalena Baerbock – etwa als sie im September 2023 (wie einige Monate zuvor US-Präsident Joe Biden) den chinesischen Staatschef Xi Jinping als Diktator bezeichnete – gerät die Frage nach der Relevanz, Intensität und Wirkmächtigkeit der einst hochgelobten Diplomatie stärker in die Debatte. Anders als die Ausführungen des Koalitionsvertrages es damals hätten vermuten lassen, steht nun zudem nicht nur die Finanzierung der verteidigungspolitischen Offensive der Bundeswehr auf der Agenda, sondern auch Themen wie Cybersicherheit und Migration als grausame Waffe hybrider Kriegsführung. Stabilität andernorts tut da Not, könnte man sagen. Doch während schon in diesen Politikfeldern aus den Notwendigkeiten der aktuellen Situation heraus, Umbruchsstimmung herrscht, bleibt auch in vielen anderen Bereichen kaum ein Stein mehr auf dem anderen. Aus gutem Grund und nicht zuletzt dank Bergen von Problemen und einem großen Reformstau, sagen die einen. Die anderen warnen vor einer Überforderung der Bevölkerung und mahnen gesellschaftspolitisch wie sozialverträglich ausbalancierte Wege und Lösungen an.

5. Lost in Transformation

Kaum treffender als mit der Überschrift »Lost in Transformation« hätte Renate Köcher vom Institut für Demoskopie Allensbach jüngst einen ihrer regelmäßigen Berichte in der Frankfurter Allgemeinen Zeitung betiteln können.[20] Fortschritt klingt in den Ohren vieler innerhalb der Bevölkerung derzeit nicht nach dem, was der Duden mit dem Begriff meint: »positiv bewertete Weiterentwicklung; Erreichung einer höheren Stufe der Entwicklung«.[21] Der von der Koalition ausgerufene Fortschritt verunsichert. »Wer soll das bezahlen? Wer hat so viel Geld?«, fragt man in einem rheinländischen Karnevalslied. Und diese Frage ist von der Koalition in den vergangenen Monaten offenbar nicht hinreichend beantwortet worden. Während man in der Energiekrise des Jahres 2022 mit staatlichen Entlastungspaketen kurzzeitige Verunsicherung gut beantworten konnte, zeigen die Debatten um das Gebäudeenergiegesetz symptomatisch, woran es derzeit fehlt. Erstens, an einer geschlossenen, mit einer Stimme sprechenden Regierung, die einmal getroffene Entscheidungen als gemeinsame Projekte begreift und entsprechend nach außen verteidigt. Zweitens, an einer sensiblen politischen Kommunikation, die der Komplexität und den Erfordernissen der gegenwärtigen Transformationserfahrungen gerecht wird. Dies gilt zumal angesichts der aktuellen Stimmungslage in Ostdeutschland, wo viele Menschen nicht nur schon in den 1990er-Jahren gravierende Transformationserfahrungen machen mussten, sondern diese teils bis heute Gesellschaft und

20 Renate Köcher, Lost in Transformation, in: Frankfurter Allgemeinen Zeitung, 19. Mai 2023, S. 10 (siehe auch die Doumentation: Institut für Demoskopie Allensbach, Kurzberichte, Nr. 115, 19. Mai 2023; online unter: www.ifd-allensbach.de/fileadmin/kurzberichte_dokumentationen/FAZ_Mai2023_Klimaschutz.pdf – letzter Zugriff: 06.05.2024).

21 Duden. Die deutsche Rechtschreibung (online unter: www.duden.de/rechtschreibung/Fortschritt – letzter Zugriff: 06.05.2024).

Debatten prägen. Drittens, braucht es klare politische Inhalte und Antworten. Für die Transformation bedeutet dies sowohl gegenüber der Wirtschaft, aber insbesondere gegenüber dem Einzelnen Antworten darauf zu geben, wie Umbrüche finanziert, sozialverträglich ausbalanciert und gestaltet werden können. Wenn dies nicht stattfindet, kann Fortschritt für viele Menschen nicht anders klingen als nach einer Menge Unsicherheiten und Unwägbarkeiten.

Damit einher geht jedoch nicht, dass der Fortschritt beerdigt, die Ambitionen begraben werden müssten, wenn die Stimmung in der Bevölkerung es nicht hergibt. Im Gegenteil! Zwar trifft zu, dass auf Dauer gegen die Bevölkerung keine Politik zu machen ist, aber darum geht es auch gar nicht. Vielmehr muss um die Unterstützung und Zustimmung für den Fortschritt wieder mehr geworben werden. Das ist leichter gesagt als getan. Jeder weiß, einmal verlorenes Vertrauen gewinnt man nicht mir nichts, dir nichts binnen kürzester Zeit zurück. Die Regierung wird sich darauf einstellen, dass das Werben Zeit brauchen wird und im Idealfall einer gesunden Fehlerkultur vor allem zeigt, wo man aus handwerklichen und kommunikativen Fehlern gelernt hat und die Dinge nun besser macht. Dazu gehört jedoch auch, dass wir auch aufseiten der Bevölkerung weniger Emotion und mehr Offenheit für sachliche Debatten benötigen. Weder sind Olaf Scholz und Robert Habeck in Person für den Klimawandel verantwortlich, noch kann einfach nur jeder und jede gegenüber dem Staat Ansprüche formulieren und artikulieren, ohne sich selbst großartig einzubringen. Dazu gehört nicht zwingend eigenes politisches Engagement oder dergleichen, sondern in erster Linie die Kompetenz anzuerkennen, dass in einer Demokratie aus gutem Grund häufig lange und intensiv um Lösungen gerungen wird, Aushandlungsprozesse sozusagen das Salz in der Suppe der Demokratie darstellen. Auszuhalten ist, dass dabei nicht immer das Maximum erreicht wird, sondern Kompromisse im Sinne einer integrativen Breitenwirkungen häufig geradezu zwingend sind und anzuerkennen ist, dass politische Maßnahmen erst einmal etabliert werden und Wirkung zeigen müssen, bevor sie gleich wieder und wahlweise als zu viel oder zu wenig von einer Sache kritisiert werden.

6. Offene Großbaustellen

Erste Zwischenfazits im Herbst 2023 machen deutlich, dass die Regierung viele ihrer Vorhaben angegangen ist. In einer Studie der Bertelsmann-Stiftung attestiert man der Bundesregierung eine, zumal angesichts aller gegenwärtigen Krisen, gute Halbzeitbilanz. In absoluten Zahlen habe sich die Koalition nicht nur mehr vorgenommen als ihre Vorgängerregierung, sondern auch bis zur Hälfte der Legislatur bereits mehr Vorgaben umgesetzt oder mit deren Umsetzung mindestens begonnen.[22] Kritischer fällt das Fazit hinsichtlich der Frage aus, ob es der Koalition gelungen ist, gemeinsam erfolgreich initiierte Vorhaben auch als solche in die Bevölkerung zu transportieren. Zu sehr haben einzelne Themen und ein unzureichender Außenauftritt der Regierung dies überlagert. Damit hat man eine wertvolle Chance vertan.[23] Denn schaut man auf die Habenseite, stehen dort einige Themen, die lange als offene Baustellen galten: ein neues Fachkräfteeinwanderungsgesetz, das Gesetz zum Chancen-Aufenthaltsrecht, die Reform des Staatsangehörigkeitsrechts, die Anhebung des gesetzlichen Mindestlohns oder mehr Investitionen in erneuerbare Energien.

Zugleich macht die Zwischenbilanz deutlich, dass weitere Großbaustellen offen sind, allen voran das aktuelle Thema Nummer 1: Migration. Im Koalitionsvertrag gibt sich die Regierung dahingehend weltoffen, der Text zeigt eine in der grundsätzlichen Tendenz positive Lesart des Themas. Er benennt die Chancen von legaler Migration, gerade angesichts der demografischen Entwicklung des Landes. Zugleich formuliert die Koalition den Anspruch – man fühlt sich an den Spruch »hart in der Sache, verbindlich im Ton« erinnert –, mehr aktive Steuerung in der Migrationspolitik zu erreichen. Im Sinne einer »Rückführungsoffensive« fordert der Koalitionsvertrag Rückführungsabkommen mit Herkunftsstaaten, einen besseren Schutz an den EU-Außengrenzen, eine faire EU-weite Verteilung der Geflüchteten mit besseren Standards, eine Ordnung der nationalen Duldungstatbestände, schnellere Bleiberechte bei guter Integration, passgenaue und gegebenenfalls schulnahe Integrationskurse von Anfang an, eine Verstetigung der Beteiligung des Bundes an den Kosten von Ländern und Kommunen, eine Stärkung der Rechte von Opfern von Menschenhandel. Daneben faire, zügige und rechtssichere Asylverfahren, die Wiedereinführung der anlassbezogenen Widerrufsprüfung, die Ablehnung

22 Vgl. Robert Vehrkamp/Theres Matthieß, *Mehr Koalition wagen. Halbzeitbilanz der Ampel-Koalition zur Umsetzung des Koalitionsvertrages 2021*, Gütersloh 2023 (online unter: www.bertelsmann-stiftung.de/fileadmin/files/Projekte/New_Democracy/230906_BST_Studie_Koalitionsversprechen_Halbzeitbilanz_ID1875_screen.pdf – letzter Zugriff: 06.05.2024).

23 Renate Köcher, Das Vertrauen ist dahin. Halbzeitbilanz: Nur wenige trauen der Ampel noch zu, das Land voranzubringen, in: Frankfurter Allgemeine Zeitung, 21. September 2023, S. 8.

von Ankerzentren. Die Humanität wird insbesondere deutlich, wenn etwa Kinder und Jugendliche von Abschiebehaft ausgenommen sein sollen, illegale Zurückweisungen beendet werden sollen und gefordert wird, dass bei allen rigideren Maßnahmen die zivile Seenotrettung nicht behindert werden dürfe, sondern vielmehr staatlich getragen und koordiniert werden müsse. Auch ein trauriger Klassiker des Themas taucht auf: Fluchtursachenbekämpfen. All das ist leichter gesagt, als getan. Ohne den Krieg Russlands gegen die Ukraine, der dazu führte, dass Deutschland über eine Million Ukrainerinnen und Ukrainer aufnahm, wäre womöglich die Situation heute nicht so stark belastet, wie wir das gegenwärtig erleben.

Die öffentliche Stimmung hat sich gedreht. Das Erstarken der rechtspopulistischen und in Teilen rechtsextremen AfD, die gestiegene Zahl von Asylanträgen (mehr als im Vorjahr, immer noch weit weniger als in den Jahren 2015/2016) in Kombination mit den Integrations- und Unterbringungsnotwendigkeiten für die Geflüchteten aus der Ukraine lassen die Frage nach der Aufnahmefähigkeit und -bereitschaft der Gesellschaft zum momentan dominierenden Thema werden. Beim Amtsantritt der Regierung war dies ebenso wie die Herausforderungen durch den Krieg Russlands nicht in diesem Ausmaß erahnbar. Und zugleich stimmt auch, dass gerade auf europäischer Ebene schon seit gut acht Jahren um tragfähige und nachhaltige Lösungen gerungen wird, die auch bislang und trotz des nun auf den Weg gebrachten Gemeinsamen Europäischen Asylsystems, kurz GEAS, immer noch in weiter Ferne scheinen.[24]

Die besondere Herausforderung liegt darin, dass diese Thematik nun nicht auf eine gefestigte, wirtschaftlich stark dastehende Gesellschaft trifft, sondern auf eine von Krisen, Unruhen und Unsicherheiten geprägte Bevölkerung und einen ebenso geprägten Staat, wenn man etwa an die Situation in den Kommunen denkt, die irgendwo zwischen Grundsteuer, kommunalen Wärmenetzen, Integration und Unterbringung von Geflüchteten, rückläufigem politischem Engagement und zunehmenden Anfeindungen agieren müssen. Die zweite Hälfte der Legislaturperiode, das scheint schon jetzt klar, wird davon geprägt sein, welche Antworten die Bundesregierung auf diese Gesamtlage findet. Ein besonderer Blick gilt dabei den im Jahr 2024 anstehenden Wahlen, sowohl auf europäischer Ebene und in den USA als auch in den drei ostdeutschen Bundesländern Sachsen, Brandenburg und Thü-

24 Vgl. Frank Jahn, Scholz gibt Linie bei EU-Asylverschärfung vor, in: Tagesschau Online, 27. September 2023 (online unter: www.tagesschau.de/inland/innenpolitik/eu-asylregeln-deutschland-102.html – letzter Zugriff: 06.05.2024).

ringen, wo die AfD erstmals als Wahlsiegerin aus einem oder gar mehreren Wahlabenden hervorgehen könnte. Zuversicht auszustrahlen, glaubwürdig Problemlösungskompetenz unter Beweis zu stellen, könnten dabei wichtiger denn je werden. Das ist alles andere als einfach.

7. Gewinner und Verlierer oder: Ein Lichtstreif am Koalitionshorizont?

Die Politikwissenschaft hat es nicht so mit dem Blick in die politische Glaskugel. Oft genug, und die bisherigen Ausführungen haben das hoffentlich deutlich gemacht, kommt es auch in der Politik erstens anders und zweitens, als man denkt, sodass selbst mit methodisch-wissenschaftlichem Instrumentenkoffer man sich den Dingen bestenfalls erst dann nähert, wenn sie tatsächlich geschehen. Zugleich geben Forschungen der Vergangenheit eine gute Grundlage, um begrenzt einen Blick in die Zukunft und auf ein mögliches Resümee dieser Bundesregierung zu werfen. Es bleibt nicht ohne eine gewisse Tragik und zugleich Logik, dass es häufig eher linke Regierungsbündnisse sind, die große, schmerzhafte, unpopuläre und gleichermaßen notwendige Reformen auf den Weg bringen (müssen). Viele Leserinnen und Leser werden sich wohl an die Agenda 2010 und die rot-grüne Regierung Gerhard Schröders erinnert fühlen.

Für die Grünen wird die Gesamtbilanz der aktuellen Regierung wohl besonders herausfordernd ausfallen. Hat Grün einen Unterschied gemacht in Sachen Klimaschutz? Zugespitzt: Während man SPD und FDP in diesem Politikfeld ohnehin kaum etwas zutraut, ist die Anhängerschaft der Grünen besonders anspruchsvoll. Messlatte und Erwartungshaltung liegen hoch und die Erfolge werden zudem messbar sein: Wie viel CO_2 wurde eingespart? Wie viele Elektroautos und Ladesäulen in Betrieb genommen? Wie viele Solardächer eingedeckt und Windräder aufgestellt? Man wird aufpassen müssen, dass für die Frage nach der klimapolitischen Bilanz der Regierung nicht die Grünen alleine geradestehen müssen. Die Grünen waren, gemeinsam mit der FDP bei jungen Wählerinnen und Wählern sehr erfolgreich. Auch wenn sie in der Wählerschaft nur eine kleine Gruppe stellen, werden auch hier Fragen aufkommen: Hat die FDP bei Bildung und Digitalisierung geliefert – jene Themen, mit denen man im Jahr 2021 besonders intensiv Wahlkampf gemacht hatte? Sind die Themen, die damals junge Menschen bewegten, aufgegriffen worden: Klimaschutz, Umweltschutz, berufliche Perspektiven und vor allem die Entwicklung eines Konzepts zur Sicherung einer Altersversorgung auch für die heute noch jungen Menschen?[25]

Die Erwartungshaltung der Wählerinnen und Wähler hinsichtlich typischer SPD-Themen war bei Amtsantritt der Regierung, wie oben skizziert, ohnehin recht niedrig. Mehr Wohnungen, mehr soziale Gerechtigkeit, eine Verringerung von Vermögensunterschieden? – Nur wenige trauten der Regierung hier viel zu. So kommt es für Olaf Scholz und die SPD womöglich neben dem zentralen und bereits eingelösten Wahlversprechen, der Anhebung des Mindestlohns, gar nicht so sehr auf einzelne inhaltliche Erfolge an als vielmehr auf die Frage, ob man glaubhaft machen kann, das Land gut und sicher durch die Krisen geführt zu haben. Dieses Motiv kennen wir nur allzu gut aus der Kanzlerschaft Angela Merkels. Ein wichtiges Kriterium ist dabei stets die Frage, wie es der deutschen Wirtschaft geht. Wie steht es um unseren Wohlstand? Nicht wenige werden sich wohl fragen, ob das Land bei Olaf Scholz in guten Händen war.

Fernab dessen stehen im Lichte des Koalitionsvertrages und aus Interesse der Autorin jedoch noch einige andere und gewichtige Fragen im Raum: Ist die Koalition ihren eigenen Ansprüchen gerecht geworden? War sie in der Lage, Fortschritt in die Breite für viele anschlussfähig zu machen? Hat sie die eigene Messlatte, nicht ständig nur den kleinsten gemeinsamen Nenner erreichen zu wollen und einen neuen Stil miteinander zu pflegen, erreicht? Falls nicht: Hat sie eine Fehlerkultur etabliert, die offen ist dafür, dass auch Politik mal nach- und umsteuern muss und eigenen Ansprüchen eben auch mal nicht gerecht wird? Hat die Regierung die Bevölkerung dazu aufgefordert, Zumutungen und Umbrüche auszuhalten, mitzugestalten und Antworten auf die Frage gegeben, wie dies gemeinschaftlich gelingen kann, um idealtypisch gesprochen das Leben der Menschen besser zu machen? Und last but not least: Hat sie in der zweiten Hälfte der Legislaturperiode an ihrer Außenwirkung und Kommunikation gearbeitet – nicht nur, aber auch –, um Extremisten

25 Vgl. Interview mit dem Jugendforscher Klaus Hurrelmann, »Die drei Parteien der Regierung sind zurzeit die absoluten Favoriten der jungen Generation«. Jugendforscher über Kanzler Scholz, die Ampel-Koalition und junge Menschen, in: Watson, 9. Dezember 2021 (online unter: https://politik.watson.de/deutschland/interview/360059383-was-die-ampelkoalition-fuer-junge-menschen-bedeutet – letzter Zugriff: 06.05.2024). Dass jungen Menschen nicht nur »junge Themen« besonders wichtig sind, hat unter anderem jüngst eine Studie der Friedrich-Ebert-Stiftung deutlich gemacht. Vgl. Friedrich-Ebert-Stiftung (Hrsg.), *Krisenerwachsen. Wie blicken junge Wähler:innen auf Politik, Parteien und Gesellschaft?*, Berlin 2023.

Wind aus den Segeln zu nehmen und die demokratische Mitte zu stärken? Wenn davon einiges gelänge, wäre dieses neuartige Bündnis auf Bundesebene eines, welches man als eine durchaus erfolgreiche Zusammenarbeit bewerten müsste. Bis dahin ist heute zumindest sicher: Die Bilanz im Jahr 2025 wird aus Sicht der Politikwissenschaft wie aus Sicht der Bevölkerung komplex, vielschichtig und spannend werden und die verbleibende Zeit bis dahin wohl ebenfalls.

Autorinnen und Autoren

Dr. Jasper von Altenbockum ist Journalist, Kommentator und verantwortlicher Redakteur im Bereich Innenpolitik der Frankfurter Allgemeinen Zeitung.

Rainald Becker leitet das ARD-Auslandsstudio in Genf und war zwischen 2016 und 2021 Chefredakteur der ARD.

Dr. Roman Deininger ist Chefreporter der Süddeutschen Zeitung und Autor von Büchern über Markus Söder, die CSU und die Olympischen Sommerspiele 1972 in München.

Prof. Dr. Thorsten Faas ist Professor für Politikwissenschaft und Leiter der Arbeitsstelle »Politische Soziologie der Bundesrepublik Deutschland« am Otto-Suhr-Institut für Politikwissenschaft an der Freien Universität Berlin.

Anton Könneke ist Student der Politikwissenschaft an der London School of Economics and Political Science und war bis 2023 Mitarbeiter am Otto-Suhr-Institut für Politikwissenschaft an der Freien Universität Berlin.

Prof. Dr. Ursula Münch ist Direktorin der Akademie für Politische Bildung in Tutzing und Professorin für Innenpolitik und Vergleichende Regierungslehre an der Universität der Bundeswehr München.

Prof. Dr. Dr. h.c. Heinrich Oberreuter war von 1993 bis 2011 Direktor der Akademie für Politische Bildung und von 2012 bis 2022 Redaktionsleiter der Neuauflage des Staatslexikons der Görres-Gesellschaft. Er ist emeritierter Professor für Politikwissenschaft an der Universität Passau und stellvertretender Vorsitzender der Deutschen Vereinigung für Parlamentsfragen.

PD Dr. Thomas Petersen ist Projektleiter am Institut für Demoskopie Allensbach und Privatdozent für Kommunikationswissenschaft an der Technischen Universität Dresden.

Dr. Julia Reuschenbach ist wissenschaftliche Mitarbeiterin an der Arbeitsstelle »Politische Soziologie der Bundesrepublik Deutschland« am Otto-Suhr-Institut für Politikwissenschaft an der Freien Universität Berlin.

Jörg Siegmund, M.A., arbeitet als wissenschaftlicher Assistent für Demokratie- und Wahlforschung sowie Politikevaluation an der Akademie für Politische Bildung in Tutzing. Er ist zugleich Persönlicher Referent der Akademiedirektorin.

Frank Stauss ist Politikwissenschaftler, Autor, Politikberater und hat mit seinem Team in den vergangenen 20 Jahren über 30 Wahlkämpfe im In- und Ausland geführt.